Thomas Seiter
Yvonne Seiter

W0189407

MIT DEM WOHNMOBIL NACH DÄNEMARK

Die Anleitung für einen Erlebnisurlaub

(04431/99070)

DER WOHNMOBIL-VERLAG
D-98634 Mittelsdorf/Rhön

Die Deutsche Bibliothek – CIP-Einheitsaufnahme

Bibliografische Information der Deutschen Bibliothek

Die Deutsche Bibliothek verzeichnet diese Publikation in der
Deutschen Nationalbibliografie.
Detaillierte bibliografische Daten sind im Internet über
<http://dnb.ddb.de> abrufbar.

Titelbild: Wanderdüne Rubjerg Knude (Tour 6)

Neu bearbeitete und erweiterte 3. Auflage 2011

Druck:
www.schreckhase.de

Vertrieb:
GeoCenter, 70565 Stuttgart

Herausgeber:
WOMO-Verlag, 98634 Mittelsdorf/Rhön
GPS: N 50° 36' 38.2" E 10° 7' 55.6"

Fon: 0049 (0) 36946-20691
Fax: 0049 (0) 36946-20692
eMail: verlag@womo.de
Internet: www.womo.de

Autoren-eMail: Seiter@womo.de

ISBN 978-3-86903-533-8

Einladung nach Dänemark

„Blau wie Kornblumen und klar wie Glas ist das Meer weit vom Strand..."

„Es war herrlich draußen auf dem Land. Es war Sommer, und das Korn war gelb und der Hafer grün, auf den Wiesen standen Heuschober, und zwischen ihnen spazierte der Storch einher..."

aus Hans Christian Andersens Märchen

Treffend, einfühlsam und bezaubernd beschreibt der weit über die Grenzen Dänemarks bekannte Erzähler seine Heimat.
Bestimmt finden auch Sie solche und ähnliche Worte der Inspiration, wenn unendlich weite, weiße Strände Sie in ihren Bann gezogen haben, wenn Sie die Stille und Erhabenheit der dänischen Natur erst einmal erlebt haben.
Die Dänen haben für dieses Lebensgefühl das ihnen ureigenste Wort hervorgebracht: **„hyggelig"** - auf deutsch in etwa zu übersetzen mit Gemütlichkeit.

Hyggelig wird Ihr Urlaub sein:

* fernab jeder Hektik
* mit freundlichen und hilfsbereiten Menschen
* vor alten, reetgedeckten Häuschen
* mit unendlich weiten Stränden
* in Heide, Moor, Wald und Seen
* auf wunderbaren Übernachtungsplätzen vor schöner Kulisse

Erleben Sie mit uns dieses Urlaubsgefühl, folgen Sie uns zu den schönsten Flecken an Dänemarks Küste, zu den sehenswertesten Örtchen und in die Natur. Erfahren Sie, wie diese Landschaft die Menschen künstlerisch geprägt hat und sich in immer neuen Kunstformen dem Besucher in faszinierender Weise zeigt.

Wir wünschen Ihnen „hyggelige" und unvergessliche Tage in Dänemark!

Ihre

Thomas Seiter
Yvonne Seit

Sehr geehrter Leser, lieber WOMO-Freund!

Reiseführer sind für einen gelungenen Urlaub unverzichtbar – das beweisen Sie mit dem Kauf dieses Buches. Aber aktuelle Informationen altern schnell, und ein veralteter Reiseführer macht wenig Freude.

Sie können helfen, Aktualität und Qualität dieses Buches zu verbessern, indem Sie uns nach Ihrer Reise mitteilen, welchen unserer Empfehlungen Sie gefolgt sind (freie Stellplätze, Campingplätze, Wanderungen, Gaststätten usw.) und uns darüber berichten (auch wenn sich gegenüber unseren Beschreibungen nichts geändert hat).

Bitte füllen Sie schon während Ihrer Reise das Info-Blatt am Buchende aus und senden Sie es uns sofort nach Ihrer Rückkehr zu (per Brief, Fax oder formlos als eMail). Dafür gewähren wir Ihnen bei Ihren nächsten Buchbestellungen direkt beim Verlag ein Info-Honorar von 10%.

Bitte schreiben Sie evtl. Korrekturen auch in unser Forum unter: www.forum.womoverlag.de

Um die freien Übernachtungs- und Campingplätze auf einen Blick erfassen zu können, haben wir diese im Text in einem Kasten nochmals farbig hervorgehoben und, wie auf den Karten, fortlaufend durchnummeriert. Wir nennen dabei wichtige Ausstattungsmerkmale und geben Ihnen eine kurze Zufahrtsbeschreibung. "Max. WOMOs" soll dabei andeuten, wie viele WOMOs dieser Platz maximal verträgt und nicht, wie viele auf ihn passen würden (schließlich gibt es auch Einwohner und andere Urlauber)!

Übernachtungsplätze mit **B**ademöglichkeit sind mit hellblauer Farbe unterlegt. **W**anderparkplätze sind grün gekennzeichnet. **P**icknickplätze erkennen sie an der violetten Farbe. Auf Schlafplätzen, denen die gerade genannten Merkmale fehlen – also auf einfache **S**tellplätze – weist die Farbe Gelb hin.

Empfehlenswerte **C**ampingplätze haben olivgrüne Kästchen. Wanderungen, die wir Ihnen besonders ans Herz legen möchten, haben wir hellgrün unterlegt.

Und hier kommt das Kleingedruckte:

INHALTSVERZEICHNIS

Zeichenerklärungen für die Tourenkarten

Touren / abseits der Touren

Autobahn
Hauptstraße
Nebenstraße
Schotterstraße
224 Badestopp
nicht für freie Übernachtung

S WOMO-Stellplatz, Wander-, Picknick-,
W P B Badeplatz (nicht für freie Übernachtungen)

11 WOMO-Stellplatz, Wander-, Picknick-,
12 13 14 Badeplatz (geeignet für freie Übernachtungen)

Alle übernachtungsgeeigneten Plätze sind im Text
und auf den Tourenkarten fortlaufend durchnummeriert.

✝ ⚰ Kirche, Kloster
🏰 Schloss, Herrenhaus
▲ Berggipfel
1493 m
• Ruine
✳✳✳ Sehenswürdigkeit
➔✳ Aussicht, Rundsicht
WC Toilette
Dolmen
15 empf. Campingplatz
Wattenmeer, Dünen
N 50° 36′ 38.2″ E 10° 07′ 56.0″ GPS

Vorwort / Gebrauchsanleitung

Zugegeben - Liebe auf den ersten Blick, wie England oder Norwegen, war Dänemark damals auf den ersten Kilometern im Landesinneren gerade nicht. Aber schon bald, wie das mit der Liebe so ist, wuchs uns das vom Salzwasser reichlich umspülte Königreich richtig ans Herz. Und so ist in Folge etlicher Dänemarkaufenthalte ein weiteres unserer Lieblingsurlaubsländer als Buch erschienen. Nach dem Englandreiseführer (Bd. 46 - der leider eingestellt werden musste) und dem Allgäubuch (Bd. 24) werden wir Sie in „unser" Dänemark „entführen", das Sie bestimmt schon von Kindesbeinen an in gewisser Weise kennen: „Die Prinzessin auf der Erbse", „der kleine Zinnsoldat", „die kleine Meerjungfrau"...

Alle stammen diese Märchen aus der Feder von Hans Christian Andersen, der sich von seiner ländlichen Umgebung und den Menschen hat inspirieren lassen. Eines dieser Märchenfiguren hat es sogar zum Wahrzeichen Kopenhagens und ganz Dänemarks geschafft.

Das eigentlich prägende und dominierende Element des nur rund 43.000 qkm großen Landes ist aber das Meer. Sage und schreibe **7400 km Küste** warten darauf, von Ihnen entdeckt zu werden. Riesig breite Sandstrände, auf denen auch in der Hochsaison noch jeder sein ruhiges Fleckchen findet.

Dänemark als Urlaubsziel bietet Ihnen **viele Vorteile**. Der Nachbarstaat der BRD ist für Jedermann schnell erreichbar, selbst wir Bayern sind in weniger als einem Tag im Süden Dänemarks angelangt.

Im Gegensatz zu den typischen Urlaubsländern wie Italien, Frankreich, Spanien u.s.w. fallen keine Straßenbenutzungsgebühren (Maut) an, und es sind keine (weiten) Fährüberfahrten nötig.

Vor allem aber: Dänemark ist ein sehr sicheres Urlaubsland. Überfälle und Aufbrüche, wie sie sich in Südeuropa in letzter Zeit leider immer mehr häufen, sind Gott sei Dank (noch) völlig unbekannt. Auch bei den Themen Algenblüte, verdrecktes Wasser, verschmutzte und überfüllte Strände ist Fehlanzeige angesagt. Ebenso käme hier auch nie jemand auf die Idee, für den Strandzugang Gebühren zu verlangen. Und wo gibt es das sonst in Europa, dass man den Strand sogar mit dem Wohnmobil befahren darf? Ja, eben nur in Dänemark!

Das **„Jedermannsrecht"**, wie es im restlichen Skandinavien gilt, kommt auf Grund der geringeren Landesausdehnung **nicht in Betracht**. Trotzdem beschneidet das unsere Freiheit auf vier Rädern nur gering. Wie im Kapitel „Reisetipps von A bis Z" beschrieben, dürfen Sie schließlich überall dort **parken** und auch **übernachten**, wo dies nicht ausdrücklich durch ein Verbotsschild o.ä. untersagt wurde. Und tolle Stellplätze gibt es wirklich genügend in Dänemark!.

Unser Reiseführer zeigt Ihnen in 16 Touren Dänemark von seinen schönsten Seiten. Über **2900 km Straßen** durch **Jütland, Fünen und Seeland** warten auf Sie.

Verfallen Sie nun aber bitte nicht der Versuchung, aus lauter Euphorie beim Lesen dieses Buches, alle Touren in einem einzigen Urlaub bewältigen zu wollen. Außer Stress und einer gereizten Wohnmobilcrew werden Sie nichts von Ihrem Urlaub haben. Weniger ist gerade in Dänemark mehr.

Egal, ob nun am Sandstrand oder an einem anderen idyllischen Plätzchen - wer Ruhe und Entspannung sucht, findet sie hier noch. Tagsüber dürfen Sie sich ja campingmäßig ausbreiten, mit einer Decke oder Liege die Sonne genießen, und sich die gesunde Meeresbrise um die Nasenspitze wehen lassen. Geschrei, Motorlärm und ähnliche Plagegeister der Zivilisation haben es in Dänemark schwer.

Die hier im Buch angegebenen Routen sind für **alle Womo-Größen** geeignet. Selbst schmale Landstraßen der unteren Kategorie sind heckenfrei. Somit ist Ausweichen kein Problem. Auch das Verkehrsaufkommen ist bei weitem nicht so geballt wie bei uns. Keine Raser oder Drängler nötigen Sie, Ihr Gefährt flotter voranzubewegen. Dies und die so gut wie fehlenden Straßensteigungen machen sich positiv im Dieselverbrauch bemerkbar.

Schluckt unser Langschiff, ein Knaus Sun Traveller mit rund 7,3m Länge und 145 PS gerne über 13 Liter im Durchschnittsverbrauch, so begnügt er sich in Dänemark meist mit rund 2 Litern weniger.

Noch ein Wort zum Straßenzustand. Schlaglöcher, alte Holperstraßen usw. kennen Dänen eigentlich nur von ihrem Urlaub in Deutschland.... Jedoch werden wir Ihnen die eine oder andere gut befestigte Schotterstraße (meist Stichstraßen) zumuten, um zu einem wirklich lohnenden Ziel zu gelangen. Auch hier gilt, dass Schlaglöcher sehr sehr selten sind.

Natürlich brauchen Sie uns nicht auf allen Wegen getreu zu folgen. Je nach Lust, Laune und besonders Ihrer verfügbaren Urlaubszeit entscheiden Sie, welche Touren Sie mit uns unternehmen möchten.

In unserem Reiseführer werden Sie mit Hilfe der **Tourenkarten** in Verbindung mit dem Text **detailliert gelotst**. Gerade wenn vor Ort entsprechende Beschilderungen fehlen oder ungenau sind, können Sie sich an unser Buch halten.

Um Ihnen eine etwaige Vorstellung zu vermitteln, wie viel Zeit eine Etappe ohne jegliche Hetze in Anspruch nimmt, haben wir zu Beginn einer jeden Tour immer die ungefähre Dauer an Urlaubstagen angegeben.

Ferner entnehmen Sie auf der dem Text vorausgehenden Karten die Dinge, die für uns Womourlauber von besonderem Belang sind:

Blau unterlegte Badeplätze, grüne Wanderparkplätze, lila Picknickplätze und orange Stellplätze. Alle vier **farbig auf den Tourenkarten durchnummerierten und markierten Plätze** sind zum freien Übernachten geeignet und ersparen Ihnen die oft nervige und zeitraubende Suche am Abend.

Obwohl Sie in Dänemark ein WC meist sehr schnell finden, geben wir Ihnen dennoch die Plätze für **Entsorgungsmöglichkeiten** auf der Karte genau an.

Unsere **Wandervorschläge** erkennen Sie an grün hinterlegten Wandertexten. In dieser Farbe erkennen Sie auch Campingplatztipps.

Noch ein Wort zu den Stellplätzen an sich. Die jeweils im Stellplatzkasten angeführte Womoanzahl entspricht nicht der maximalen Aufnahmekapazität. Vielmehr der Ansicht, wie viele Womos auf einem Übernachtungsplatz vertretbar sind, ohne negativ gegenüber Anwohnern und Behörden aufzufallen. Es sollen schließlich keine Wagenburgen entstehen. Deswegen die Bitte in unserer eigenen Sache. Befinden sich auf einem Stellplatz schon mehrere Wohnmobile, so fahren Sie doch einfach zum Nächsten weiter. Es kommt auf jeden von uns an, ob wir auch in Zukunft noch auf freien Plätzen ohne weiteres geduldet werden, oder ob noch mehr Verbotstafeln aufgestellt werden. Rückblickend auf die letzten Auflagen dieses Reiseführeres müssen wir leider feststellen, dass sich nicht alle an diese Bitte gehalten haben und besonders in Südjütland einige Womoverbotstafeln dazugekommen sind. So standen beim ehemaligen Picknickplatz Hjerpstedt (011) statt angegebener max. 3-4 Fahrzeugen manchmal bis zu 10 Womos (!!) pro Nacht. Klar dass dann die Behörden reagieren.

Jeder Stellplatz enthält auch die Angabe, ob er sich „im Ort", „Ortsrand" oder „außerorts" sich befindet.

Wir können in diesem Zusammenhang natürlich auch nicht garantieren, ob die von uns angegebenen Übernachtungsplätze dauerhaft zum freien Übernachten geeignet sind. Deswegen sind sämtliche Angaben in diesem Reiseführer ohne Gewähr. Haben sich Änderungen ergeben, so bitten wir Sie um Ihre Mitarbeit. Schicken oder mailen Sie uns die Änderungen. Als Dankeschön erhalten Sie bei Ihrer nächsten Bestellung einen Bonus von 10%.

Auf Preisangaben haben wir, wo es sinnvoll erschien, nicht verzichtet. Genaue Angaben haben wir aber nicht gemacht, da sich die Preise von Jahr zu Jahr zu stark (leider meist nach oben) verändern.

Auch haben wir für Sie einige **Gasthäuser** besucht und diese auf ihr kulinarisches Angebot hin gleich getestet. Die meisten der dänischen „kros" haben auf ihrer Speisekarte ein reichhaltiges Sortiment v.a. an **fangfrischen Meeresfrüchten**, die Sie unbedingt einmal gekostet haben müssen!

Wenn Sie nach dem Lesen dieses Buches noch Fragen auf dem Herzen haben, Ihnen etwas unklar geblieben ist, Sie auf Ihrer Urlaubsreise neue Stellplätze entdeckt haben, oder ob Sie uns nur einfach Ihre (positive bzw. negative) Kritik mitteilen möchten - wir freuen uns auf Ihre Nachricht. Hier unsere Anschrift:

Thomas und Yvonne Seiter
e-mail: seiter@womo.de

Wir weisen ausdrücklich darauf hin, dass diese Reiseschilderungen auf Grund persönlicher Erfahrungen aus mehreren Urlauben entstanden sind und **keinen Anspruch auf Vollständigkeit in Bezug auf Sehenswürdigkeiten etc.** erheben. Das würde schließlich den Rahmen dieses Buches deutlich sprengen - und wir wollen auch nicht in Konkurrenz zu den herkömmlichen Reiseführern treten. Diese sind eine sinnvolle Ergänzung zur Vorbereitung und Durchführung Ihrer Reise (vgl. Reisetipps --> Literatur).

Genießen Sie ein Land, das bei vielen Urlaubern noch als Geheimtipp gehandelt wird und fernab südländischem Massentourismus´ liegt.

Auch Sie werden sicherlich von Urlaubstag zu Urlaubstag mehr dem Charme dieses ruhigen und gemütlichen Landes erliegen und gerne sagen:

„farvel" - auf ein Wiedersehen in Dänemark!

Anreisewege

Gehören Sie zu den „Nordlichtern" der Republik? Dann freuen Sie sich über Ihre kurze Anreise. Allen anderen steht ein wenig mehr Kilometer bevor. Aber für alle gilt:

* Die Anreise ist nach maximal 12 Stunden bewältigt.
* Alle Urlauber ordnen sich in die „Nord-Süd-Transversale", die **Autobahn A7** ein. Die beginnt im bergigen Oberallgäu bei Nesselwang und führt an Flensburg (ja genau, bei den berühmt berüchtigten Punkten) vorbei direkt nach Dänemark. Dort setzt sie sich fort als E45 bis vor die Tore von Fredrikshavn (Fährverbindungen nach Schweden und Norwegen). Egal wo Sie also wohnen, eine Autobahn bringt Sie immer zur A7. **Mautfrei** gelangen wir so in unser Urlaubsland.

--> *gilt es bei der Anreise sonst noch etwas zu beachten?*

- Fahren Sie wenn möglich nicht an einem Samstag nach Dänemark. Besonders in der Hochsaison kann es, bedingt durch den Ferienhauswechsel an diesem Tag, durchaus zu längeren Staus auf der Autobahn (nicht nur) in Grenznähe kommen.

- Planen Sie Dänemark nur auf der Durchreise nach Schweden und Norwegen zu besuchen, so empfehlen wir Ihnen die Fähre der Reederei Scandlines von Puttgarden (D) nach Rödby (DK) zu nehmen (vgl Reisetipps --> Fähre).

- Leider sind die wirklich sparsamen TDI-Womodiesel noch nicht erfunden. Somit wird auf Ihrer Reise ein mehrmaliger Tankstopp unvermeidlich sein. Bis zu 3 Cent pro Liter können Sie sparen, indem Sie die von Zeit zu Zeit auf den Autobahnausfahrten angekündigten „**Autohöfe**" anfahren. Diese Tank- und Rastanlagen liegen einige hundert Meter abseits der Durchgangsroute und haben nicht den autobahnüblichen Zuschlag an den Zapfsäulen. Ferner sparen Sie nochmalig 1 Cent pro Liter, wenn Sie die LKW Zapfsäulen anfahren und dort tanken. Beachten Sie dabei lediglich, den Durchlauf per Hand etwas zu drosseln, denn sonst schwappt bei der automatischen Abschaltung etwas Diesel aus dem Tank. Inhaber einer ADAC-Clubkarte bekommen übrigens bei Shell- und AGIP Tankstellen einen weiteren Rabatt von 1 Cent pro Liter - und das europaweit!

- Wer die Fahrt nach Dänemark aus was für Gründen auch

immer nicht an einem Tag bewältigen will, übernachtet auf den genannten „Autohöfen" wesentlich ruhiger und ungestörter. Vom Lärm sind Sie weit genug weg, und v.a. auch von den gefürchteten Langfingern, die sich immer wieder gerne lohnenswerte Ziele (WOMOs und Caravans) direkt an Autobahnrastanlagen aussuchen.

(Ein kostenloses Verzeichnis fast aller Autohöfe entlang der bundesdeutschen Autobahnen erhalten Sie auf Anfrage in den ADAC - Filialen)

- Scheuchen Sie Ihr Gefährt nicht gnadenlos die Autobahn entlang. Besonders Fahrer von schweren WOMOs über 3,5t unterliegen sowieso dem LKW Tempolimit von 80 km/h. Gerade die A7 wird diesbezüglich in der Hauptreisezeit gerne kontrolliert. An Tempobegrenzungen sollten Sie sich zur Schonung Ihrer Urlaubskasse also halten.

Unsere Anreise:

Endlich wieder Urlaub! Vollbepackt wie ein rollender Vorratsraum, mit allerlei Campingutensilien, mit Tochter Paula und Sohn Sebastian, sowie natürlich unserer Berner-Sennen-Hündin Bia an Bord, starten wir am Morgen gen Norden.
Wie jedes Jahr freut es uns, Stau und nochmals Stau zu sehen, aber auf der Gegenfahrbahn in den Süden. Wir haben gut lachen und genießen die freie Fahrt. Besonders da heute Sonntag ist und die Lkws von der Rennstrecke verbannt sind. Dementsprechend entspannt kommen wir voran. Unser Urlaubsmotto ist schließlich „hyggelig", also gemütliches Reisen!
Von Augsburg aus geht es einige Kilometer auf der A 8 entlang und schon bald reihen wir uns auf die A 7 ein, die uns nun schnurgerade nach Dänemark führt.
Abwechslungsreich zieht sich die Autobahn durch die deutschen Mittelgebirge und schwingt sich dann bei der Hildesheimer Börde in die fast brettflache norddeutsche Tiefebene hinab. Ab jetzt dominiert die nächsten Urlaubswochen lang fast nur noch das Flachland.
Vorbei an der Lüneburger Heide und schon bald darauf kommen wir in den Großraum Hamburg. Leider bleiben nur wenige Minuten Ausblick auf den riesigen und interessanten Großhafen, bevor uns eine der vier Elbtunnelröhren verschluckt.
Hinter Hamburg überqueren wir gut eine halbe Stunde später den Nord-Ostseekanal und nähern uns allmählich dem Endpunkt unserer Anreise.
Nach alter Tradition liegt unser Übernachtungsplatz für heute

noch in Deutschland. Wir haben von Freunden den folgenden Stellplatztipp bekommen, der uns so gut gefiel, dass wir ihn immer wieder als Auftakt für einen Dänemarkurlaub wählen.

Wer uns auf dem kleinen Abstecher nicht folgen möchte und direkt zum Startpunkt von Tour 1 fahren will, bleibt auf der A7, überquert die dänische Grenze, und verlässt die E 45 bei Farhus nach **Tönder**. Dort treffen wir uns dann. Alle anderen verlassen mit uns die A 7 bei der Ausfahrt 5 und biegen auf die B 201 nach Husum ein.

Noch etliche Kilometer gen Westen, bis wir kurz vor Husum auf die B 5 nach Norden wechseln. Hinter Bredsted zweigt links die Straße mit Beschilderung nach Ockholm und zur Insel Föhr ab. Durch schöne Friesendörfer rollen wir die letzte Etappe zu unserer Bleibe für heute Nacht.

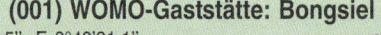

(001) WOMO-Gaststätte: Bongsiel

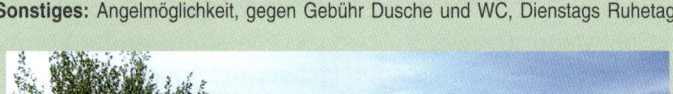

GPS: N 54°40'33.5" E 8°48'31.1"   **max. WOMOs:** 2-3.
Ausstattung/Lage: Mülleimer/Ortsrand.
Zufahrt: wie beschrieben, dann in der kleinen Ortschaft Ockholm rechts ab; ausgeschildert. Nach 800 m rechts, am Deich.
Sonstiges: Angelmöglichkeit, gegen Gebühr Dusche und WC, Dienstags Ruhetag.

Zur Einstimmung auf den Urlaub gönnen wir uns einen Fischhappen aus der reichhaltigen Speisekarte, vertreten uns anschließend auf dem angrenzendem Deich noch etwas die Füße und fallen dann rundum zufrieden in die Federn. Bis es aber endlich richtig dunkel wird, zeigt der Wecker schon 23.00 Uhr an. Der Norden lässt grüßen.

Dänemark ruft! Gut ausgeruht und voller Tatendrang fahren wir nun die letzten paar Kilometer der dänischen Grenze entgegen. Dazu rollen wir zurück bis zur Kreuzung von Ockholm, dort links, durch den Ort hindurch, geradeaus und schon bald darauf nehmen wir die erste Abzweigung mit der Beschilde-

rung Langenhorn wieder links. 5 km später erreichen wir eine T-Kreuzung, halten uns nach rechts durch das nicht nur sprichwörtlich lange Langenhorn, überqueren die Gleise mit dem Bahnhof linkerhand und treffen dann auf einen Kreisverkehr. Diesen umrunden wir nach links Richtung Niebüll. 17 km später lassen wir Niebüll links liegen und reihen uns in die B 5 ein. Bald darauf sehen wir auch schon das blaue Europaschild mit der Aufschrift „Danmark" vor uns und haben damit Deutschland hinter uns gelassen.

Der „Dänemarktouri" in Aktion

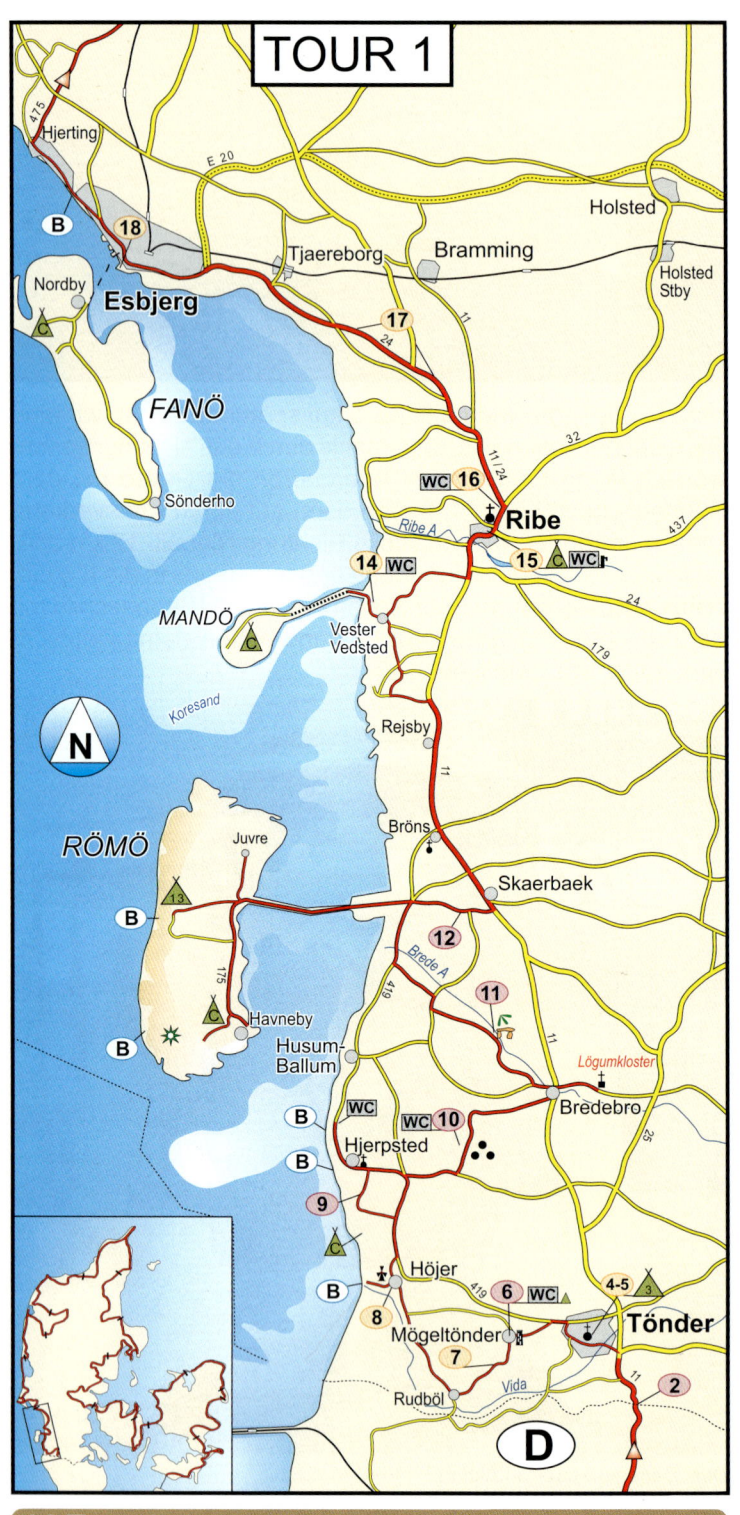

TOUR 1

TOUR 1 (180 km / 4-5 Tage)

Tönder - Mögeltönder - Höjer - Römö - Skaerbaek - Mandö - Ribe - Esbjerg

Freie Übernachtung:	Tönder, Mögeltönder, Höjer, Koldby, Skaerbaek, Vester Vedsted, Ribe, Esbjerg
Campingplätze:	Tönder, Mögeltönder, Römö, Ribe
Ver-/Entsorgung:	Tönder, Mögeltönder, Hjerpsted, Ribe
Baden:	Koldby, Römö
Besichtigen:	Tönder, Mögeltönder, Höjer, Lögum Kloster, Römö, Ribe, Esbjerg
Sport:	Wattwanderungen; Buggyfahren am Strand, Wanderung beim Langdysser
Essen:	„Saelhunden" in Ribe

Andere Länder, andere Sitten - ein großes Schild weißt uns darauf hin, dass wir nun das Abblendlicht auch bei Tage einschalten müssen und die Geschwindigkeit auf 80 km / h zu drosseln haben. Das animiert zum Dahinbummeln und ist für stressfreien Urlaub genau das Richtige.
Richtiges Relaxen, nämlich der Strand- und Badespaß muss noch etwas warten. Um Land und Leuten gleich näher zu kommen, steuern wir sofort den Picknickplatz rechts nach der Grenze an.

(002) WOMO-Picknickplatz: Dänemark Grenzposten

GPS: N 54°54'14.3" E 8°54'37.8"   **max. WOMOs:** 2-3.
Ausstattung/Lage: Tisch & Bank, WC, Mülleimer/außerorts.
Zufahrt: Gegenüber dem ehemaligen dänischen Grenzhaus (heutiges Grenzmuseum).

Das ehemalige Grenzgebäude aus rotem Backstein linkerhand der Staatsstraße 11 hat ausgedient, seit Dänemark dem

„Schengener Abkommen" beigetreten ist. Ein **kleines Museum** hat sich nun darin einquartiert, das wir als erstes in unserem Urlaub besuchen möchten. Es kann schließlich nicht

schaden, Dänemark von seinen historischen Wurzeln her näher kennen zu lernen. Der Eintritt ist sehr billig. Unsere Befürchtung, dass der Preis auf die Qualität schließen ließe, zerstreut sich schnell, denn das Museum ist liebevoll hergerichtet und zeigt uns Einblicke in die Grenzstreitigkeiten zwischen Dänemark und Deutschland aus vergangenen Zeiten. Damit das ganze auch für junge Besucher nicht zu trocken und langweilig wird, sind einige lebensgroße Figuren in historischen Uniformen ausgestellt.

Gegen eine steife Briese kämpft sich unser Womo tapfer vorwärts. Die von endlosen Weiden geprägte „brettflache" Landschaft, für uns Bayern etwas gewöhnungsbedürftig, gefällt aber immer mehr mit netten Backsteingehöften neben der Straße. Schon nach wenigen km biegen wir dann am Kreisverkehr links ab nach Tönder und halten direkt auf die vom Wasser- und Kirchturm geprägte Stadtsilhouette zu. Gleich am Ortseingang lädt der schöne Campingplatz zum längeren Verweilen ein:

---

(003) WOMO-Campingplatz-Tipp: Tönder

GPS: N 54°56'22.4' E 8°52'47.2'   **Öffnungszeiten:** Ganzjährig
Ausstattung: Große gepflegte Wiese mit einzelnen Parzellen, günstig.
Zufahrt: Am Ortsbeginn rechts, ausgeschildert.
Sonstiges: Der Campingplatz ist v.a. Ende August stark frequentiert, wenn das alljährliche musikalischeTönder Festival stattfindet (sehr empfehlenswert!! - 28 Konzerte auf 9 Bühnen). Tel. +45/74721849. Programm und Kartenvorverkauf für das Festival unter www.tf.dk und Tel +45/74721000

Wir fahren auf der Hauptstraße durch den Ort direkt auf den **Wasserturm** zu. Dort stellen wir unser Womo hinter dem Rathaus auf dem idyllisch am Rande des Grünen gelegenen Stellplatzes ab.

(004) WOMO-Stellplatz: Tönder Rathaus

GPS: N 54°55'55.1"
E 8°52'05.4"
max. WOMOs: 2-3.
Ausstattung/Öage:-/im Ort
Zufahrt: vor dem Wasserturm links, am Wasserturmmuseum vorbei und hinter dem Rathaus große Stellfläche.
Sonstiges: Einsetzmöglichkeit für Paddeltour.

Wasserturm in Tönder

Wenige Schritte Richtung Wasserturm und am Eingang des **Töndermuseums** empfängt uns eine sog. Staupefigur, die unmissverständlich zur Einhaltung von Recht und Ordnung mahnt. Im Inneren bestaunen wir sehenswerte friesische Kacheln, Möbel u.v.m. Dann besteigen wir den 1902 erbauten 39 m hohen Rundturm, der uns auf seinen 8 Etagen das Schaffen des renommierten **Möbelarchitekten Hans J. Wegner** zeigt. Wegners Stühle waren derart gefragt, dass ihn sogar der damalige amerikanische Präsident J.F.Kennedy mit einem Auftrag bedachte.

Oben auf der Aussichtsplattform angelangt genießen wir einen tollen Rundumblick auf Tönder, seine Wiesen und Felder.

Wieder zurück im Erdgeschoss wollen wir beim Thema moderner Architektur und Kunst bleiben. Dazu betreten wir durch eine blaue Kathedrale das dem Töndermuseum angeschlossene (und im Preis inbegriffene) **Sönderjylland-Kunstmuseum**. Von außen ist das Bauwerk im typisch nordischen Baustiel errichtet - als völliger Kontrast dominieren im Inneren dagegen Glas, Beton und viel Licht, das die modernen Kunstwerke vor den weißgetünchten Wänden besonders hervorhebt. Wir merken schon, dass die Dänen ein eigenes Verhältnis zur Kunst haben. Normalerweise stehen wir dieser Kunstart eher etwas skeptisch gegenüber. Aber was uns

Sönderjyllands Kunst

hier geboten wird, gefällt auch uns auf Anhieb. Zu guter Letzt sehen wir uns noch die **filigranen Spitzenklöppelarbeiten** an, für die das Städtchen schließlich berühmt wurde. Doch dazu später mehr. Wir verlassen das Museum, überqueren die Hauptstraße und halten uns schräg rechts durch hübsche Gassen direkt auf das Zentrum zu. Die nun erreichte Fußgän-

gerzone lädt zu einem Schaufensterbummel ein. Schon bald landen wir am **zentralen Marktplatz, dem Torvet.** Dort erwartet uns wieder der Staupemann, diesmal aber als Replik. Er blickt

Torvet in Tönder

hinüber zum achteckigen Kirchturm der im 16. Jahrhundert erbauten Kristkirke. Die Südostecke des Platzes mit der alten Apotheke „**Det Gamle Apotek**" zieht unsere Blicke auf sich. Im Inneren des heute als Einkaufsladen benutzten Hauses werden vielerlei Kleinkunstgegenstände angeboten. Ein eigener Nebenraum mit Kerzen in allen Farben, Formen und Düften wartet auf den Besucher, und im Untergeschoss sogar eine extra Abteilung mit Weihnachtsschmuck aus Dänemark. Das wäre doch ein ausgefallenes Mitbringsel für die liebe Verwandtschaft ?!

Am Apothekenhaus halten wir uns nun nach links und laufen vor bis zur zweiten Gasse nach rechts. Jetzt befinden wir uns

in der **Uldgade**, die äußerst idyllisch mit ihren zahllosen Erkerchen wirkt. Gar nicht idyllisch ist aber deren Bestimmungsgrund: Um der Handwerkskunst des 17. Jahrhunderts, der Spitzenklöppelei möglichst lange am Tage nachgehen zu können, wurden in den Klöppelhäusern diese Erker errichtet. Die ermöglichten es dann, dass die Frauen und Mädchen sich auch noch in den Abendstunden bei einem Rest von Tageslicht schinden konnten, um die begehrten Kunstwerke zu erschaffen.

Ein längerer Aufenthalt in Tönder, und dann aber auf dem Campingplatz, ist Ende August unbedingt empfehlenswert, wenn das weit über seine Grenzen hinaus bekannte Musikfestival sich wieder ein Stelldichein gibt. Wer Blues, Jazz, Gospel- und Folkloremusik gerne mag, sollte also in Tönder länger verweilen (vgl. Campingplatztipp Tönder). Wir starten wieder unser Womo uns verlassen den Rathausstellplatz nach links.

---

(005) WOMO-Stellplatz: Wasserturm

GPS: N 54°55'38.7" E 8°51'42.9"   **max. WOMOs:** 3-4.
Ausstattung/Lage: Mülleimer/im Ort.
Zufahrt: 200 m nach dem Rathaus, von der Hauptstraße nach links, beschilderter Parkplatz
Sonstiges: Große Wiese mit Fußballplatz nebenan.

Auf der Ringstraße passieren wir die Post, das Bahnhofsgebäude und kommen an einer „Q8"-Tankstelle vorbei, die mit ordentlichem Skonto für „Karten"-Tankkunden wirbt (vgl. Reise- tipps von A bis Z).

An der großen Hauptkreuzung im Industriegebiet folgen wir nach links der Beschilderung „**Mögeltönder**" auf die 419. Drei Kilometer später nehmen wir den Abzweig nach links und die Straße führt uns direkt auf das Schloss des Ortes zu. Plötzlich umfängt uns ein Tunnel aus Grün und der Straßenbelag wechselt in einen holprigen, aber zum Ortsbild ideal passenden und schön anzusehenden Katzenkopfsteinbelag. Wir sind begeistert von diesem **Puppenstubenörtchen**. Und das Tol-

Hauptstraße in Mögeltönder

le daran: der Parkplatz im Grünen mit der riesigen Picknick-wiese vor uns ist auch noch zum Übernachten geeignet.

---

(006) WOMO-Picknickplatz: Mögeltönder Schloss

GPS: N 54°56'29.2" E 8°48'30.2"   **max. WOMOs:** 2-3.
Ausstattung/Lage: WC, Mülleimer, Kiosk/im Ort.
Zufahrt: Am Ortsbeginn von Mögeltönder schräg gegenüber dem Schloss (am Anfang der Lindenallee links). Große Liegewiese.

Neben den herrlichen reetgedeckten Friesenhäuschen aus Backstein entlang der lindengesäumten Allee ist das **Schackenborgschloss** ein weiterer Besuchermagnet. Da der Palast aber von Prinz Joachim (die Nummer zwei in der Thronfolge) und seiner Gemahlin bewohnt wird, fallen die Besuchszeiten sehr mager aus: In der Hauptsaison von Juni bis August, Mittwoch - Samstag, 11.30 Uhr und 12.00 Uhr für 25 DKK pro Person. Aber auch schon der Blick durch das schmiedeeiserne Eingangsportal lässt einen Blick auf die herrliche Gartenanlage erhaschen.

Dafür befindet sich gegenüber dem Schloss ein kostenlos zugänglicher Park mit wunderbar blühenden Rhododendron.

Wir laufen auf der museal anmutenden Slotsgade vor in Richtung Kirche und sehen davor ein nettes Café. Kurzentschlossen nehmen wir einen der freien Tische in Beschlag und bestellen Tee und Kuchen, der uns auf stilvoll zusammengewürfeltem Porzellanservice gereicht wird.

Café in der Slotsgade

Wir lassen die Atmosphäre auf uns wirken, genießen die Ruhe, das Vogelgezwitschere in den Bäumen und bekommen eine Ahnung davon, was Dänen mit ihrem Wort „hygellig" meinen.Nicht umsonst wurde die Slotsgade zur schönsten Dorfstraße Dänemarks auserkoren. Diesem Urteil schließen wir uns ohne wenn und aber an.

Nach dem Kaffeeklatsch brechen wir wieder auf und wenden uns dem Gotteshaus zu. Die von außen schlicht wirkende, weißgestrichene Kirche mit ihrem für dänische Kirchtürme so typischen Treppengiebel, wartet mit einem wunderschönen Inneren auf. Herrliche Kalkmalereien und Holzschnitzereien erfreuen unsere Augen. Doch sehen Sie selbst!

Kalkmalereien in der Mögeltönder Kirke

Am nächsten Morgen holpern wir mit unserem Womo vor bis zur Kirche und biegen dort der **Margeritenroute** folgend nach links gen Rudböl ab. Schon bald kommen wir am rechterhand befindlichen Campingplatz von Mögeltönder vorbei und fahren über die von Feldern gesäumte Straße bis in den nächsten Ort.

---

(007) WOMO-Picknickplatz: Mögeltönder Kog

GPS: N 54° 55'55.8" E 8°47'51.8"   **max. WOMOs:** 1-2.
Ausstattung/Lage: Mülleimer, Picknickhaus/außerorts.
Zufahrt: 400 m nach Mögeltönder an der Margeritenroute gen Rudböl kleiner Wiesenplatz rechts.

Weiter halten wir uns nach rechts auf dem Deich in Richtung Höjer. Kühe und Pferde bevölkern nun die Weiden entlang unserer Route. Kurz vor **Höjer** scheren wir links ab auf die etwas schmalere Straße und halten direkt auf die weithin sichtbare **Windmühle** zu.

(008) WOMO-Stellplatz: Höjer Windmühle

GPS: N 54°57'51" E 8°41'37.1"
max. WOMOs: 2-3.
Ausstattung/Lage: Mülleimer/im Ort
Zufahrt: Vor der Windmühle
Sonstiges: Im Ort Womoübernachtungsverbot, Mühle ist aber auf Privatgrund!

Sie ist die größte und höchste Mühle im holländischen Stil in Dänemark sowie Nordeuropa und steht unter Denkmalschutz. Bis 1972 wurde hier noch Korn gemahlen. In der Mühle selbst und den angrenzenden Gebäuden besuchen wir die Ausstellung, die uns Einblicke in das Müllerhandwerk gibt.

Den Mühlenparkplatz verlassen wir nach rechts und folgen der Beschilderung zur „**Höjer Sluse**", der Schleusenanlage. An den Parkplätzen bei der ersten und zweiten Schleuse sprechen die Schilder leider eine eindeutige Sprache: hier sind wir des Nachts unwillkommene Gäste.
Bevor wir den Deich erklimmen, besuchen wir noch das kostenlose Wattmuseum, das über den Deich und das Wattenmeer mit seiner einzigartigen Fauna und Flora informiert.

Die beiden Deichanlagen dienen dem Küstenschutz des dahinterliegenden Marschlandes. 12000 ha Boden und 15000 Bewohner werden mit dieser Baumaßnahme gegen die oft gewaltigen Sturmfluten der Nordsee geschützt.

Das Wattenmeer der Nordsee gehört zu den wichtigsten ökologischen Feuchtgebieten unserer Erde und wird von den Gezeiten stark beeinflusst. Zweimal täglich stellen sich Hochwasser (Flut) und Niedrigwasser (Ebbe) ein. Der sog. Tidenhub beträgt circa 1,8 m.
Neben Seehunden und verschiedenen Vogelarten ist es die Kinderstube für zahlreiche Kleintierarten und der Fische.

Auf dem Deich oben angelangt erblicken wir endlich in diesem Urlaub zum ersten Mal das Meer.
Da gerade Flut herrscht, haben wir noch keine so rechte Vorstellung, wie das Watt aussehen könnte. Also ist noch etwas Geduld nötig.
Hätten wir doch nur unsere Inlineskates dabei! Auf dem betonierten Fuß- und Radweg entlang des Walls ließe sich prima

skaten. So legen wir uns eben nur ins Gras, genießen die Sonne, das Rauschen der Brandung und den Salzwassergeruch. „Die Ebbe setzt ein" stellt meine Frau nach genauer Beobachtung fest. Also dürfen wir uns schon auf eine baldige Wattwanderung freuen. Dazu fahren wir wieder zurück nach Höjer und begeben uns auf die 419 gen Römö. Hinter Höjer notieren wir links einen Abzweig zu einem Campingplatz direkt am Meer.

Gleich nach **Sönder Sejerslev** kommen wir an einem Übernachtungsplatz der besonderen Art vorbei.

---

(009) WOMO-Picknickplatz: Tingdal Plantage

GPS: N 55° 00'14" E 8°39'34.1"   **max. WOMOs:** 1
Ausstattung/Lage: Tisch & Bank, Mülleimer/außerorts.
Zufahrt: Nach Höjer links, auf Schotter bis zur T-Kreuzung, dann rechts ein kurzes Stück bis zum Wildgehege mit Hochsitz.

Wir sagen den Rehen schon nach wenigen Minuten Lebewohl, denn schließlich wollen wir ja wieder ans Meer, um unsere Wattwanderung noch unternehmen zu können.

Am Ende von Vester Gammelby fahren wir links auf die Ortschaft **Hjerpsted** zu, durch sie hindurch und erreichen schließlich die romanische Kirche am Rande der Felder. Wer auf einen einsamen Strand wert legt, kann hier sein Womo abstellen und den kurzen Feldweg hinter dem Friedhof benutzen, der direkt auf das Meer zuführt.

Wir fahren noch ein kurzes Stück weiter auf der 419 und biegen links ein in den breiten Schotterweg der uns zu einem tollen Parkplatz (**GPS: N 55° 01.617´ E 8° 38.295´**) mit sagenhaften Blick auf das **Wattenmeer** bringt.

Unsere Schuhe bleiben im Womo und barfuß spazieren wir auf das nun weit hinausragende Watt. Etwas gewöhnungsbedürftig ist der „Matsch" unter unseren Füßen schon. Doch das Naturerlebnis gewinnt rasch die Oberhand und lässt uns neugierig staunen, was im Sand und den Prielen alles so kreucht und fleucht. Einige hundert Meter wandern wir hinaus, bis das Meer uns den Weg zu weiteren Sandbänken verwehrt. Zu weit sollte man sich sowieso als Orts- und Wattenmeerunkundiger nicht hinauswagen. Zu Wagemutige könnten sonst leicht in lebensgefährliche Bedrängnis geraten, sollte die Flut unvermittelt einsetzen!

Nach unserer Wanderung setzen wir uns in unser Womo, das „Wohnzimmerfenster" aufs Meer hinaus gerichtet, verspeisen hungrig unser Abendbrot und genießen den glutroten Sonnenuntergang. Dann wird es Zeit, das Womo auf den Übernachtungsplatz umzustellen, denn hier wird nach Einbruch der Dunkelheit rigoros kontrolliert und aufgeschrieben.

Bis 2009 war diese Umstellaktion in weniger als einer Minute erledigt, denn der Parkplatz zum Nächtigen befand sich in unmittelbarer Nähe. Seit 2010 verunziert aber ein Womoübernachtungsverbotsschild diesen schönen und praktischen Platz. Wir haben dies schon lange kommen sehen, denn oft standen hier zwischen 5 und 10 Womos pro Nacht in der Hauptsaison. Ein derartiger Campingplatzbetrieb ist logischerweise nicht auf Dauer akzeptabel.

Wir haben aber einen sehr ruhigen und nur wenige Fahrminuten entfernten Picknickplatz in romantischer Umgebung für Sie als Ersatz gefunden.

---

(010)WOMO-Picknickplatz: Tröjborgruin

GPS: N 55° 01'.13" E 8° 45'.12"   **max. WOMOs:** 1-2.
Ausstattung/Lage: Tisch & Bank, Mülleimer, WC/außerorts.
Zufahrt: Nach Hjerpstedt zurück, dort geradeaus der Margaritenroute folgen, dann links ab, gegenüber der Schlossruine.

Am Morgen spazieren wir zur Wasserschlossruine hinüber. Leider sind von dem aus dem 14. Jahrhundert stammenden Bau nur noch die Südmauer und Fundamentreste vorhanden. Die Stille des Ortes, die blühenden Seerosen und die hohen Bäume geben aber ein romantisches Ensemble ab, das wir genießen.

Auf der Margaritenroute setzen wir unsere Reise fort und gelangen schon bald zum Weiler Harres, in dem wir uns rechts ab nach **Bredebro** orientieren. Als nächstes Ziel wollen wir den Ort **Lögumkloster** besuchen. Der ist in Bredebro am Kreisverkehr klar ausgeschildert und so gelangen wir nach einigen Minuten Fahrt durch ein Laubwaldgebiet zum Ziel.

Im Ortskern parken wir unser Gefährt und schlendern über die grüne Dorfwiese in Richtung Kirche. Das von Zisterziensermönchen gegründete Klosteranwesen kann leider nicht mehr mit seiner einstigen Pracht aufwarten. Aber das noch vorhandene spätromanische Gotteshaus mit dem daran anschließendem Kapitelsaal und Sakristei ist schon einen Besuch wert. Über den Friedhof gelangen wir zur Geschäftsstraße und damit zurück zum Womo.

Jetzt ist wieder Natur pur angesagt. Wir fahren zurück nach Bredebro, über den Kreisel in Richtung Harres, biegen aber fast schon am Ortsende gleich wieder rechts ab. Auf dem Nebensträßchen gelangen wir nach **Abterp**.

---

(011)WOMO-Picknickplatz: Langdysser

GPS: N 55°05'.23" E 8°46'.42"   **max. WOMOs:** 2-3.
Ausstattung/Lage: Tisch & Bank, Mülleimer/ außerorts.
Zufahrt: In Abterp rechts ab, beschildert, rund 800m auf Feldweg.

Direkt vor dem aus der Steinzeit stammenden und mit reichlich Gras überwucherten Langdolmen stellen wir unser Womo ab und inspizieren die Anlage. Doch dann steht sportliche Betätigung auf dem Programm. 2 Möglichkeiten stehen zur Wahl:

1. Variante: Eine schöne gut ausgeschilderte Rundwanderung (Informationsbroschüren sind am Stellplatz in einem kleinen Kästchen erhältlich). Auch ein Wanderweg führt nach Lögumkloster.
2. Variante: Wer seinen Canadier dabei hat, paddelt auf der Brede A. In Richtung Lögumkloster empfehlenswerter.

Wir schließen einen Kompromiss, laufen zuerst zum Aussichts-hügel und lassen anschließend unseren Gummicanadier zu Wasser. Sicherlich genießen auch Sie die traumhafte Stille und Weite dieser ländlichen Idylle.

Ein neuer Tag mit wahren Superlativen wartet auf uns! Über Lunde gelangen wir zu einer T-Kreuzung, biegen dort rechts ab und bald darauf wieder links zur Staatsstraße 419. In die scheren wir nach rechts ein und rollen bis zur T-Kreuzung mit Ampelanlage (den Abzweig kurz vorher rechts zum Hjemsted Oldtispark merken wir uns). Römö ist unser Tagesziel! Auf der Dammstraße, die im Herbst auch zur Beobachtung der Vogel-züge dient, sind wir früh am Morgen noch fast alleine unterwegs. Entlang der Straße befinden sich einige Parkbuch-ten, die zur Not auch als Übernachtungsplatz herhalten könn-ten. Freies Stehen ist auf der gesamten **Insel Römö** durch ein großes Schild leider untersagt. D.h. wem es hier gefällt und wer hier bleiben möchte, muss wohl oder übel auf einen der zahlreichen großen **Campingplätze** einchecken.

Gleich an der ersten Hauptkreuzung mit Ampelanlage biegen wir rechts ab und erreichen bald den rechterhand gelegenen „**Kommandorgard**", einen großen reetgedeckten Bauernhof mit einer ebenso großen Doppelscheune. Das **Museum** öff-net erst um 10.00 Uhr seine Pforten, und so rollen wir ge-zwungenermaßen noch einige Meter weiter zum **Walknochen-zaun** von Juvre.

Da die Insel Römö arm an Wald war, wurden für die Gartenzäune der Gehöfte statt Holz die Fischbeine der gefangenen Wale als Ersatzmate-rial benutzt. Viele der Männer von Römö lebten vom Walfang und gin-gen auf große Fangfahrten. Der Walzaun von Juvre, einer der letzten erhaltenen seiner Art, stammt aus dem Jahre 1772.

Walknochenzaun in Juvre

Zwischenzeitlich hat der Muse-umshof geöffnet und wir spa-zieren über eine Wiese, an deren Ende das Skelett eines Pottwals ausgestellt ist, zur hölzernen Eingangstüre des Kapitänsanwesens. Innen empfängt uns ein etwas muffi-ger Geruch, der aber das mu-seale Ambiente der originalen Einrichtungsgegenstände so-wie der bemalten Decken- und Wandverzierungen nur noch hervorhebt. Der Besucher er-fährt auch auf deutsch alles Wissenswerte über den 1748 erbauten Hof. Besonders ge-

fallen uns die friesischen Kacheln in der Küche, die mit der Feuerstelle ein romantisches Bild abgeben. Ein bisschen wie im Märchen von Dornröschen kommen wir uns vor - alles scheint nur in einen Schlaf versetzt worden zu sein, um von irgend einem Prinzen wieder zum Leben erweckt zu werden...
Über die Hauptkreuzung von Tvismark fahren wir gerade aus Richtung Süden und besuchen noch kurz das rechterhand be-findliche Naturcenter Tönnisgard, das ausführliche Infos zum Wattenmeer liefert. Hier werden auch geführte Wattwande-rungen angeboten.
Im Gegensatz zu den stellenweise etwas eintönigen Feldern auf dem Festland dominiert hier eine von Kiefern durchwach-sene Wald- / Heidelandschaft, die v.a. im Sommer die Land-schaft in einen herrlichen Farbton aus lila und rosa taucht.
Nur wenig später kommen wir an der **Römö Kirkeby** vorbei,

die in ihrem Inneren mit mehreren schö-nen Votivschiffen ausgestattet ist. Die-se originalgetreuen Miniatursegler wur-den von Seeleuten aus Dank gestiftet, da sie durch Gottes Fügung aus größter

Seenot errettet wurden. Auf dem Friedhof sehen wir noch ei-nige der großen Grabplatten, die von längst verstorbenen Kapitänen Zeugnis ablegen. Fast schon am südlichen Insel-ende befinden sich zwei Kinderattraktionen, Danmarks mekaniske dukkemuseum (Spielzeugmuseum) und das Römö Sommer- & Badeland. Beides betrachten wir als Nepp, denn dem geforderten Eintrittspreis steht eine sehr magere Leistung gegenüber.

Künstlicher Badespaß ist schließlich nicht nötig, denn jetzt wartet der ultimative Sandstrand auf uns. Kurz vor dem letzten Ort Havneby zweigt rechts die Straße mit der Beschilderung zum Havsand nach Sönderby ab. Nachdem wir die Hügelkuppe der Dünen mit dem Womo hinter uns gelassen haben, stockt uns fast der Atem. Wir haben in unserem Leben schon viele Sandstrände gesehen - aber was sich da vor unseren Augen auftut ist wahrlich einmalig. **Befahrbarer Strand bis zum Horizont!** Um genau zu sein: es handelt sich um den mit 4 km breitesten Sandstrand Europas. Wenn das kein Rekord ist?!

Strand und nochmals Strand...

Von einem alten Womohasen bekamen wir am Vortag den Tipp, die hellen Stellen im Sand unbedingt zu meiden. Dort besteht nämlich schnell die Gefahr, dass sich das Fahrzeug im lockern Sand festfährt. Und dann schlägt der Urlaubsspaß in Urlaubsfrust um.

Auf einem extra ausgewiesenem Gelände sausen windgetriebene **Strandbuggys** umher. Wer sich zu dieser Freizeitbeschäftigung hingezogen fühlt, kann von 10.00 - 17.00 Uhr incl. Ausrüstung einen Einsteigerkurs belegen. Noch weiter geht unsere Fahrt vor bis endlich das Meer erreicht ist. Unser Womo parken wir quer zum Wind. So haben wir eine Barriere und können die Sonne ungestört genießen.

Spät abends, als es allmählich Zeit wird den Strand zu räumen, verlassen wir die Insel Römö wieder und steuern einen recht nah gelegenen Übernachtungsplatz in schöner Natur an:

(012) WOMO-Picknickplatz: Skaerbaek

GPS: N 55°09'3.72" E 8°44'35.6" max. **WOMOs:** 2.
Ausstattung/Lage: Tisch & Bank, Mülleimer/außerorts.
Zufahrt: Gleich nach dem Hjemsted Oldtidspark links, Bucht neben der Straße; am Ortsbeginn von Skaerbaek.

Klar, wie könnte es anders sein, geben wir am nächsten Tag der unwiderstehlichen Versuchung nach und fahren zurück zum Superstrand nach Römö. Doch diesmal biegen wir bei der Hauptkreuzung von Römö nicht ab, sondern halten uns gerade aus weiter. So erreichen wir einen weiteren wunderschönen Strandabschnitt bei **Lakolk**. Wieder zieht es uns mit dem Womo bis fast ganz vor ans Meer, wo wir uns häuslich niederlassen.

(013) WOMO-Campingplatz-Tipp: Lakolk

GPS: N 55°08'49.1" E 8°29'48" **Öffnungszeiten:** Ganzjährig.
Ausstattung: Großes Wiesenareal vor dem Sandstrand; kein Schatten.
Zufahrt: Vom Römödamm über die Ampel geradeaus bis zum Strand vor, rechts.

Im September finden am Lakolkstrand übrigens das Drachenfestifal statt. Wie das wohl aussehen mag, sind doch schon jetzt zahlreiche bunte Himmelsstürmer in allen Variationen zu bestaunen. Sollte Ihr Nachwuchs auch so ein Gefährt begehren, so haben Sie in Lakolk die Möglichkeit zum Kaufen.

Spätnachmittags haben wir genug von Sonne und Meer, und so beschließen wir kurzerhand, noch das **Steinzeitmuseum** neben unserem Stellplatz der letzten Nacht zu besuchen.

Etwas enttäuscht sind wir dann schon, nachdem in den Prospekten vollmundig von einem „lebendigen" Museum mit allerlei Aktivitäten geworben wird. Lediglich zur Mittagszeit finden einzelne Vorführungen statt. Etwas mager, wie wir finden. Auf Nachfrage erfahren wir, dass dies aber an der Nebensaison liege.

Durch Skaerbaek fahren wir hindurch auf die 11, kommen in Bröns an Dänemarks zweitgrößter Landkirche vorbei und erreichen den Weiler Rejsby. Hier verlief im 19. Jahrhundert die Grenze zwischen Preußen und Dänemark!

Nach dem Ort nehmen wir die erste Abzweigung links gen Högsbro mit der Generalrichtung Vester Vedsted / Mandö.

Unser letztes Ziel für heute ist das **Vadehavscentret**, das uns einen ruhig- und schön gelegenen Übernachtungsplatz bietet:

---

(014) WOMO-Stellplatz: Vadhavscentret

GPS: N 55°17'46.6" E 8°40'07.8"   **max. WOMOs:** 3-4.
Ausstg./Lage: Mülleimer, WC, Wasserhahn im WC-Häuschen/außerorts.
Zufahrt: Wie beschrieben über Högsbro nach Vester Vedsted, dort beschildert.

Impressionen gen Mandö

Das Watthafeninformationszentrum erklärt sehr anschaulich und interessant auf multimediale Weise die ökologischen Zusammenhänge des Wattenmeer vor der **Insel Mandö**. Bei Ebbe ist es möglich die eben gelernten Zusammenhänge in Natura zu erleben. Mit dem **Treckerbus** fahren wir zum Eiland Mandö und weiter hinaus auf den jetzt bei ablaufendem Wasser bis zu 10 km breiten Hochsand Koresand. Dort kann dann schon einmal echtes „Wüstenfeeling" aufkommen. Wir haben Glück und sehen sogar in der Ferne eine sich faul im Sand räkelnde Seehundkolonie.

Aber auch die Insel an sich ist für Naturliebhaber und Individualisten genau das richtige. Ein Fahrradverleih lädt zur Deichumrundung ein.

Am Nachmittag gehen wir wieder auf Fahrt, lenken unser Gefährt zurück nach Vester Vedsted bis zur T-Kreuzung und folgen dann der Beschilderung nach **Ribe**. Dort steuern wir den Großparkplatz am Stadteingang an und stellen mit größtem Erstaunen fest, dass es den offiziellen Stellplatz wieder gibt.

(015) WOMO-Stellplatz: Ribe Zentrum

GPS: N 55° 19'28.6" E 8°45'27.1"   **max. WOMOs:** 20.
Ausstattung/Lage: WC mit Chemietoilette, Außenwasserhahn, Grauwassergulli, alles kostenlos/außerorts.
Zufahrt: Beschilderung Ribe C folgen.
Sonstiges: Parkdauer auf max. 48 Std. begrenzt.

Vom Stellplatz weg spazieren wir in nur wenigen Schritten über ein Flüsschen und sind schon im romantisch anmutenden Altstadtbereich. Das Auge weidet sich an den wunderschönen, z.T. etwas windschiefen Fachwerkgebäuden.Wir halten auf den Dom zu. Gleich fällt uns auf, dass er aus zwei verschiedenen

Türmen besteht und deutlich unter dem Stadtniveau liegt. Das rührt davon her, dass der Untergrund des fünfschiffigen Sakralbaus auf den wenig tragfähigen Marschboden drückt. 1323 stürzte deswegen einer der beiden Kirchtürme auch ein. Apropos Kirchtürme. Es hat soeben 15.00 Uhr geschlagen und das „Dagmarlied" klingt als Glockenspiel von oben herab. Über „Det Gamle Arrest", einem ehemaligen Gefängnis, bummeln wir weiter am Nobelrestaurant Dagmar vorbei und laufen nach rechts in die Fußgängerzone (Overdammen). Beim Fluss Ribe A halten wir uns nach links und scheren in die Skibbroen Gasse ein. Schon von weiten sehen wir den Segler „Johanne Dan", der vor dem **Restaurant „Saelhunden"** vertäut liegt. Da der Magen knurrt und das Menü des Tages nur allzu lecker klingt, kehren wir hier ein. Zwei wirk-

lich riesige Teller mit Matjesheringen in Rotweinsauce, Muscheln, Krabben, Kaviar, Kabeljau und einem Stück Lachs werden uns serviert. Rund eine halbe Stunde später fühlen wir uns so voll, dass kein Brotkrümel mehr in unseren Mägen Platz haben würde. Zufrieden schlendern wir zurück zur „Einkaufsmeile" und entdecken eine Eisdiele. Genau richtig als Nachspeise. Wer dänische Eisgepflogenheiten noch nicht kennt - hier ist die Gelegenheit: Eiskugeln kombiniert mit Softeis, Smarties und Mohrenkopf... und das alles in einer Riesenwaffel. Eine Kalorienbombe par excellence, aber dafür ist schließlich Urlaub!

Müde von der Seeluft und dem reichlichen Schlemmen, beschließen wir, uns den Rest von Ribe heute zu schenken.

Wer etwas außerhalb der Stadt nächtigen möchte, findet nur wenige Kilometer entfernt eine weitere Möglichkeit im Grünen:

---

(016) WOMO-Stellplatz: Ribe

GPS: N 55°20'15.8"   E 8°46'14.5"   **max. WOMOs:** 5.
Ausstattung/Lage: Tisch & Bank, WC, Mülleimer/im Ort.
Zufahrt: Auf der 24 Ribe verlassend Richtung Esbjerg, Fluss Ribe A überqueren, dann kurz vor dem Bahnübergang (gegenüber dem Grillkiosk) links im Grünen; P-Symbol ausgewiesen.

Tagsdarauf setzen wir die Fahrt auf der 24 fort. Außer den zahlreichen Windrädern neben der breit ausgebauten Hauptroute nach **Esbjerg** ist wenig Abwechslung geboten.

---

(017) WOMO-Stellplatz: Esbjerg I, II, III

GPS: N 55°23'27.1" E 8°44'21.8"   **max. WOMOs:** jeweils 2-3.
Ausstattung/Lage: Mülleimer/außerorts.
Zufahrt: Schöngelegene Rastparkplätze rechts neben der Straße 11/24 in Richtung Esbjerg, im Abstand mehrerer Kilometer; ausgewiesen;

Bald schon sehen wir die ersten hässlichen Umrisse von Fabrikgebäuden samt ihren Schloten vor uns.

Am Stadtrand folgen wir den Schildern „**Esbjerg Havn**" und dann den Wegweisern zum Zentrum. Da taucht auch schon der unübersehbare Anhaltspunkt auf: der Wasserturm der Stadt.

Wenig später parken wir direkt zu dessen Füßen unser Womo. Das Gebäude daneben ist das **Kunstmuseum**, das aus der Feder des Stararchitekten Utzon stammt, der auch die weltberühmte Oper von Sydney schuf.

Unser Parkplatz dient als idealer Ausgangspunkt für die Stadterkundung. Nach nur wenigen Schritten auf der Havnegade biegen wir links ein in die Torvegade, auf der wir schnurstracks zum **Esbjerg Museum** gelangen, das u.a. eine reichhaltige Bernsteinsammlung sein Eigen nennt.

Die eigentlichen Attraktionen Esbjergs sind aber die jeden Morgen um 7.00 Uhr stattfindenden **Fischauktionen** und natürlich das **Salzwasseraquarium**.

---

(018) WOMO-Stellplatz: Esbjerg Havn

GPS: N 55°28'25.1"
E 8°25'33"

max. WOMOs: 2-3.
Zufahrt/Lage: Am Ende der Grünanlage an der Havnegade links hinab zur Ampel, dort rechts in den Tolbodvej und dem Schild „Museum" zum Hafen folgend. Kurz nach dem Kreisel mit Bahnübergang in die Straße „Auktionsgade" links zum Pier 1; großes Parkareal am Hafen bei den Fischhallen.
(„Zweckstellplatz")/im Ort.

TOUR 2

Videbaek

29 B

Ringköbing

Ringköbing

Velling   Höjmark   Finderup

28

Hvide Sande

S

Skjern

Argab

Fjord

Skern Å   Tarm

N

Tipperne   Vostrup

Holmsland Klit

25

Bork Havn

423

27   **26 WC**

Ölgod

Nymindegab

Sönder Bork

181

Nörre Nebel

24

Blabjerg

Henne

465   Tistrup

Filsö

23   WC

11

Vittarp

Sövig Sund

12

C   **22**

Graerup   **20 WC**

Vejers Strand

Oksböl   431

21   Billum   Varde Å   **Varde**

Kallesmärsk   WC

Heide   475   **19 WC**

Blavands
Huk

Blavand

B   C   Ho

E 20

Hjerting

Tjaereborg

Nordby

24

Esbjerg

FANÖ

12 km

Sönderho

Esbjerg - Varde - Blavands Huk - Nörre Nebel - Hvide Sande - Ringköbing

Freie Übernachtung: Varde, Blabjerg Kommune, Nörre Nebel, Nymindegab, Argab, Bork Havn

Ver-/Entsorgung: Varde, Blavand Strand, Nymindegab

Campingplätze: Hvide Sande

Baden: Blavand Strand, Vejers Strand, Bjerregard Strand, Ringköping

Besichtigen: Varde Atteleriemuseum, Tirpitz-Stellungen, Abelines Gard, Wikinger Jafen in Bork Havn, Ringköbing

Sport: Wandern Blabjerg, Schienenfahrradfahren in Nörre Nebel, Angeln an der Brücke von Hvide Sande, Surfen beim Ringkö-bing Fjord, Reiten in Henne

Die Hafenanlage von Esbjerg verlassen wir nun wieder und halten uns der Beschilderung nach links in Richtung Hjerting. Schon sehen wir die **Skulpturengruppe „Mennesker ved Ha-**

Skulpturengruppe am Strand von Esbjerg

vet". Direkt neben den vier übergroßen weißen Steinmännern parken wir unser Womo auf dem Schotterplatz (WC) mit den angrenzenden Picknickbänken. Nicht nur der Blick auf das ungewöhnliche Kunstwerk gefällt uns, sondern auch die in Sichtweite gelegene Insel Fanö. Bei diesem schönen Ausblick wollen wir es aber belassen. Mehrere Einheimische haben uns von der Insel abgeraten, da es zu sehr von Touris und Ferienhäusern wimmeln soll. Zwar ist unser Badeplatz durch die angrenzende Straße hier etwas lauter, doch wahrscheinlich bei weitem nicht so überbevölkert wie die Strände Fanös.

Nach einem halben Tag geht es weiter am Meer entlang. Noch mehrere Tagesparkplätze direkt am Strand erblicken wir.

Vor dem Strandhotel von Hjerting folgen wir der Margeritenroute nach rechts, um gleich darauf wieder links nach Varde abzubiegen. Siehe da, plötzlich ändert sich das Aussehen der Landschaft grundlegend. Die Felder erheben sich wie langgezogene Wellenkämme, größere Mischwälder treten hervor. Richtig reizvoll und abwechslungsreich, sind wir einhellig der Meinung.

Vor **Varde** durchfahren wir den großen Kreisverkehr nach links und nehmen die Abfahrt „Varde C". Es geht durch ein Wohngebiet bis kurz vor zur T-Kreuzung mit Ampel. Dort sehen wir auch schon das Hinweisschild „**Artillerimuseum**", das uns rechts auf den Parkplatz weist.

(019) WOMO-Stellplatz: Varde	
GPS: N 55°37'15.9" E 8°28'30.2"	**max. WOMOs:** 3.
Ausstattung/Lage: WC, Mülleimer/im Ort	**Zufahrt:** Wie beschrieben.

Der von außen recht unansehnliche Betonbau des Militärmuseums beherbergt in seinem Inneren zahlreiche imposante Feldgeschütze aus mehreren Kriegen und Jahrhunderten. Eine Schulklasse erfährt gerade anschaulichen Geschichtsunterricht. Den Gesichtsausdrücken nach zu urteilen, scheint die grausame Faszination des Kriegshandwerks jeden gefesselt zu haben.

Als wir das Museum wieder verlassen, sehen wir am Personaleingang drei Kinderwägen mit den darin befindlichen (sanft dahinschlummernden) Säuglingen stehen. Die Mütter arbeiten im Museum...soviel zum Thema Sicherheit in Dänemark. Da sich unser Parkplatz direkt neben dem historischen Stadtkern befindet, liegt nichts näher, als noch in den belebten Innenstadtbereich einzutauchen und die Gebäude in Augenschein zu nehmen. Erwähnenswert ist v.a. die St. Jacobi Kirche am Marktplatz Torvet. Vom wirklich alten Varde blieb wegen des 1821 wütenden Feuers leider nicht mehr viel übrig.

Kinder schätzen Varde übrigens wegen des „Varde Sommerland", einem Vergnügungspark mit allerlei Fahrgeschäften.

Wir verlassen Varde wieder und begeben uns auf die 181

westwärts, die nach dem Kreisverkehr in die 431 überleitet. Kurz darauf erspähen wir schon bald einen übernachtungstauglichen Parkplatz:

---

(020) WOMO-Stellplatz: Hyllerslev

GPS: N 55°37'40.1" E 8°24'41.8"   **max. WOMOs:** 2-3.
Ausstattung/Lage: Tisch & Bank, WC/außerorts.
Zufahrt: 2,6 km nach Varde bzw. 0, 5 km nach dem Kreisverkehr von der 181 auf die 431.

Am zweiten Kreisverkehr folgen wir weiter der Beschilderung nach **Oksböl**. Durch mehrere Ortschaften hindurch bis Billum, wo wir dann rechts ab der Margeritenroute folgen.
In Oksböl biegen wir nach 600 m links ab zum „**Ravmuseet**".

---

(021) WOMO-Stellplatz: Oksböl/ Ravmuseet

GPS: N 55°37'26.9" E 8°16'39.5"   **max. WOMOs:** 3.
Ausstattung/Lage: Mülleimer, WC/im Ort.
Zufahrt: In Oksböl wie beschrieben.
Sonstiges: Gegenüber dem Bernsteinmuseum befindet sich das Touristeninformationsbüro.

Das **Bernsteinmuseum** wartet mit herrlich geschliffenen Bernsteinen in allen Variationen und Formen auf. Hier können wir einen der größten jemals gefundenen Bernsteinbrocken bestaunen. Gegenüber vom Bernsteinmuseum zweigt die Kirkegade ab, der wir nun folgen. Dem Namen nach zu schließen wissen Sie sicherlich schon, was wir nun mit Ihnen besuchen wollen: Das Kleinod des Ortes, die **Aal Kirke**. Auf dem gegenüberliegenden Parkplatz stellen wir unser Womo ab. Um das Gotteshaus betreten zu dürfen, müssen wir die am Eingang bereitgestellten blauen Schlüpfer über unsere Sandalen ziehen. Unübersehbar sticht die große **Kalkmalerei** an der linken Wand ins Auge, die einen Reiterkampf

Aal Kirke

darstellt. In der Mitte des Kirchenschiffes hängt wieder das übliche Votivschiff von der Decke. Schön anzusehen ist auch die Kanzel, die schon ein kleines Meisterwerk an sich ist.

Jetzt aber wird es wieder Zeit, sich dem Meer zuzuwenden. Auf der 431 halten wir uns nach Blavand und Ho. Die umliegenden Wiesen und Felder machen nun einer bunten Heidelandschaft platz. Weite Teile des Geländes hat sich das dänische Heer unter den Nagel gerissen und für die Öffentlichkeit gesperrt. Entlang der Straße warnen immer wieder Schilder vor unbefugtem Betreten bzw. Verlassen der markierten Wege, denn von Zeit zu Zeit wird scharf geschossen. Manche Spötter behaupten jedoch, dass sich das königliche Militär auf rund drei Panzer beschränken würde....Das wollen wir aber als Wo-

Blavand Huks Leuchtturm mit herrlichem Ausblick...

...so weit das Auge reicht.

mozielscheibe nicht näher überprüfen. Und zur „Krönung" der Restriktionen in diesem Gebiet prangt unübersehbar ein großes „Zoneschild", das Wohnmobilen das Parken außerhalb der Campingplätze von 21.00 - 7.00 Uhr untersagt. Wir versuchen, das Beste daraus zu machen.

Zahlreiche Picknickplätze im Kiefernwald laden zur Rast ein. Auch als Ausgangspunkt für eine Radtour wären sie gut geeignet, verläuft doch ein schöner Radweg in gebührendem Abstand zur Straße nach **Blavand**. Wer sich für diese Version entschließt, sollte aber unbedingt seine Badesachen mitnehmen, denn es locken wieder wunderbare Sandstrände.

Die Straße teilt sich und wir rollen weiter rechtshaltend zum **westlichsten Festlandspunkt Dänemarks**. Markant thront der **Leuchtturm** am **Blavands Huk** und nachdem wir die 170 Stufen erklommen haben, tut sich uns ein fantastischer Rundumblick auf. Von oben sehen wir bis in die Ferne die Spuren des deutschen Wahnsinnsprojektes: die bunkergeschützten Gefechtsstellen des Atlantikwalls aus den Zeiten des Zweiten Weltkrieges.

Ein verlockender Mix aus strahlend weißem Sandstrand und sonnendurchschienenem azurblauen Meer lockt uns wieder ins Parterre. Schnell die Badesachen geholt und ab geht es zum Badespaß. Unser Hund muss aber an die Leine (vom 1.4. bis zum 31.8., da geschützte Tiere wie der Strandregenpfeifer hier brüten).

Zurück zur Retortenortschaft Blavand, wo wir rechts abbiegen und einen noch größeren Badeparkplatz am Blavand Strand entdecken. Wem es hier gefällt, der quartiert sich auf dem vom ADAC prämierten **Campingplatz** ein:

Womocampingplatz: Hvidbjerg Strand - Nordsee Camping Im Gegensatz zum weniger einladenden Ortskern verstecken sich die anheimelnden Ferienhäuschen zwischen den Dünen und in der Heide. Neugierig blicken wir nach allen Seiten, fahren im Bummeltempo dahin. Plötzlich springt nur wenige Meter vor unserer Motorhaube ein Reh mit seinem Kitz über die Straße. Gut, dass wir so langsam unterwegs sind.

2,2 km nach dem kleinen Kreisverkehr Richtung Ho ragt linkerhand die zum Museum umgebaute Großbunkeranlage der **Tirpitzstellung** aus den Dünen heraus. Thema der Ausstellung ist der materialaufwändige Bau dieser Festungsanlage u.v.m.

Am Ende des Ortes Ho halten wir uns nach links und erreichen wenig später wieder die 431, auf der wir bis zur Ampelkreuzung bleiben. Dort scheren wir links ab zum Vejers Strand. Auch hier wieder panzerdurchpflügter Heideboden neben der Straße. Die Stichstraße verzweigt sich in Vejer:

---

(022) WOMO-Badeplatz: Vejer Strand Süd

GPS: N 55°37'14.6" E 8°07'10.3"   **max. WOMOs:** >10
Ausstattung: Campingplatzmitbenutzung erlaubt (Dusche, WC, VE)
Zufahrt: In Vejer links zum Vejer Strand Süd; vor den Dünen neben dem Hvidbjerg Strand Campingplatz. 100 DKK pro Nacht und Wohnmobil.

Wir fahren aber geradeaus weiter und landen wieder auf einem **befahrbaren Sandstrand der Superklasse**. Ein paar hundert Meter zuckeln wir über den festgefahrenen Sanduntergrund, bis auch wir unseren Traumplatz gefunden haben. Heute weht eine steifere Prise, die einige Kitesurfer für ihren Sport geschickt zu nutzen wissen. Neidisch schauen wir ihnen zu, wie sie schnittig durch die Wellen pflügen.

Die untergehende Sonne im Rücken fahren wir wieder auf der

Vejer Strand

Stichstraße in Richtung der 431, biegen aber nach 3,5 km links ab gen Graerup. Mitten durch das Militärgelände zieht sich unsere Straße. Bald kommen wir an eine T-Kreuzung, dort geht es jetzt rechts ab und gleich darauf wieder links Richtung Henne. An der nächsten T-Kreuzung das gleiche Abbiegemanöver nochmals. Im Blabjerg-Gebiet endet kurzfristig die Womoverbotszone und wir nutzen die Gelegenheit, um einen Übernachtungsplatz zu ergattern:

---

(023) WOMO-Stellplatz: Filsö Hede
GPS: N 55°43'6.66" E 8°12'29.8"   **max. WOMOs:** 1-2.
Ausstattung/Lage: Angelmöglichkeit am Fluss/außerorts.
Zufahrt: Wie beschrieben; 1,5 km nach dem Zone - Ende - Schild rechts neben der Straße.

Am Morgen führt uns die Straße gleich wieder zu einer T-Kreuzung, an der wir nach rechts abbiegen. 2,5 km später weist uns ein Hinweisschild zur 64 m hohen bewaldeten Sanddüne. Wer hier noch ein kurzes Stück geradeaus weiter fährt, gelangt bald zum einem herrlich gelegenen Picknickplatz mit schöner Fernsicht, bei dem es sich wunderbar grillen lässt (mit WC, Abfall und Wasserhahn).

Der **Blabjerg**, der an manchen Tagen aus der Ferne in bläulichem Ton erscheinen soll, ist die höchste Düne in ganz Dänemark. Im Wald zu Füßen des Berges zweigt unscheinbar das Sträßchen links ab und führt uns bergauf bis fast zum „Gipfel" hinauf. Zu Fuß bezwingen wir die letzten paar Meter über eine langgezogene Treppe. Da die Vegetation hier oben kurz gehalten wird, ist uns eine tolle Fernsicht gegönnt. Endlich bieten sich auch mehrere beschilderte Rundwanderwege und Mountainbikerrouten unterschiedlicher Länge an. Eine Infowand beim Parkplatz zeigt uns die zur Auswahl stehenden far-

Blabjerg Gipfel

big markierten Pfade. Typisch dänisch stehen an diesem Waldparkplatz natürlich wieder Picknickbänke und ein WC. Wer würde da eine Rast schon ausschlagen!

Weiter halten wir uns mit dem Womo geradeaus, bis wir auf die 181 stoßen. Wen es schon wieder magisch zum Meer und zu neuen Traumstränden zieht, biegt an der T-Kreuzung gleich links ab. Das rechterhand befindliche Nörre Nebel bietet neben einem ruhigen Stellplatz auch noch ein Familienvergnügen der besonderen Art: Auf den stillgelegten Bahngleisen mietet man sich eine sog. **Draisine**, ein Schienenfahrrad und strampelt gemeinsam auf dem Gefährt durch die abwechslungsreiche Landschaft.

---

(024) WOMO-Stellplatz: Nörre Nebel

GPS: N 55°46'39.1" E 8°17'27.3" max. WOMOs: 3.
Ausstattung/Lage: Mülleimer/im Ort.
Zufahrt: Über die 181 nach Nörre Nebel; im Ort rechts zum Bahnhof, ausgeschildert.

Heute steht eine ganz besondere Zeitreise auf dem Programm. 1000 Jahre fahren wir zurück in die Wikingerzeit nach Bork Havn am Südostufer des Ringköbing Fjords. In Nörre Nebel biegen wir dazu rechts ab und folgen der 423. Hinter **Nörre Bork** weißt uns ein Schild links ab den Weg nach **Bork Havn**. Direkt an den Gestaden des Fjordes wartet der Viking Havn auf uns, ein lebendes Wikingermuseum. Wir haben Glück - heute ist Wikingermarkt: Die Nordmänner laden zum Brotbacken ein, zeigen ihre Reit- und Kampfkünste und bieten historischen Schmuck, Kleidung und Möbelstücke an. Nicht nur unseren Kindern leuchten die Augen vor Begeisterung. Bis wir

Wikingerfest

uns versehen, neigt sich der Tag dem Ende zu. Ein Schlafplatz muss her:

(025) WOMO-Stellplatz: Bork Havn

GPS: N 55°50' 45.2" E 08°17'22.4"   **max. WOMOs:** 1-2.
Ausstattung/Lage: Tisch & Bank/Ortsrand.
Zufahrt: Am Ortseingang von Bork Havn rechts auf Wiese (Kirkehöjvej, Ecke Fa-
ellevej).

Zurück zur 181 brechen wir nun in Richtung Westen auf und
nähern uns damit wunderbar sandigen Gefilden.

(026) WOMO-Stellplatz: Nymindegab

GPS: N 55°49'01.2" E 8°11'35.6"   **max. WOMOs:** 2-3.
Ausstattung/Lage: WC, Mülleimer/Ortsrand.
Zufahrt: Kurz vor Ortsende links großer Betonparkplatz.

Nach dem kleinen Ort Nymindegab führt die Straße in eine
Ebene hinab, die uns mit einer zauberhaften Kulisse in ihren
Bann schlägt. Rechts liegen malerisch, etwas unterhalb der
Straße, die **reetgedeckten Köderhütten** am schilfbesäum-
ten Wasser. Sie erinnern an die Fischer des 19. Jahrhunderts,
die hier in der Fischsaison ihr Lager aufgeschlagen hatten.
Was wie ein natürliches Gewässer aussieht, sind die Überreste menschlicher Anstrengungen. Mit einfachsten Mitteln wurde
damals versucht, eine schiffbare Verbindung zwischen der
Nordsee und dem hinter den massigen Dünen gelegen **Ringköbing Fjord** zu graben. Wie wir sehen, hatte die Natur wie

Köderhütten

immer den längeren Atem.

Gleich an der langgezogenen Kurve, dort wo die 181 auf die langgezogenen **Dünennehrung** des **Holmsland Klit** einschwenkt (500 m nach Nymindegab), zweigt schräg links eine Schotterpiste zum Badeparkplatz ab. Schon wieder wartet ein sagenhafter Meeresstrand auf uns.

---

(027) WOMO-Badeplatz: Nymindegab Strand

tagsüber (GPS: N 55°49'0.06" E 8°10'35.1")

max. WOMOs: >10.   **Ausstattung/Lage:** Mülleimer/außerorts.
Zufahrt: Wie beschrieben nach den Köderhütten links ausgeschildert.

bei Nacht (GPS: N 55°49'03.8" E 8°11'26.2")

max. WOMOs: 1-2.   **Ausstattung/Lage:** keine/außerorts.
Zufahrt: Am Ortsende von Nymindegab rechts hinab zum Steg.
Sonstiges: Romantischer Stellplatz mit Blick hinüber zu den Köderhütten.

Abelins Gard

An den Parkplätzen entlang des Holmsland Klit ist überall Übernachtungsverbot angesagt. Aber zahlreiche Campingplätze laden in schönster Natur zum Verweilen ein.

Auf der maximal 3 km breiten Nehrung fahren wir weiter und fühlen uns fast ein wenig wie zu Hause. Wie Miniaturberge erheben sich die grasbewachsenen Dünenhügel aus der Landschaft. Rechterhand ergeben sich immer wieder Ausblicke auf den Ringköbing Fjord. Wie das Sahnehäubchen auf der Erdbeertorte erscheint in dieser wunderschönen Gegend plötzlich rechts der reetgedeckte **Museumshof „Abelines Gard"** des ehemaligen Strandvogtes. Hier darf man leider nur noch tagsüber parken.

Bevor für heute Womoruhe angesagt ist, rollen wir die letzten Kilometer bis zur Brücke von Hvide Sande vor.

Hvide Sande, der bedeutendste Fischereihafen zwischen Esbjerg und Thyborön zieht Hobbyangler und Fischesser magisch an. Zu dieser Spezies rechne ich mich natürlich auch.

Angler sind hier bestens aufgehoben. Beiderseits des Kanals und der Brücke stehen zahlreiche Plätze zur Verfügung. Auf dem nordseitigen Ufer, das dem Ringköbing Fjord zugewandt ist, befindet sich auch ein größerer Anglerladen mit dem nötigen Zubehör im Angebot.
Alljährlich finden zur Heringshochsaison sogar Wettbewerbe statt.
Es beißen v.a. Heringe, Hornhechte und auch Dorsche.

Das Womo wird direkt auf dem Großparkplatz des Hafens neben der Brücke abgestellt, die komplette Fischerausrüstung ausgepackt und los geht es. Der Schutzheilige der Angler, Petrus, scheint auf meiner Seite zu stehen. Gleich beim ersten Wurf beißen vier Heringe an. Obwohl ein vorwitziger Seehund uns Anglern Konkurrenz macht, ist zwei Stunden später mein Kübel mit Fischen gefüllt und damit steht auch schon unser

Abendessen fest (und das der nächsten Tage...). Zum Fische-
braten logieren wir uns ausnahmsweise auf dem Campingplatz ein, denn so können wir ungestraft unsere Campingutensilien samt Grill auspacken.

(028) WOMO-Campingplatz-Tipp: Hvide Sande
GPS: N 55°59'11.5" E 08°08'01.3"   **Öffnungszeiten:** 26.3 - 31.10.
Zufahrt: Kurz vor Ortseingang Hvide Sande links, beschildert.
Ausstattung: 200m vom Sandstrand entfernt; beste Möglichkeiten für Surfer und
Angler (Vermietung von Surfbrettern sowie Tiefkühltruhe für geangelte Fische).

Mehrere **Campingplätze** um Hvide Sande ermöglichen einen
längeren Aufenthalt, speziell für Surfer, die das deutlich ruhi-
gere Gewässer des Ringköbingfjordes dem offenen Meer vor-
ziehen.
Frühaufstehern sei empfohlen, die **Fischauktion** in **Hvide Sande** zu besuchen.
Als nächstes wollen wir die Stadt Ringköbing besuchen. Am
Ende der Nehrung zweigt rechts die Staatsstraße 15 ab, die
uns direkt in Richtung des Zentrums führt.

(029) WOMO-Stellplatz: Ringköbing Hafen
GPS: N 56°05'10.2" E 8°14'29.1"   **max. WOMOs:** 20.
Ausstattung/Lage: Mit angrenzendem Sandstrand/Ortsrand.
Zufahrt: Am Ortsbeginn von Ringköbing, nach MC Donalds und der Jet-Tankstelle
rechts zum Hafen vor, dort offizieller Womostellplatz beschildert.

Zuerst einmal wollen wir die **malerische Altstadt** mit ihren
ruhigen und beschaulichen Nebensträßchen besichtigen. Die
Läden haben gerade erst geöffnet und in der traditionell gestalteten Fußgängerzone ist jetzt um kurz nach 10.00 Uhr noch
fast nichts los. So können wir völlig ungestört die Auslagen in
den Schaufenstern begutachten und ohne flüstern zu müssen

Torvet in Ringköbing

die Preise vergleichen. Natürlich bleibt meine Gattin bei den Schuh- und Schmuckgeschäften wie angewurzelt stehen und studiert leidenschaftlich die dänische Mode.

Immerhin kann ich sie dann doch noch zu einem kurzen Museumsbesuch im Ringköbing Museum (Hernigvej 1) überreden. Am Eingang wartet bereits als Statue verewigt der **Polarforscher** Ludvig Mylius-Erichsen, über dessen Schaffen im Ewigen Eis wir gleich einiges erfahren werden.

Zur Mittagszeit spazieren wir zum Marktplatz und suchen uns eines der zahlreichen Restaurants hier aus. Unsere Wahl fällt auf das **Hotel Ringköbing**, das ältestes Fachwerkhaus der Stadt aus dem 16. Jahrhundert. Auf der Speisekarte lockt die Spezialität des Fjordes -der Fisch „**Helt**".

Gestärkt machen wir uns nun zu einer Fahrradtour auf. Am Uferradweg strampeln wir gen Südosten auf die in der Ferne bereits sichtbaren Windkraftanlagen zu. Immer wieder laden kleine Sandbadebuchten zum Rasten und Baden ein. Ziel ist der Windpark Velling Maersk. Nur wenige Kilometer weiter lockt das „Veteranflysamling"-Museum mit den Oldtimern der Lüfte.

Im Hochsommer treffen sich an lauen Abenden die Jazzliebhaber in den Kneipen und Bars der Stadt und lauschen bei einem Bierchen (oder auch zweien) den Klängen von Saxophon und Klavier. Bis dahin sind es aber leider noch ein paar Tage und so begnügen wir uns am Abend eben mit der „hauseigenen" Musikberieselung aus dem Autoradio.

Infos zur Stadt und zu den Jazztagen gibt es auf der Homepage des Touristenamtes unter www.ringkobing-tourist.dk oder vor Ort im Touristenbüro direkt im Herzen der Stadt am Marktplatz (Torvet).

TOUR 3

12 km

Thyborön
40 WC 39;41

Harboöre Tange

181

Tour 4

Karby

Ydby

Sonder Ydby

Nissum Bredning

N

VENÖ

B

Strande
42
513
Lemvig
44

565

43

Ferring
C 38
Vandborg
513

37

Fabjerg

36
Fjaltring

Struer

181

Faro Möllea

28

Flynder A

35

Böving Klit

Holstebrö

Bur

16

Thorsminde
34 33
Nissum Fjord
Damhus A
StoraA

32

Vemb

Husby
537

Staby
Ulfborg

Madum A

31
Vedersö
FC

Tim A

30
B WC r

Torsted

Örnhöj

16/28

Stadil Fjord

Hover A

Söndervig
181

Rögind   15

Tour 2
Ringköbing

Velling

Hvide Sande
Lem

TOUR 3 (160 km / 6-7 Tage)

Stadil Fjord - Thorsminde - Ferring - Thyborön - Lemvig - Struer - Holstebro

Freie Übernachtung:	Stadil, Vedersö, Staby, Bjerghuse, Thorsminde, Bövling Klit, Fjaltring, Ferring, Thyborön, Lemvig, Nörre Nissum
Campingplätze:	Stadil, Thorsminde, Ferring
Ver-/Entsorgung:	Stadil Fjord, Thorsminde
Baden:	Stadil Fjord, Bövling Klit, Ferring Strand, Thyborön, Nörre Nissum
Besichtigen:	Stadil Kirche, Vedersö Kirche, Staby Kirche, Strandingsmuseum Thorsminde, Jens Söndergard Kunstmuseum Ferring, Thyborön, Lemvig, Struer, Holstebro
Sport:	Paddeln am Stadil Fjord, Klippenwanderung in Ferring, Radeln auf dem Planetenweg in Lemvig
Essen:	Fischessen am Hafen in Thyborön
Sonstiges:	Heiraten auf der Insel Venö

Auf der Staatsstraße 16 Richtung Hee / Ulfborg kehren wir Ringköbing den Rücken zu und befinden uns wieder auf der Margeritenroute. Nach der Ortschaft Hee nehmen wir die erste Straße nach links zum **Stadilfjord**. Rund 3 km später erreichen wir eine Schotterstichstraße zum **Süßwasserfjord**. Ein paar hundert Meter holpern wir vor zum Wiesenparkplatz mit WC, Wasserhahn und Picknickbank (N 56°10'18,3" E 08°14' 24,06"). Ein wahres Idyll an Badeplatz!

Der kleine schilfbesäumte Sandbadestrand führt flach abfallend in den See hinein und ist der ideale (sichere) Platz zum Planschen für Kleinkinder. Erst weiter draußen wird es richtig tief, um schwimmen zu können. Einziger Wehrmutstropfen ist

das Übernachtungsverbot! Doch wir haben auch hier ein Ass im Ärmel: fast um die Ecke kennen wir einen ebenso schönen Picknickplatz für die Nacht.

Die Sonne lacht vom Himmel, es ist ausnahmsweise sogar einmal windstill - also ideale Bedingungen um den Tag wieder in der Badehose zu verbringen. Schnell ist die Womomarkise ausgefahren, Yvonne räkelt sich auf der Liege und ich sitze im Schatten und lausche der Stille. Ein Frühsommertag wie aus dem Bilderbuch von Hans Christian Andersen. Ein zarter Windhauch kräuselt fast unmerklich die Schilfhalme, Vögel zwitschern und Fliegen summen umher. Über uns der blaue Himmel, der mit ein paar kleinen Schönwetterwölkchen betupft ist. Nur faulenzen, lesen, dösen und baden, und das ganz alleine hier an diesem herrlichen Flecken Natur.

Spätabends packen wir unsere sieben Sachen, rollen zur geteerten Straße vor und suchen unser Nachtquartier auf.

(030) WOMO-Picknickplatz: Stadil Fjord

GPS: N 56°11'18.1" E 8°13'22.2"
max. WOMOs: 2-3.
Ausstattung/Lage: Tisch & Bank, Mülleimer/außerorts.
Zufahrt: 4,9 km nach dem Abzweig von der Staatstraße 16 bzw. 1,9 km nach dem Stadilbadeplatz. Weitere 1-2 Plätze direkt am Flussufer auf der Stichstraße, linkerhand.

Heute ist **sportliche Betätigung** angesagt. Dafür hat unser Womo wieder einmal einen freien Tag. Der Canadier wird ausgepackt, aufgeblasen und wenige Minuten später liegt das Gummigefährt ablegebereit am Flussufer.

Logischerweise weht wieder ein stärkerer Wind, doch das kann uns von unserem Vorhaben nicht abbringen. Zum Glück schützt der Schilfrand etwas vor der unsichtbaren „Paddelbremse".

Zum Paddeln stehen 3 Varianten zur Auswahl:
1.) Gen Süden auf den Stadilfjord hinaus (nur bei wenig Wind empfehlenswert)
2.) Gen Norden, unter der Brücke hindurch zur Flussverzweigung und dort rechts ab auf den „Tim A" Fluss
3.) Wie eben beschrieben, nur links ab auf den „Madum A" Fluss.

Spätnachmittags kehren wir mit dem Wind im Rücken zurück und verbringen den Rest des Tages faul auf einer Decke im Schatten des WOMOs.

Heute ist Kirchenbesichtigungstag. Wir beginnen mit der nur einen Steinwurf entfernten **Stadilkirche**. Malerisch liegt das kleine Kirchlein mit dem von großen Bäumen beschatteten Friedhof vor dem Stadil Fjord. Das aus der Romanik stammende Gotteshaus besticht v.a. durch seinen einzigartigen **Goldaltar**. Uns gefällt aber auch die mit den 12 Aposteln bemalte Orgelempore.

300 m nach der Kirche biegen wir rechts ab, verlassen die Margeritenroute kurzzeitig und fahren durch eine recht unspektakuläre Landschaft aus Feldern und Nadelbaumhecken nach Vedersö.

Gegenüber unseres Stellplatzes sehen wir das ehemalige Schulhaus, in dem sich heute das liebevoll eingerichtete **Egensmuseum** befindet. Hinter dem Gebäude können

Sie Ihre Kinder auf den großen Spielplatz schicken und mit uns die Landkirche besuchen. Blühende Rhododendronstauden in kräftigen Lilatönen umrahmen das weiße Gebäude mit seinem Friedhof. Traurige Berühmtheit erlangte die Gemeinde in den Tagen des Zweiten Weltkrieges. Der mutige **Gemeindepfarrer Kaj Munk** prangerte öffentlich von seiner Kanzel aus die Zusammenarbeit mit den Besatzern an. Seine Worte blieben bei den Adressaten nicht ungehört und nicht ohne Folgen: In der Nacht des 4. Januar 1944 verschleppte ihn die Gestapo; seine Leiche wurde am nächsten Morgen in einem Wald bei Silkeborg gefunden.

Nur mühsam gelingt es uns, die Gedanken von den damaligen Geschehnissen loszureisen und den Blick auf das relativ schlichte Kircheninnere zu richten. Das überrascht besonders mit dem über der Eingangstür befindlichen **Tympanon**, einem Steinrelief mit heidnischem Fruchtbarkeitssymbol und christli-

Vedersö Kirke

chen Zeichen. Unübersehbar prangt ein riesiger Phallus in der Mitte des Bildes. Anscheinend ein versöhnlicher Kompromiss der Wikingerzeit, als das Christentum die heidnische Religion ablöste.

Um zur nächsten und letzten Kirche des heutigen Tages zu gelangen, fahren wir 250 m zurück in den Ortskern und biegen dann links ab der Beschilderung Madum / Ulfborg folgend. Nach der nächsten Rechtskurve halten wir auf die Windkraftanlagen zu. 2,2 km nach unserem Abzweig in Vedersö geht es links ab (noch vor den Windanlagen) gen Staby. An der T-Kreuzung vor dem Ort links und 300 m später parken wir unser Gefährt auf dem vor der Kirche befindlichen großen Schotterparkplatz (der auch als Übernachtungsplatz herhalten könnte). Die **Staby Kirke** ist wegen ihrer **Steinmetzarbeiten** an

den Außenwänden der Apsis sehenswert. Zahlreiche Männerköpfe ragen aus dem Mauerwerk. Aber auch im Inneren gefällt uns das Wandgemälde. Jetzt ist es genug mit romanischer Kirchenkunst und Bildung. Unbeschwertes Badevergnügen wartet an den ewig langen Stränden des Bövling Klit auf uns.

Von Staby führt die 537 fünf Kilometer zurück zur Margeritenroute auf die 181, der wir nach rechts folgen.

Steinmetzarbeit an der Staby Kirke

Hinter den Dünen liegt der fast menschenleere und feinsandige Strand versteckt. Die obligatorischen Bunkeranlagen vom gigantischen Bauprojekt des Atlantikwalls sind wieder stumme Zeugen einer dunklen Vergangenheit. Immerhin geben die Betonkolosse einen praktischen Windschutz ab.

Am Abend sitzen wir in den Dünen und schauen verträumt in den glutroten Sonnenuntergang auf das Meer hinaus.

Auf der Nehrung des Bövling Klit geht es am Nissum Fjord entlang. Im Gegensatz zum Holmsland Klit ist die Landschaft nicht ganz so abwechslungsreich, gefällt aber durch die reich blühenden Wiesen neben dem neugeteerten, pechschwarzen Asphaltband. Schurgerade wie ein amerikanischer Highway zieht sich die 181 dahin. Von Zeit zu Zeit kommt uns einmal ein Auto entgegen. Wohnmobile sehen wir kaum noch. Die Mitte und der Norden Dänemarks scheinen noch ein echter Geheimtipp zu sein.

Die Touri- und Womomassen tummeln sich lieber im Süden des Landes.

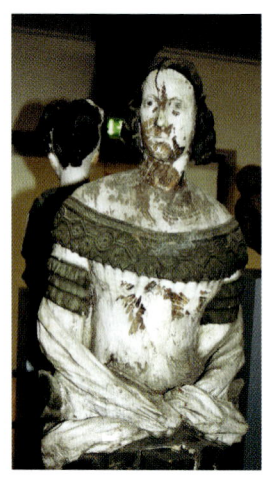
Galionsfigur

Thorsminde lockt die Angler wieder aus ihren Verstecken. Wie in Hvide Sande bieten sich beste **Angelplätze** neben der Schleuse an, die den Nissum Fjord mit der Nordsee verbindet. Da der Kühlschrank inklusive Gefrierfach noch mit genügend Fisch besetzt ist, fällt das Jagdvergnügen für mich heute aus.

Gleich nach der Schleusenbrücke befindet sich links ein großer Parkplatz mit dem dahinter angrenzenden **Strandingsmuseum**. Die sehr interessant gestaltete Ausstellung widmet sich der Gefährlichkeit des Meeres vor den Toren Thorsmindes. Hauptattraktion ist die Schiffskatastrophe der englischen Linienschiffe (Kriegsschiffe) St. George und Defence.

Die beiden großen Kriegsschiffe waren auf der Heimreise nach England, nachdem sie in der Ostsee Geleitzugdienste ausgeführt hatten. Am 23. Dezember 1811 gerieten beide Segler in der Nordsee in einen schweren Orkan, der die Schiffe unerbittlich der jütländischen Westküste zutrieb. In der Nacht vom 23. auf 24. Dezember geschah dann die Katastrophe. Die Defence strandete nördlich von Thorsminde und die St. George etwas südlicher davon. Beide Schiffe wurde von den sturmgepeitschten Wellen zu Wracks zerschlagen und fast 1400 Menschen kamen ums Leben. Nur 17 Seeleute überlebten den Untergang der beiden Schiffe.

Nach und nach wurden immer wieder Bergungsfahrten unternommen und dem Wrack Kanonen, Tonkrüge, Flaschen u.v.m. entnommen.

Die kläglichen Überreste der einst so mächtigen und stolzen Kriegsschiffe liegen zu unseren Füßen. Wir bestaunen Bergungsgut, sehen wie man mit einer „Hosenboje" die Seeleute von den sinkenden Schiffen retten konnte und stehen vor den Galionsfiguren vieler ehemaliger Schiffe.

Nicht nur für Kinder interessant dürfte auch der Blick durch ein U-Boot Periskop sein. Durch dieses sehen wir ins Freie auf den Parkplatz und das Meer hinaus. Haben Sie Ihr Womo erspäht?! Über zwei Stunden verbringen wir in diesem tollen Museum und sind einhellig der Meinung, dass der gar nicht einmal teure Eintritt locker sein Geld wert ist.

Wem es hier gut gefällt (Angler, Surfer) kann sich für längere Zeit auf den nahen Campingplatz, direkt am Nissum Fjord gelegen, begeben:

(034) WOMO-Campingplatz-Tipp: Thorsminde

GPS: N 56°22'38" E 8°07'26.3"   **Öffnungszeiten:** Ganzjährig.
Ausstattung: Große Wiese am Fjord.
Zufahrt: 500 nach dem Ortsschild rechts.

Entlang des Bövling Klit

Nach dem Ortsende von Thorsminde folgen in wenigen hundert Metern Abstand vier schöne Badeplätze, die auch zum Übernachten geeignet sind:

---

(035) WOMO-Badeplatz: Bövling Klit I-IV

GPS: N 56°23'04.5" E 8°07'19.2" **max. WOMOs:** je 2-3.
Ausstattung/Lage: Mülleimer/außerorts
Zufahrt: Kurz nach Thorsminde links. II. Platz nach 1,2 km; III. Platz nach weiteren 900 m und IV. Platz nochmals 1 km später.
Über die Düne gelangt man zum Meer.

Rund 7,1 km hinter dem letzten Womobadeplatz, die Straße steigt aus der Dünennehrung heraus leicht an, nehmen wir die Abzweigung nach **Fjaltring** und folgen damit weiter der Marge ritenroute. Im Ort gleich wieder rechts gen **Bovbjerg**. Die sanft geschwungene Landschaft mit ihren lose verstreuten Häusern strahlt Ruhe und Urtümlichkeit aus, fernab jeglichen Touristenrummels.
Bereits wenig später führt uns ein Schild nach links zum Fjaltring Strand.

---

(036) WOMO-Badeplatz: Fjaltring Strand

tagsüber (GPS: N 56°28'33.2" E 8°07'38.4")

max. WOMOs: 10. **Ausstattung/Lage:** keine/außerorts
Zufahrt: Wie beschrieben, dem Schild bis zum Strand folgend.

bei Nacht (GPS: N 56°28'56.3" E 8°08'36.7")

max. WOMOs: 1-2. **Ausstattung/Lage:** Tisch & Bank/im Ort.
Zufahrt: Zurück auf der Stichstraße zur Margeritenroute, links ab, nach 400m rechts.

Nach einer kurzen Kaffee- und Badepause fahren wir auf der Stichstraße zurück und scheren links auf die Margeritenroute ein. Unser nächstes Ziel taucht schon bald am Horizont auf: der bordeauxrote **Leuchtturm Bovbjerg Fyr**. Durch die sanft geschwungenen Hügel schlängelt sich die Straße nach Ferring. 300 m nach dem Ortseingang zweigt links die Schotterpiste zum Leuchtturm ab.

(037) WOMO-Picknickplatz: Bovbjerg Fyr

GPS: N 56°30'48.9" E 8°07'0.6"
max. WOMOs: 2-3.
Ausstg./Lage: Tisch & Bank/außerorts.
Zufahrt: Wie beschrieben auf Schotterpiste ab Ferring.
Sonstiges: Vom Stellplatz führen Treppen und für ganz Wagemutige ein Seil die Klippen hinab zum Strand.

Wer die Schotterpiste scheut oder einen Platz näher am Meer zum Baden sucht, für den haben wir am Ortsrand von Ferring einen ruhigen Platz mit ebenso schöner Fernsicht:

(038) WOMO-Badeplatz: Ferring Strand

GPS: N 56°31'39.1" E 8°07'07.1"   **max. WOMOs:** 2-3.
Ausstattung/Lage: Tisch & Bank/Ortsrand.
Zufahrt: In Ferring an der Kirche und beim Jens Söndergard Museum vorbei, dann in der Kurve schräg links.

Auf der einen Seite steht der in dunklem rot erstrahlende 26 m hohe Leuchtturm mit dem davor befindlichen bronzezeitlichen Grabhügel, auf der anderen Seite wandert der Blick über die Steilklippen hinab auf das unendliche Meer. Dazwischen nur Felder und Wiesen und in der Ferne der Blick auf das Dorf **Ferring** mit seiner weißen Kirche, dem ehemaligen Seezeichen, als es den Leuchtturm noch nicht gab. Diese herrliche Umgebung wollen wir nun auf „Schusters Rappen" näher erkunden:

Von unserem Leuchtturmstellplatz wandern wir auf dem ausgeschilderten Wiesenpfad in Richtung Ferring. Der Weg verläuft kurze Zeit in einer Mulde, vorbei an der Bunkeranlage und gibt dann den Blick auf das Meer frei. Zur rechten bestaunen wir ein hypermodernes Einfamilienhaus, das so gar nicht in die ansonsten so traditionell verhaftete Umgebung passen will. Über Geschmack lässt sich aber bekanntlich nicht streiten... Durch Blumenwiesen leicht abwärts wandernd, im sicheren Abstand zu den 40 m tief abfallenden Lehmklippen, erreichen wir das Dorf Ferring. Dort wenden wir uns der Kirche mit ihrem kleinen Friedhof zu. Weißgestrichene Holzzäune schützen die Gräber gegen den stetig blasenden Wind. Wir betreten das Innere der Kirche und stellen gleich fest, dass es sich hier noch um eine „waschechte" Dorfkirche einer längst vergessenen Zeit handelt. Vom Turm hängt ein Seil zum Glockenläuten herab. Wir laufen weiter (parallel zum Meer) in den Ort hinein, kommen an ei-

nem Strandparkplatz (Übernachtungsmöglichkeit) vorbei und stehen dann vor dem in falunrot gestrichenen **Jens Söndergard Museum**. In des Malers ehemaligen Sommerhaus sind seine Kunstwerke ausgestellt. Die großleinwandigen Strand- und Menschenbilder bestechen durch ihre Farbintensität. Besonders gerne benutzte er das Zusammenspiel von blau und rot.
Zurück wählen wir die den „Weg" am Strand. Der ist zwar durch den Sand etwas mühsam, doch der Blick entlang der Klippen und auf das Meer entschädigen tausendfach. Wir erreichen die Holztreppen, auf denen wir zu unserem Womo emporschnaufen.

Am Abend sitzen wir am Klippenrand und starren gebannt auf den sich verdächtig rot verfärbenden Horizont.
Leider haben wir recht behalten. Feiner Sprühregen fällt tagsdarauf, der Leuchtturm ist im dichten Nebel nicht mehr sicht-

bar. Tief unter uns hören wir das Tosen des Meeres. Wir bekommen eine Ahnung vom Drama der St. George und Defence in diesen hochgefährlichen Gewässern.

Langsam holpern wir durch den Regen vor nach Ferring und durchqueren den Ort mit der Generalrichtung Lemvig auf der Margeritenroute. Linkerhand passieren wir den drei Sterne Campingplatz von Ferring und befinden uns wieder auf freier Flur. 1,3 km nach dem Ortsende biegen wir links ab nach Strande. Zu unserer linken taucht der Ferring See auf. Die Fischer gehen ungerührt des schlechten Wetters ihrer Arbeit nach und ziehen mühsam die von Hand ausgeworfenen Netze wieder ein. Bald schon müssen wir erneut links abbiegen nach Strande / Vejlby. Pferde und Kühe stehen tropfend und verlassen auf den umgebenden Weiden. In Strande lässt sich keine Menschenseele blicken. Weiter geht die Fahrt links ab nach Vejlby / Vrist, die Bahngleise werden überquert und es geht mehr oder weniger parallel zum Bahnkörper weiter. In Harboore kommen wir an die T-Kreuzung, an der wir links auf die 181 nach Thyborön einscheren. Auf der Dammstraße mit Blick auf den Nissum Bredning, einem Ausläufer des Lim Fjordes geht es stur gen Norden. Wenig einladend wirkt die Kulisse: ein Mix aus Windkraftanlagen und rauchenden Industrieanlagen. Vor dem Städtchen **Thyborön** befindet sich rechts der groß ausgeschilderte Fähranleger. Wer uns nicht ins Landesinnere begleiten möchte, setzt hier auf die andere Uferseite über und trifft uns dann bei Tour 5 wieder.

Thyboron ist auf den ersten Blick nicht gerade eine Schönheit. Die Fischindustrie mit ihren Zweckbauten dominiert das Aussehen des Ortes. Dafür wird hier so viel geboten, dass der Rest des Tages schon komplett verplant ist. Unsere Besichtigungstour beginnen wir mit dem „Sneglehus".

(039) WOMO-Badeplatz: Sneglehus

GPS: N 56°41'39.4" E 8°12'07.4" **max. WOMOs:** 5.
Ausstattung/Lage: WC, Mülleimer, Tisch & Bank/Ortsrand
Zufahrt: Im Ort Thyborön der Beschilderung nach links folgen. Vor dem Dünenwall auf Schotter.

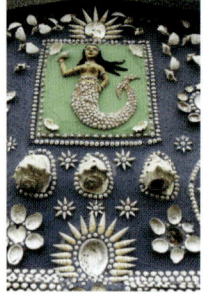

Alfred Pedersen, ein echter Thyboröner, hat sein Haus mit zigtausenden von Muscheln für seine Ehefrau in eine Touristenattraktion verwandelt. Mir gefällt es ganz gut, doch meine Gattin würde am liebsten flüchten... Zwischenzeitlich hat sich das Wetter beruhigt, hie und da spitzt schon die Sonne durch die Wolkendecke hindurch. Wir kehren zurück zur Hauptstraße und biegen links ab zum **Kystcentret**. Nach wenigen hundert Metern parken wir unser Womo vor dem Museum.

Für etwas über 100 DKK pro Person erwerben wir ein **Kombiticket**, das auch für das **Jyllands Aquarium** gilt. In deutscher

Sprache präsentiert das Museum multimedial die Naturphänomene der Küste und des Meeres. Jeder Besucher kann experimentell an Versuchsbecken und Kästen erkunden, wie Wellen entstehen, wie sich ein Hochseetrawler steuern lässt u.v.m.

Mehrere Kleinkinos zeigen Kurzfilme zu den Themen des Meeres. So erfahren wir z.B. die Geschichte von einem Weihnachtssegen der besonderen Art. Am Weihnachtstag im Jahre 1909 wurde ein mit Apfelsinen beladenes Schiff vor den Toren Thyboröns von den Wellen zerschlagen. Die Ladung wurde an den Strand gespült. Viele Familienväter sammelten das Strandgut auf und verhalfen damit ihren Familien zu einer unverhofften Freude, denn derartiges Obst war für viele Dänen damals unerschwinglich. Des einen Freud, des anderen Leid... Groß und Klein ist hier jedenfalls mit Begeisterung bei der Sache. So sollte jedes Museum sein!

Dieser Linie hat sich auch das nahe Jllands Aquarium verschieben. In einigen Meeresbecken können wir Katzenhaie streicheln. Eine Schulklasse ist mit stahlenden Gesichtern bei der Sache. Unerschrocken hebt ein kleines Mädchen eine Riesenkrabe aus dem Wasser und tätschelt sie, bevor sie das Tier wieder behutsam zurücksetzt. In einem anderen großen Glaskasten schwimmen übergroße Exemplare von Dorschen und Köhlern.

„Streichelbecken"

Allmählich knurrt der Magen. Wir laufen vom Aquarium aus nach links vor zum **Fischereihafen**, der gleich um die nächste Ecke liegt. Neben dem Rednignsmuseum, das wir später noch besuchen werden, befindet sich die **Fiskehalle**.

Im Fischladen hinter der Theke wartet Seefisch in allen Variationen auf den Käufer - entweder zum Selberbraten in der Womoküche, oder gleich frisch zubereitet vor Ort.

Wir entscheiden uns für die zweite Möglichkeit und bestellen einen leckeren Fischburger für mich, sowie den Fischteller (Rotbarschfilet mit Spargel und Shrimps) für Yvonne.

Derart gestärkt kann es nun im Programm weitergehen. Gleich nebenan wird uns für wenig Geld im **Redningsmuseum** die Geschichte und das Drumherum der dänischen Seenotrettung erklärt.

Petrus hat ein Einsehen mit uns und schickt uns blauen Himmel und Sonne. So verbringen wir den restlichen Nachmittag am nahen Sandstrand.

---

(041) WOMO-Badeplatz: Thyborön Strand

GPS: N 56°42'22.7" E 8°13'02.1"   **max. WOMOs:** 3.
Ausstattung/Lage: Mülleimer/außerorts.
Zufahrt: 300 m nach dem Kystcentretmuseum links.

Für die nächsten paar Tage steht nun ein Schlenker ins Landesinnere an. Auf der 181 fahren wir zurück Richtung Süden und fädeln dann auf die 513 nach **Lemvig** ein. In Lemvig nehmen wir die zweite Abfahrt „Lemvig S". Nach 1,2 km stoßen wir auf eine T-Kreuzung, an der wir rechts der Beschilderung zum Zentrum folgen. Ganz ungewohnt geht es über richtige Serpentinen zum Hafen hinab. Jetzt heißt es aufpassen. Gleich am Ende der „Bergstrecke" links (vor der Tankstelle) parken wir unser Womo auf dem Museumsparkplatz.

Wir packen den Rucksack mit Proviant voll, die Räder werden abgenommen und schon kann es los gehen. Zunächst noch schieben wir ein kurzes Stück zurück auf dem Fußweg bergauf und treffen nach wenigen Metern rechts auf das **Lemvig Museum**. Dort stellen wir unsere Räder ab, gehen über die Straße und spazieren am Skulpturenpfad des **Bildhauers Torval Westergaard** entlang. Insgesamt 54 Steinexponate befinden sich am Wegesrand zum Bahnhof hinauf.

Ein weiteres Stück bergauf, genau in der Kurve der ersten Serpentine, beginnt der „**Planetstien**". Der Planetenrad- und Wanderweg ist ein Modell unseres Sonnensystems im Maßstab 1: 1 Milliarde. D.h., dass

die Sonne und die Planeten die um sie kreisen um den Faktor 1 Milliarde verkleinert dargestellt sind. Also entspricht 1 Meter unseres Radweges in Wirklichkeit 1 Million Kilometer. Wie Raumschiff Enterprise radeln wir durch die unendliche Weite des Weltalls. Wahre Glanzleistungen werden vollbracht: beim Jupiter sind wir schon 778,3 Millionen Kilometer gestrampelt (Rechenaufgabe für den Nachwuchs bzw. für Mathelehrer: wie viele km haben wir seit der Sonne tatsächlich schon hinter uns gebracht?).
Wir kommen bald darauf am Religionsmuseum vorbei, das wunderschön im Grünen eingebettet ist und am Rande der Lemvig Bucht liegt.
Der Radweg wechselt die Seite. Jetzt geht es direkt am Wasser entlang. An der Straßengabelung halten wir uns rechts und entdecken einen tollen Badeplatz am Lemvig Rotklub.

(042) WOMO-Stellplatz: Lemvig Religionsmuseum

GPS: N 56°33'12.1" E 8°17'43.9"   max. WOMOs: 2-3.
Ausstattung/Lage: Mülleimer/außerorts.
Zufahrt: Wie beschrieben die „Bergstrecke" hinab, dann an der Tankstelle links und gleich nochmals links. An den Fischhallen vorbei, den Ort verlassend, dann gleich darauf links beschildert.

Der Planetenweg würde uns noch zu weit entfernteren Planeten bringen, doch dunkle Wolken drängen uns zur schnellen Umkehr. Gerade noch rechtzeitig erreichen wir unser schützendes Womodach. Am Hafen entlang fahren wir nun weiter und biegen dann rechts ab dem Wegweiser **Struer / Holstebro** folgend. An der nächsten Ampelanlage zweigen wir links ab und die Straße schwingt sich den Hügel hinauf. Nach der Steigung biegen wir links ab gen Nörre Nissum. Mit 90 m ü. N.N. haben wir von hier oben einen schönen Ausblick über das weite Land vor und hinter uns.

---

(043) WOMO-Picknickplatz: Nörre Nissum

GPS: N 56°33'36.1" E 8°25'21.2"   **max. WOMOs:** 2.
Ausstattung/Lage: Mülleimer/außerorts.
Zufahrt: 1,3 km nach Nörre Nissum rechts neben der Straße.
Sonstiges: Schöner Weitblick auf Land und Meer.

Genau 4,3 km später sind wir wieder im „Tal" angelangt, haben keine so tolle Aussicht mehr, doch dafür finden wir einen schönen Platz zum Baden:

---

(044) WOMO-Badeplatz: Kamstrup

GPS: N 56°33'26.5" E 8°28'14.6"   **max. WOMOs:** 2-3.
Ausstattung/Lage: Tisch & Bank, Mülleimer/außerorts.
Zufahrt: 4,3 km nach Nörre Nissum neben der Straße.

Kurz vor Humlum steigt das Gelände wieder etwas an und wir kommen an den Toftum Bjergen vorbei. Ein Campingplatz lädt zum längeren Verweilen ein. Schließlich sind die grasbewachsenen Klippen am Fuße eines schmalen Sandstrandes nicht ohne Reiz. In Humlum biegen wir an der T-Kreuzung rechts ab auf die 11. Heiratswillige Womopaare sollten nach 2,5 km links zur **Insel Venö** abzweigen. Hier steht Dänemarks kleinste Kirche, die oft als **Hochzeitskapelle** benutzt wird. Da das Heiraten in Dänemark auch für Ausländer leicht und ohne viel Bürokratismus über die Bühne geht - das wäre doch eine Idee und ein unvergesslicher Urlaub?!

Da wir den Bund der Ehe aber schon geschlossen haben, rollen wir weiter nach Struer. Die nüchtern wirkende Industriestadt hat kaum etwas zu bieten, wären da nicht die **Radioerfinder Peter Bang und Svend Olufsen**. 1929 brachten die Studienfreunde zum ersten Mal ein Radiogerät auf den Markt, das neben der reinen Zweckerfüllung auch ein neuartiges Design hatte. Der Ruf einzigartiger HiFi-Geräte von B&O war geboren. Das **Bang und Olufsen Museum** im Stadtzentrum widmet sich dieser Erfolgsgeschichte und zeigt Radiogeräte der ersten Stunde bis zur Gegenwart.

Schnurgerade führt die Straße nach Holstebro, die Stadt die sich komplett der modernen Kunst verschrieben hat. Doch dazu gleich mehr.

An der ersten Ampel-anlage in **Holstebro** halten wir uns nach rechts ins Zentrum. Wenig später kommen wir rechterhand an unserem ersten Kunstobjekt vorbei: der Kirche mit dem modernen Glocken-turm, der irgendwie an einen überdimen-sionalen Jägerstand erinnert. Beim „Fo-tex-Supermarkt" und dem Schild „Rat-haus" stellen wir unser Womo ab und lau-fen auf die weithin sichtbaren Skulpturen auf einem Gebäude zu. Damit befinden wir uns schon in der Fußgängerzone. Rechtshaltend kommen wir zum „Roten Platz", wo wir (nein, nicht den Kreml) die Touristeninfo sehen. Dort schenkt man uns einen **Faltplan**, auf dem wir die ganzen Skulpturen, Plastiken u.ä. leicht finden können. Auf Schritt und Tritt folgt nun Kunst. Besonders hat es meiner Frau das Klein-kunstmuseum in der Sönderlands Gate mit seinen Tonschwein-chen angetan. Sehen Sie selbst, vielleicht sind Sie ja auch so verzückt oder verziehen wie ich die Miene.

Da am nächsten Tag ein hoher Nationalfeiertag angesagt ist, herrscht richtiger Trubel auf der Flaniermeile. Gaukler und Mu-sikanten sind angetreten - überall blickt man in fröhliche Ge-sichter.

Wir suchen die berühmte Bronzeskulptur „Frau auf dem Kar-ren" von Alberto Giacometti. Auf der Nörregade müssten wir laut dem im Kunstführer integrierten Stadtplan eigentlich rich-tig sein. Plötzlich bekommen wir fast nasse Füße. Ein moder-ner Brunnen in Form einer Kup-pe umfasst die ganze Straßen-breite. Wer weiter will, und das tut hier jeder, muss wohl oder übel das Kunstwerk überqueren. Nach mehreren Stunden in der City sind wir einhellig der Mei-nung, dass den Stadtvätern der Versuch wirklich gelungen ist, ihre Stadt durch moderne Kunst-werke attraktiv und lebenswert zu gestalten.

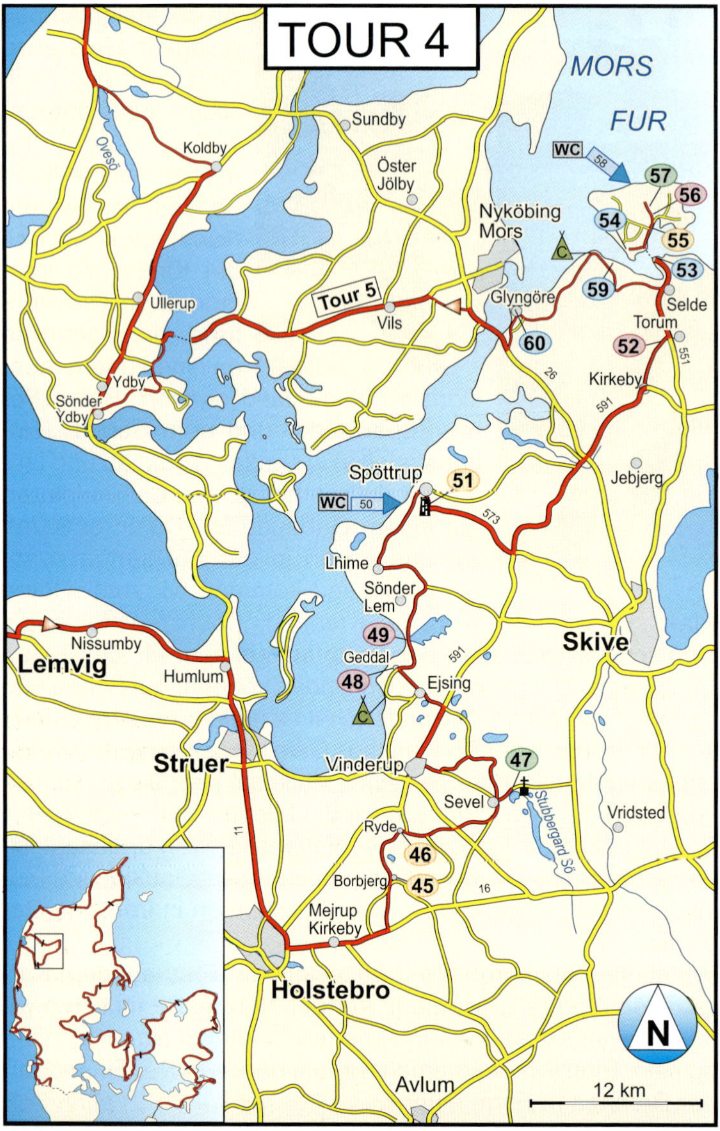

TOUR 4

MORS

FUR

Sundby

Koldby

Öster
Jölby

Nyköbing
Mors

WC 58

57

56

54

55

53

Selde

59

Ullerup

Tour 5

Vils

Glyngöre

60

Torum

52

Kirkeby

591

551

26

Ydby

Sönder
Ydby

Jebjerg

Spöttrup

51

WC 50

573

Lhime

Sönder
Lem

Skive

49

Geddal

48

Ejsing

Nissumby

Lemvig

Humlum

591

Struer

Vinderup

47

Sevel

Vridsted

Stubbergård Sö

11

Ryde

46

Borbjerg

45

16

Mejrup
Kirkeby

Holstebro

Avlum

N

12 km

TOUR 4 (190 km / 4-5 Tage)

Holstebro - Sevel - Hjerl Hede - Spöttrup - Fur - Glyngöre

Freie Übernachtung:	Borbjerg, Ryde, Stubbergard, Geddal, Spöttrup, Fur, Noreng, Glyngöre
Campingplätze:	Ejsingholm, Fur
Ver-/Entsorgung:	Vadum Strand, Fur
Baden:	Vadum Strand, Fur, Fur Sund
Besichtigen:	Stubberkloster, Hjerl Hede, Schloss Spöttrup, Fur Museum
Sport:	Wandern: Stubberkloster; Insel Fur
	Steineklopfen und Fossiliensammeln auf Fur
	Naturbeobachten im Reservat am Kas Bredning (Lim Fjord)
Essen:	Räucherfisch in Glyngöre

Die Kulturstadt Holstebro verlassen wir auf dem gleichen Weg wie wir gekommen sind. Dann wird an der Hauptkreuzung die 16 nach Varde ausgeschildert und es geht rechts ab. Wir befinden uns wieder auf der Margeritenroute. Nun heißt es aufgepasst: nach dem Ort Mejrup Kirkeby nehmen wir nicht die erste Abzweigung nach Borbjerg, sondern erst nach 3,6 km die zweite nach links, die mit dem Margeritenzeichen. Die Landstraße schlängelt sich vielgewunden durch eine **reizvolle Gegend**. Zur Abwechslung ist der Fahrer nun einmal mehr gefordert. Etwas enger und mit unbefestigten Banketten präsentiert sich das Sträßchen, aber im Gegensatz zu so manch anderen Urlaubsländern immer noch völlig unproblematisch.
In den nächsten Ortschaften folgen wir der Margeritenroute nach rechts.

(045) WOMO-Stellplatz: Borbjerg

GPS: N 56°24'17.1" E 8°45'16.5"   **max. WOMOs:** 2.
Ausstattung/Lage: keine/im Ort.
Zufahrt: Vor der Kirche, auf Beton.

Aus Borbjerg geht es gerade hinaus in Richtung Ryde. Immer wieder entdecken wir zwischen den Sträuchern und Bäumen so manches Idyll: ein mit gelbblühenden Lilien umrahmter Teich, Feldblumen am Wegesrand... Da wir fast alleine in dieser Gegend unterwegs sind, bleibt viel Zeit zum Schauen.

(046) WOMO-Stellplatz: Ryde

GPS: N 56°25'58.7" E 8°46'37.7"   **max. WOMOs:** 2.
Ausstattung/Lage: keine/im Ort.
Zufahrt: Im Ort Ryde vor der Kirche, auf Beton.

Am Ortsende von Ryde halten wir uns weiter gen **Sevel**. Kreuz und quer kurven wir durch die Landschaft. Auf der Landkarte machen diese Sträßchen einen geraderen Eindruck.

Dann kommen wir nach Sevel und halten uns zunächst an den Wegweiser „Hjerl Hede". An der T-Kreuzung rechts ab bis fast zum Ortsende weiter. Dort folgen wir nicht der Straße nach Hjerl Hede (merken uns den Abzweig aber), sondern fahren rechtshaltend (geradeaus) nach Stubbergard weiter.

Genau nach 1,2 km seit dem Ortsende von Sevel zweigt rechts der etwas unscheinbare Schotterweg zum **Stubberkloster** ab. Auf der gerade womobreiten aber ordentlichen Piste mit Ausweichmöglichkeiten holpern wir noch 1,6 km durch Wald und Flur und erreichen dann einen Traumstellplatz fernab der Zivilisation:

(047) WOMO-Wanderparkplatz: Stubberkloster

GPS: N 56°27'15.9" E 8°53'59.3"   **max. WOMOs:** 2-3
Ausstattung/Lage: Tisch & Bank, Mülleimer, WC/außerorts.
Zufahrt: Wie beschrieben.

Sofort wird beschlossen, dass wir hier die Nacht verbringen werden. Doch bis dahin ist noch viel Zeit, und die will zum Wandern genutzt werden.

Die rund 1,5 Stunden dauernde Wanderung führt uns auf markiertem Pfad vom Parkplatz zu den Resten der Stubberklosterruine. Durch ein Drehkreuz betreten wir die Heidelandschaft, auf der mehrere Kühe friedlich vor sich hingrasen. Doch als sie unsere Hündin Bia erspähen, folgt uns in gebührendem Abstand die ganze Herde.

Federnden Schrittes wandern wir über die Grasmatten zu dem rechterhand gelegenen kleinen See hinab. Wenig später tauchen auch schon die Reste der ehemaligen Klosteranlage auf, die er-

freulicherweise betreten werden dürfen.
Das Nonnenkloster des Benediktinerordens
wurde Ende des 12. Jahrhunderts erbaut und
bestand aus einer vierflügeligen Anlage, die
um den Innenhof herum erbaut wurde. Heute steht nur noch der Nordflügel des einstigen Refektoriums (Speisesaal). Der gefällt
uns besonders durch sein schönes Tonnengewölbe.
Die Wanderung lässt sich nach Belieben ausdehnen. Weitere Infos erfährt man auf der
Wandertafel am Parkplatz.

Ehemaliger Speisesaal des Klosters

Heute werden wir nicht sonderlich weit fahren. Nach dem Aus-
schlafen rollen wir zurück bis Sevel und biegen dann rechts
ab dem Wegweiser nach **Hjerl Hede** folgend. Der riesige Parkplatz kündet von einer anscheinend sehr gefragten Attraktion.
Das können wir auch gleich verstehen, nachdem wir den Eintritt bezahlt haben (M). Das auf einem großen Gelände befindliche Freilichtmuseum besteht aus zahlreichen Höfen, Häusern, einer Kirche und einer Schule. Das besondere daran ist
aber, dass in den Gebäude Menschen in der Tracht vom 16.
bis 19. Jahrhundert gekleidet sind und den typischen Arbeiten
ihres Gewerkes nachgehen.
So sehen wir den Schmied, Müller und Bauer bei ihrem damals
doch recht mühseligen Handwerk.

Freilichtmuseum Hjerl Hede

Dem **Museumskomplex** ist auch ein „aktives" Steinzeitdorf
angeschlossen.
Der Tag ist schnell vorüber; es wird Zeit, einen Schlafplatz zu

finden. Dazu fahren wir die Stichstraße zurück und folgen der Margeritenroute nach rechts Richtung **Sahl**. Leider ist es schon zu spät, um dort die Kirche mit ihrem schönen **Goldaltar** bewundern zu können. Kurz verlassen wir die Margeritenroute ins 4 km entfernte Vinderup. An der Hauptkreuzung im Ort biegen wir rechts auf die 591 ab. Mehrere Einkaufsläden entlang der Straße haben noch geöffnet, und so können wir noch ein paar Essensvorräte ergänzen. Einige Kilometer geht es in flotter Fahrt einfach nur geradeaus, aber schon bald setzen wir den Blinker und scheren nach links ein gen Ejsing. Wir sind wieder auf der Margeritenroute. Im Ort halten wir uns weiter geradeaus Richtung Lem. **Surfer** haben die Möglichkeit, zum nach links ausgeschilderten Surfcenter samt **Campingplatz** abzubiegen.

Weiter auf der Margeritenroute; es folgt eine Weggabelung, an der wir rechtshaltend in Richtung Geddal weiterfahren.

(048) WOMO-Picknickplatz: Geddal

GPS: N 56°32'33.5" E 8°45'34.9"   **max. WOMOs:** 2-3.
Ausstattung/Lage: Tisch & Bank, Mülleimer/außerorts.
Zufahrt: Wie beschrieben; 400 m nach der T-Kreuzung in Richtung Geddal links.

Der herrlich gelegene Stellplatz bietet uns einen wunderbaren Blick auf das **Naturschutzgebiet der Venö Bucht**. Nach dem Abendessen unternehmen wir noch einen Verdauungsspaziergang auf einem der ausgeschilderten Wanderwege entlang des Naturreservates. Zum Ausklang des Tages genehmigen wir uns einen süffigen Weißwein. Der mundet auf der Picknickbank vor unserem Womo doppelt so gut, da die untergehende Sonne unser Naturidyll in ein romantisches Abendlicht taucht.

Am Morgen weckt uns fröhliches Vogelgezwitschere. Was da so alles vor unserem Womofenster umherfliegt und umhertippelt - wir haben kaum eine Ahnung. Hätten wir doch nur unser Vogelbestimmungsbuch dabei!

Den Übernachtungsplatz verlassen wir nach links und fahren auf der Margeritenroute weiter gen Lem.

(049) WOMO-Picknickplatz: Sönder Lem Vig

GPS: N 56°33'22.8" E 8°45'47.9"   **max. WOMOs:** 2-3.
Ausstattung/Lage: Tisch & Bank, Mülleimer/außerorts.
Zufahrt: Von Geddal über den Weiler Remmer, dort links der Margeritenroute folgend. 1,8 km nach dem Abzweig rechts am Fluss.

Abwechslungsreich geht es durch die von der Natur geprägte Landschaft dahin: Sumpfdotterblumen, ein Schwanenpaar mit seinem Nachwuchs, Möven auf Futtersuche...

An der T-Kreuzung in Lem folgen wir der Straße nach links in

Richtung Lihme. Dort biegen wir an der Hauptkreuzung des Ortes rechts ab nach Spottrup. Das Wetter ist mal wieder genau richtig für einen Badetag am nun folgenden Strand..

(050) WOMO-Bade-platz: Vadum Strand

tagsüber

max. WOMOs: 10.
Ausstattung/Lage: WC, Tisch & Bank/außerorts.
Zufahrt: Nach dem Weiler Vadum links, beschildert.
GPS: N 56°38'37.4"
    E 8°45'39.6"

bei Nacht

GPS: N 56°38'06.3"   E 8°46'45.2"   **max. WOMOs:** 2-3.
Zufahrt/Lage: 300 m nach Vadum Strand rechts/außerorts.

Doch nicht nur faulenzen soll heute auf dem Programm stehen. Am gegenüberliegenden Seeufer wartet das romantisch in die Umgebung eingebettete **Schloss Spöttrup**. Nachmittags stellen wir unser Womo auf den Übernachtungsplatz, laden unsere Räder ab und radeln auf dem Fahrradweg um den See herum zur Schlossanlage. Dabei entdecken wir sogar noch einen weiteren Stellplatz in unmittelbarer Nähe zu unserer Sehenswürdigkeit:

(051) WOMO-Stellplatz: Spöttrup Schloss

GPS: N 56°38'18.9" E 8°46'55.6"   **max. WOMOs:** 2-3.
Ausstattung/Lage: Mülleimer/außerorts.
Zufahrt: 1 km nach dem Abzweig zur Burg, auf Schotter.

Spöttrup Schloss

40 DKK werden uns pro Person abgenommen (Kinder 15 DKK) und dann dürfen wir über eine Zugbrücke die altehrwürdigen Gemäuer betreten. Außer etlichen Geistern, wie uns ein Museumsführer „ernsthaft" versichert, befinden sich in den Sälen und Räumen kaum noch Möbel. Ein Feuer um die letzte Jahrhundertwende hat argen Schaden am Mobiliar angerichtet. Nichtsdestotrotz spazieren wir begeistert durch die Gänge, den Blick durch die Schießscharten nach draußen gerichtet, auf den engen

Wendeltreppen zu immer neuen ver-
winkelten Teilen der Burg vorstoßend.
Hinter dem Wallgraben wartet noch der
Kräuter- und Rosengarten auf uns.
Leider sind wir durch die englischen und
französischen Gartenanlagen etwas
verwöhnt. Zwar duftet es überall betö-
rend, besonders der in voller Blüte ste-
hende Rosengarten hebt sich da hervor,
doch die Pflanzenzusammenstellung-
und Auswahl kann indes nicht ganz so
überzeugen.

Ausblick aus dem
Schlossfenster

Am nächsten Tag lenken wir unser
Womo am Schloss vorbei und folgen
noch ein kurzes Stück der Margeritenroute. Wir bleiben aber
auf der 573 in Richtung Skive bis zum Ort Balling. Zugunsten
eines schnelleren Vorankommens wollen wir heute ausnahmsweise die Hauptdurchgangsroute zumindest stückweise benutzen.

An der Ampelanlage in Balling biegen wir links ab auf die 591
gen Hvalpsund. Durch Oddense hindurch, bei der nächsten
T-Kreuzung rechts nach Roslev und gleich darauf wieder links.
Das nächste Abbiegemanöver findet in Roslev an der T-Kreuzung statt, wo wir uns weiter nach rechts Richtung Hvalpsund
halten auf der 591. Im Ort Kirkeby fahren wir bei der scharfen
Rechtskurve geradeaus weiter, passieren die Kirche und sind
schon wieder auf offener Flur.

(052) WOMO-Picknickplatz: Thorum

GPS: N 56°45'0.06" E 9°02'45.5"   **max. WOMOs:** 2-3.
Ausstattung/Lage: Tisch & Bank, Mülleimer/außerorts.
Zufahrt: Wie beschrieben, 3,9 km nach Kirkeby, kurz vor der 551 links.

Jetzt stoßen wir auf die 551, auf der wir im Nu vor dem Nichts stehen. Genauer gesagt, vor dem Fähranleger zur Insel Fur.

Der sieben Tage die Woche pendelnde „Brückenersatz" kostet uns 35 DKK. In diesem Preis ist die Rückfahrt bereits mit eingeschlossen (d.h. Rückfahrt aufs Festland kostenlos).
Nach nur wenigen Minuten „Seereise" lässt die Fähre ihre Rampe herunter und wir rollen nach Stenöre hinein. Jetzt haben Sie die Qual der Wahl. Wollen Sie einen einsamen, schön gelegenen Badeplatz, oder wollen Sie mit uns zur belebteren Hauptattraktion, den Felsklippen an der Nordseite der Insel. Hier zunächst die erste Variante:

Jetzt die zweite Variante. Wir fahren geradeaus (rechtshaltend) in Richtung Nederby. Nach 1,4 km erblicken wir rechts neben der Straße einen Stellplatz mit schönem Blick auf das Meer:

An der Straßengabelung fahren wir linkshaltend den Hang hinauf und sehen 200 m später auch schon den Abzweig zum Rödsten, den wir uns merken. Nur wenige Meter noch geradeaus weiter und dann stellen wir unser Womo auf dem Parkplatz des **Furmuseums** ab.

Im Museum bekommen wir einen Einblick in die charakteristischen Eigenschaften und den Aufbau der Insel, die durch Moler, Fossilien und herrlicher Natur geprägt wird. Wir erfahren, dass Moler eine hellgelbe Erdart ist, die sich wie Kreide anfühlt und ebenso leicht ist. Die Erleuterungen in den interessanten Glasschaukästen sind u.a. auch in deutscher Sprache ausgeführt. Hinter dem Museum wartet ein Gesteinsbestimmungspfad auf den wissbegierigen Besucher, der durch Versuch und Irrtum einiges an Lehrreichem über die Geologie von Fur erfährt. Auch das kleine Bauernhofmuseum, das auf dem Gelände mitintegriert ist, gefällt mit seiner originalgetreuen Aufmachung.

Jetzt sind wir genauestens aufgeklärt, wie Moler aussieht, wie es sich anfühlt, und wo wir die Gesteinsart finden werden. Dazu fahren wir nun zur gemerkten Abzweigung zurück und biegen in Richtung Rödsten ab. Auf einer breiten und sauber planierten Schotterpiste holpern wir dem höchsten Punkt der Insel entgegen, der uns einen tollen Rundumblick gewährt:

(056) WOMO-Picknickplatz: Bette Jensö

GPS: N 56°49'59.6" E 9°00'22.2"   **max. WOMOs:** 2.
Ausstattung/Lage: Tisch & Bank, Mülleimer/außerorts.
Zufahrt: 2,8 km nach dem Abzweig von Nederby, über Schotterpiste.
Sonstiges: Höchste Stelle, herrlicher Rundumblick.

Molergestein... leicht wie Kreide

Dann rollen wir steil bergab direkt ins Herzen eines **Moler-steinbruchs** hinein. Gleich halten wir und inspizieren diese beeindruckende Geisteinschutthalde. Fein säuberlich getrennt, in rot und beigetönen schillernd, verlaufen die Molerschichten im Berg. Ich fühle mich wie der größte Muskelprotz, so leicht hebe ich riesige Gesteinsplatten hoch. Moler sei Dank. Dann fahren wir auf dem etwas schmaler werdenen Weg weiter bergab in Richtung Meer.

---

(057) WOMO-Wanderparkplatz: Rödsten

GPS: N 56°50'23.6" E 9°00'14.6"   max. **WOMOs:** 2.
Ausstattung/Lage: Mülleimer/außerorts.
Zufahrt: Bergab in Richtung Meer, durch den Steinbruch. 1 km nach Bette Jensö Platz rechts, beschildert.

Am Ende der Schotterstraße erreichen wir einen wunderschön gelegenen Parkplatz direkt an den Molerklippen des Lim Fjordes:

---

(058) WOMO-Badeplatz: Molerklippen

GPS: N 56°50'35" E 9°00'14.6"   max. **WOMOs:** 2.
Ausstattung/Lage: WC/außerorts.
Zufahrt: 500 m nach dem Wanderparkplatz, am Ende der Schotterpiste.

Bevor wir zum Strand hinabsteigen, wollen wir die Gegend noch etwas erwandern. Auf dem spärlich beschilderten Pfad halten wir uns parallel (in sicherem Abstand) zum Klippenrand. Zwischen duftenden Kiefern und Weißdornhecken hindurch, erhaschen wir immer wieder einen phantastischen Blick auf den Limfjord und natürlich die steil abfallenden Molerklippen.

Dann steigen wir vom Womostellplatz aus über die Holztreppe zum Meer hinab. Der schmale Sandstrand ist mit Millionen von Muscheln übersät, zwischen denen die ultraleichten und vom Wasser rundgeschliffenen Molerkiesel liegen. Jeder dieser Steine ist ein herrliches Unikat. In uns wächst die Sammlerleidenschaft. Wie die Kinder wuseln wir umher und suchen geschäftig nach dem schönsten Exemplar.
Anhänger der Freikörperkultur (FKK) finden hier zu Fuße der Molerklippen noch zahlreiche einsame **Robinsonstrände**- und plätze.

Die Fähre bringt uns wieder zurück auf die 551, die wir aber bereits nach 2,5 km schon wieder rechts abbiegend verlassen (Margeritenroute Richtung Risum). An der folgenden Straßengabelung halten wir uns rechts, ebenso an der nächsten T-Kreuzung. Wir folgen weiter der Margaritenroute und treffen auf drei aufeinanderfolgende schöne Badeplätze:

Wenig später kommen wir am **Campingplatz Nöreng** vorbei. Durch üppig blühende Wiesen und Felder nähern wir uns rasch dem Ort **Glyngöre**. Da heute wieder Feiertag ist, flattert auf den meisten Bauerhöfen und Anwesen der Danebrog, die dä-

„Flaggentag" in Glyngöre

nische Flagge. Nationalstolz ist in Dänemark nicht verpönt und so wird das rote Tuch mit weißem Kreuz hoch in Ehren gehalten.
Im Hafenort Glyngöre biegen wir an der folgenden T-Kreuzung rechts ab, gelangen auf die Hauptstraße, die plötzlich kurzzeitig zur befahrbaren Fußgängerzone wird. Doch schon nach der nächsten Linkskurve ist der „Spuk" vorbei und wir biegen rechts ab in die Stichstraße, die uns direkt zum Hafen führt.

Das Hafenviertel steht heute ganz im Zeichen des Nationalfeiertages. Es herrscht ausgelassene Festtagsstimmung. Eine Folkloregruppe demonstriert zu den Klängen von Countrymusic ihre einstudierten Formationstänze. Hier zeigt sich auch die z.T. enge, auswanderungsbedingte Verbundenheit der Dänen mit den USA.

Wir lassen uns von der fröhlichen Laune anstecken, klatschen kräftig mit und blicken fast schon speicheltriefend auf das im Hintergrund vor sich hinschmorende Schwein am Spieß.

In lustiger Runde verbringen wir den Rest des Tages in Glyngöre.

Sollte bei Ihnen nicht gerade Festtagsschmaus angesagt sein, so haben wir für Sie trotzdem einen leckeren und ausgefallenen kulinarischen Tipp: Das nur unweit von

Fischräucherei

unserem Stellplatz entfernte (und unübersehbare) Gebäude mit dem ganzen Krimskrams und den zig dänischen Flaggen ist eine **Fischräucherei**. Hier wird Ihr selbst gefangener Fisch entsprechend aufgewertet, oder noch einfacher, Sie kaufen sich eines der angebotenen leckeren Exemplare.

amerikanische Folklore

TOUR 5

12 km

Fjerritslev

WC B

C

78

Bulbjerg

77 Vust

569 Klim

Bjerget

76

Fröstrup

75

Öslös

WC 73

Vigsö

74

Österild

Hanstholm

29

71 72

Hanstholm
Naturreservat

MORS

181

Klitmöller

70

Thisted

Nyköbing

Vangsal

B

539

Öster Jölby

26

Sund

Bedsted

61

Ovtrup

68

Nörre
Vorupör

67 WC

Stenbjerg

Koldby

Hordum

Höjris

Salling

WC 69

Klitplantage

66

Ovesö

11

Öster Assels

545

Lundhöj

62

Næssund

Hurup

63

65

64

Ydby

TOUR 5 (200 km / 5-6 Tage)

Mors - Ydby - Koldby - Nörre Vorupör - Klitmöller- Hanstholm - Fröstrup - Bulbjerg - Fjerritslev

Freie Übernachtung:	Salling Sund, Mors, Ydby Hede, Nörre Vorupör, Hanstholm, Vigsö, Höjstrup, Klim Bjerg
Campingplätze:	Klitmöller, Hanstholm, Klim Strand
Ver-/Entsorgung:	Stenbjerg Klitplantage, Nörre Vorupör, Vigsö Strand, Torup Strand
Baden:	Skibsted Fjord, Nörre Vorupör, Klitmöller, Vigsö, Bulbjerg, Torup Strand, Klim Strand
Besichtigen:	Jesperhus Blumenpark, Hanstholm Bunkermuseum, Kirsten Kjärs Museum
Sport:	Wandern am Bulbjerg
	Surfen bei Klitmöller
	Paddeln rund um die Insel Mors
Essen:	Fischräucherei in Nörre Vorupör
	Kuchen, Tee und Kaffee im Kirsten Kjärs Museum

Die Attraktion des heutigen Tages liegt ganz in der Nähe am gegenüberliegenden Ufer des Salling Sunds: der **Jesperhus Blomsterpark**.

Erkennen Sie das Märchen?

Wir verlassen Glyngöre Richtung Süden und halten auf die unübersehbare Brücke der Staatsstraße 26 zu. Dann biegen wir links ein Richtung Nyköbing. Hoch über dem Sund werfen wir nochmals einen letzten Blick auf das sympathische Örtchen Glyngöre, überqueren anschließend eine zweite Brücke und folgen sodann gleich der Beschilderung „Jesperhus". Rechterhand erblicken wir einen Parkplatz, der übernachtungstauglich ist. Wenig später fahren wir auch schon durch die blumenverzierte Eingangspforte des Parks. Für deutlich über 100 DKK (Kinder rund 25% günstiger) pro Person werden wir eingelassen. Wer rund 30 DKK zuzahlt, hat am nächsten Tag auch Zutritt zum nahen Badeland.

Eine Mixtur aus Zoo, botanischen Garten, Fahrattraktionen und Spielplätzen erwartet uns. Überall springen frohgelaunte Kinder herum. Wir sehen aber auch sehr viele ältere und v.a. auch alte Leute, die sich aber mehr an der Blumenpracht erfreuen. Mit ein Thema des Parks sind die Märchen des Hans Christian Andersen, die mit lebensgroßen, blumengeschmückten Drahtfiguren dargestellt sind. Besonders gefällt uns aber das große Gewächshaus, in dem neben üppiger Urwaldvegetation auch freilaufende Äffchen springen und herrliche Schmetterlinge umherfliegen. Schnell geht die Zeit vorbei, und so brechen wir am Nachmittag zur Weiterfahrt auf. Wenn Sie wie wir mit Kleinkindern unterwegs sind, wird Sie Ihr Nachwuchs bestimmt heute Abend anbetteln, nochmals die Geschichte von der Prinzessin auf der Erbse o.a. zu erzählen...

Nur unweit entfernt befindet sich ein weiterer Besuchermagnet für junges und junggebliebenes Publikum: das effektvoll aufgemachte **Märchenschloss Höjris**. Doch wir begnügen uns mit dem Blumenpark und verlassen diesen nach links. 400 m später passieren wir den Badeland Wasserpark samt angrenzendem **Campingplatz**. An der Kreuzung folgen wir nach rechts der Margeritenroute. Im nächsten Weiler wieder rechts und gleich links und wir erreichen die T-Kreuzung zur 545, auf die wir nach links einscheren.

Weite Felder mit Getreide und Kartoffeln prägen das landwirtschaftliche Gesicht der Insel Mors. Das **Traktormuseum** in Ovtrup (2,3 km nach Vils rechts ab) zeigt dazu interessierten Besuchern die hier verwendeten Landmaschinen und Traktoren.

(061 WOMO-Picknickplatz: Vils

GPS: N 56°45'13.7" E 8°39'55.3" max. WOMOs: 1-2.
Ausstattung/Lage: Tisch & Bank, Mülleimer/außerorts.
Zufahrt: 3,5 km nach Vils, links im Wald, ausgeschildert.

Die 545 endet nach einer weitgeschwungenen Rechtskurve an den Ufern des Nees Sundes. Dort wartet schon die kleine Fähre und legt sogleich mit uns an Bord ab. Bereits wieder nach wenigen Minuten rollen wir ans andere Ufer.

---

(062) WOMO-Picknickplatz: Nees Sund

GPS: N 56°44'24.8" E 8°29'14.3" max. WOMOs: 3.
Ausstattung/Lage: Tisch & Bank, Mülleimer/außerorts.
Zufahrt: Nach der Fährüberfahrt gleich rechts.

1,1 km hinter dem Fähranleger nehmen wir die erstmögliche Abzweigung nach links. Auf der etwas schmalen Landstraße schlängeln wir uns parallel zum Sund durch die Felder. Gegenverkehr kommt uns in dieser einsamen Landschaft nicht entgegen, wäre aber auf Grund der fehlenden Randbepflanzung auch kein Problem. Bereits an der nächsten T-Kreuzung empfängt uns schon wieder eine normal breite Straße, auf die wir nach links einschwenken. Linkerhand passieren wir das Limfjordcenter, fahren über einen Damm und biegen in Buddum dann rechts ab in Richtung des 5 km entfernten Ydby. Schon 1,3 km später tauchen die für diese Gegend typischen **Hügelgräber** auf, die wie überdimensionale Maulwurfshügel aus der Heide herausragen.

Skulptur beim Nees Sund Fähranleger

(063) WOMO-Picknickplatz: Klövenhöj

GPS: N 56°42'07.4" E 8°27'27.5"   **max. WOMOs:** 2.
Ausstattung/Lage: Tisch & Bank, Mülleimer/außerorts.
Zufahrt: Wie beschrieben, 1,3 km nach dem Abzweig links.

Der sich neben unserem Womo erhebende Grabhügel Klövenhöj wurde nie ausgegraben. Größe und Lage deuten aber darauf hin, dass er aus der älteren Bronzezeit aus dem Jahre 1800 - 1000 v. Chr. stammen muss. Die meisten dieser bronzezeitlichen Gräberstätten wurden an Straßen und hochgelegenen Stellen angelegt, um die Hinterbliebenen an ihre Vorfahren zu erinnern.

Hier ließe sich gut die Nacht verbringen, doch wir fahren noch ein kleines Stück weiter zu einem wildromantischen Stellplatz inmitten eines bronzezeitlichen Friedhofs.

(064) WOMO-Wanderparkplatz: Oldishöjn

GPS: N 56°42'52.1" E 8°27'02.8"   **max. WOMOs:** 2-3.
Ausstattung/Lage: Mülleimer/außerorts.
Zufahrt: Vom Klövenhöj Picknickplatz weiter bis zur nächsten Kreuzung, dort links und kurz darauf ausgeschildert auf Schotterstichstraße links ab.
Sonstiges: Direkt vor den Grabhügeln im Grünen; auf Schotter.

Wanderschuhe werden geschnürt, neben dem Proviant packen wir auch die Badesachen in den Rucksack und los geht
es auf eine bronzezeitliche Rundwanderung:

Die gemütliche Wanderung nimmt ohne
Badeaufenthalt rund 1 Stunde in Anspruch. Durch das linksseitige Holzgat-
ter gelangen wir auf die Heide, auf der
wir dem deutlichen Trampelpfad nach
schräg links folgen. Über mehrere Grabhügel hinweg führt unser Weg zum Ufer
des Limfjordes hinab. Wer hier zur richtigen Jahreszeit wandert, erlebt die Gegend in ein Meer aus lilablühender Heide getaucht. Auch viele kleine Blaubeersträucher laden dann zum Naschen ein.
Fast meinen wir, uns in der nordischen

Wildnis wiederzufin-
den, so einsam und
schön ist die Natur hier.
Am kleinen Kiesstrand,
die Badekleidung ist ei-
gentlich überflüssig,
springen wir ins kühlen-
de Nass des Skibsted
Fjordes, einem Arm
des Lim Fjordes.
Parallel zum Ufer lau-
fen wir dann durch den Wald bis zu einer Hütte, wo wir nach rechts
wenden und wieder bergauf spazieren. Auf dem breiten Weg kommen
wir direkt zu unserem Womo zurück.

Müde fallen wir in die Betten und schlafen sofort ein. Mitten in
der Nacht wache ich auf und höre, noch im Halbschlaf be-
findlich, gedämpftes Menschengeschrei. Mir gefriert fast das
Blut in den Adern. Sind die bronzezeitlichen Menschen etwa
zur Geisterstunde hier vor unserem Womo?!
Neugierig gehe ich der Sache auf den Grund und stelle (erleichtert und enttäuscht) fest, dass der Wind die Stimmen eines etwas weiter entfernten Bauernhoffestes zu uns trägt...
Nach dem Frühstück rollen wir den Schotterweg zurück,
schwenken auf die geteerte Straße rechts ein und fahren bis
zur T-Kreuzung vor, wo wir links abbiegen. 400 m später kommen wir an einem Waldstellplatz samt danebem befindlichem
Grabhügel vorbei:

(065) WOMO-Wanderparkplatz: Langhöjene
GPS: N 56°42'21.1" E 8°26'23.2"   **max. WOMOs:** 2-3.
Ausstattung/Lage: Mülleimer/außerorts.
Zufahrt: Zurück zur Kreuzung, dort links in Richtung 11 nach Ydby. 400
m später rechts im Wald.

An der dänischen Ausgabe des Örtchens Dover geht es vorbeibis zur nächsten Kreuzung in Ydby, an der wir auf die 11 nach rechts Richtung Thisted abbiegen. Einige Zeit später sehen wir linkerhand eine alte Windmühle, kurz darauf folgt ihr Pendant zur rechten Seite. Jetzt heißt es aufpassen! Nach dem Schild Heltborg biegen wir 100m später rechts ab zum **Lundhöj Grab**. Unsere Abfahrt mündet in einen Bauernhof, wo wir unser Gefährt parken und gegen ein kleines Entgeld (in die bereitstehende Blechdose) den

Grabeingang

Schlüssel für das Ganggrab aus dem kleinen Inforaum entnehmen. Wir packen unsere **Taschenlampe** ein und spazieren in wenigen Minuten zum Grabhügel vor (auch Kerzen liegen im Inforaum bereit).

> Das Ganggrab von Lundhöj enthielt Massenbestattungen aus der jüngeren Steinzeit vor etwa 3200 - 3000 v. Chr. Die Konstruktion zeigt eine Überlegenheit des fachlichen Könnens dieser Menschen. Die über 10 t schweren Steine mussten zu einem engen Gang zusammengefügt werden. Darüber wurde dann ein Hügel aufgeschüttet.

Gerade einmal einen Meter hoch ist der Eingang zu den zwei Grabkammern. Wie war es nur möglich, ohne moderne technische Hilfsmittel diese Steine so exakt zu platzieren? Irgendwie musste bereits zu dieser Zeit ein tradiertes „Ingenieurswissen" über Länder hinweg bestehen, wenn wir nur an die religiöse Baukunst von Carnac in Frankreich oder Stonehenge in England denken.

Zurück auf der 11 rollen wir weiter gen Norden und rund 4000 Jahre in der Zeitrechnung vorwärts. Nach genau 10,1 km sind wir in der **Wikingerzeit** angekommen und biegen links ab.

in der Hordum Kirke zu bestaunen - Stein aus Wikingertagen

Durch Koldby geht es hindurch. Am Ortsende scheren wir gleich wieder links ein und parken unser Womo vor der **Hordum Kirche**. Hier finden wir im Eingangsportal rechterhand zwei schöne Steinbilder aus der heidnischen Wikingerzeit.

Jetzt aber wieder zurück in die Gegenwart und auf zu neuen Ufern, was wir auch im eigentlichen Sinne des Wortes so meinen. Bereits der nächste Übernachtungsplatz hat es landschaftlich in sich:

---

(066) WOMO-Picknickplatz: Ovesö

GPS: N 56°53'00.9" E 8°24'24.7"   **max. WOMOs:** 2.
Ausstattung/Lage: Tisch & Bank, Mülleimer/außerorts.
Zufahrt: 8,6 km nach der Hordum Kirke links mit Blick auf den See (kurz vor der T-Kreuzung zur 181).

So schön und einladend der Fleck mit dem herrlichen Blick über den Ovesö auch ist, uns zieht es bereits magisch ans nahe Meer. An der kurz darauffolgenden T-Kreuzung biegen wir auf die 181 rechts Richtung Hanstholm ein.

---

(067) WOMO-Stellplatz: Stenbjerg Klitplantage

GPS: N 56°54'05.34" E 8°22'05.28"   **max. WOMOs:** 3.
Ausstattung/Lage: WC/außerorts.
Zufahrt: 1 km nach dem Abzweig an der T-Kreuzung auf der 181, rechts.

Im Nadelwald Stenbjerg Klitplantage blühen Lupinen, Kartoffelrosen und Ginsterbüsche um die Wette. Hinter der Pflanzung hat sich die Landschaft völlig verändert. Die von Heidegewächsen überzogenen Dünenhügel künden von der nahen Nordsee. Wir nehmen sodann die Ausfahrt „Nörre Vorupör" nach links und erreichen schon kurz danach einen praktisch gelegen Stellplatz fast direkt am Meer:

---

(068) WOMO-Badeplatz: Nörre Vorupör

GPS: N 56°57'29.5" E 8°22'00.9"   **max. WOMOs:** 5.
Ausstattung/Lage: WC, Mülleimer/im Ort.
Zufahrt: Am Ende der Ortschaft vor dem Hafen rechts.

Nachdem das Womo abgestellt ist, packen wir unsere Badesachen und begeben uns um die kleine Düne herum zum Strand. Nur 100 m vom Womo entfernt lockt ein **Nordseeaquari-**

um Besucher an. Doch das interessiert uns heute nicht.

Am Strand werden gerade riesige Mengen an Holz und Reisig aufgeschich-

tet, denn der Tag der Sonnwend naht. Da dies ja ursprünglich ein heidnischer Brauch war, musste kurzerhand das Fest Johannes des Täufers als Lückenbüßer herhalten. Seitdem begehen die Dänen dieses Ereignis als Skt. Hans Tag am 24. Juni eines jeden Jahres.

Die Küste von Nörre Vorupör bis hinauf nach Klitmöller ist das Eldorado der **Surfer** und **Wellenreiter**. Da gerade wenig Wind bläst, die Brandung entsprechend flau ausfällt, ist leider nur die „zweite Liga" der Surfer angetreten. Dementsprechend oft

fällt einer der jungen Burschen ins Wasser und nur selten bekommen wir eine sehenswerte Surfleistung zu Gesicht. Platz ist am Strand für jeden. Neben den Badegästen kommen auch die **Brandungsangler** zu ihrem Recht. Ein friedliches Nebeneinander ist also gewährleistet.

Apropos Angler. Wem Petri Heil nicht beschieden ist, oder wer Lust auf ausgefallene Fischdelikatessen hat, besucht mit uns den **Fischladen** direkt am Hafen (neben der Sanddüne). Dort erstehen wir für unser Abendessen einen geräucherten Aal - lecker! Nörre Vorupör bietet seinen (wohnmobilen) Gästen, wenn sie länger am Ort verweilen möchten, einen Campingplatz:

---

(069) WOMO-Campingplatz: Strandgardens Camping
GPS: N 56°57'15.9" E 8°21'58.7"   **Öffnungszeiten:** Ganzjährig.
Ausstattung: Auf großer Wiese.
Zufahrt: In Nörre Vorupör direkt am Meer, beschildert.

Den Stellplatz verlassen wir nach rechts und kommen wenig später an einem noch viel größeren Parkplatzareal vorbei, das aber durch eine große Zusatztafel das Stehen zwischen 21.00 und 7.00 verbietet. Dann reihen wir uns wieder in die 181 ein. Auf halbem Weg zweigt links die schmale Straße ab zu dem herrlich gelegenen Vangsa Strand, an dessen Gestaden jedoch das Nächtigen untersagt ist. Unser nächstes Ziel ist das

Eldorado und der Treffpunkt der Surfszene: **Hawaii II**, oder auf dänisch schlicht Klitmöller. Jetzt in den letzten Tagen der Nebensaison herrscht hier etwas Ruhe. Im Sommer aber ist der an sich recht unansehnliche Ort voll mit Surffreaks aus ganz Europa. Meisterschaften werden ausgetragen und die Elite zeigt ihr Können.

Dem Trubel zu entfliehen ist aber kein Kunststück. Zahlreiche Wanderwege durchziehen das Heidegebiet. Wanderbroschüren erhält man im örtlichen Touristenbüro von Klitmöller.

Wie üblich, wenn Touristen regelmäßig wie die Heuschrecken über ein Gebiet herfallen, so erfährt diese Region bald eine „Aufwertung" durch entsprechende Verbotstafeln. Im Klartext: Übernachten im Womo in ganz Klitmöller nicht erlaubt!

Für uns noch kein Problem:

---

(070) WOMO-Badeplatz: Klitmöller

tagsüber

GPS: N 57° 2' 35.5" E 8 28' 58.0"   **max. WOMOs:** >10.
Ausstattung/Lage: Mülleimer/Ortsrand.
Zufahrt: Großer Parkplatz am Hafen / Strand.

bei Nacht (GPS N 57°01'16.8" E 8°28'35.5")

max. WOMOs: 5.   **Ausstattung/Lage:** Mülleimer/außerorts.
Zufahrt/Lage: Vor Klitmöller gleich am Anfang der Nystrup Klitplantage rechts. Auf dem Schotterweg parallel zur 181 zu einem großen Schotterparkplatz im Wald/außerorts.

Die 181 führt uns nun durch das streng geschützte **Hanstholm Naturreservat**. Zwar kommen wir an einem schön angelegten Parkplatz mit WC, Abfalleimer und einer großen Infotafel über Flora und Fauna vorbei, doch ist das Baden am nahen Sandstrand (und auch freie Stellen) strengstens verboten. Das ist auch gut so, denn das größte Natur- und Wildschutzgebiet Dänemarks ist ein sehr empfindliches Ökosystem. Nur zu leicht würde die Schönheit der heidebewachsenen Dünen, der mit Wollblumen überzogenen Sumpfwiesen und den mit vielen Vögeln besetzten Strandseen zerstört werden.

Das nun vor uns liegende Hanstholm war und ist ein wichtiger Hafenort an Dänemarks Nordseeküste. Doch bevor wir uns der leidvollen Geschichte, Kapitel „jüngste Vergangenheit" zuwenden, stehen erst einmal erfreulichere Dinge und Sehenswürdigkeiten an. Hanstholm liegt auf einer Anhöhe. Wir biegen vor den Kreide-klippen der Stadt links ab zum Hafen und sehen gleich die imposante **Kreuzfahrtfähre Norröna**, die von hier nach Island via den Färöerinseln ablegt (Wen es auf dieses fantastische Eiland im Nordatlantik zieht, dem sei wärmstens der Band 43 „**Mit dem Wohnmobil nach Island**" von

Johannes und Katja Hünerfeld empfohlen). Aber nicht nur große „Pötte" liegen hier vor Anker, auch viele kleine Fischkutter. Einige haben sich auf die **Hobbyangler** spezialisiert, die von hier aus zum „**Gelben Riff**" hinausfahren, um kapitale Dorsche u.ä. aus dem Meer zu drillen.

Wir wenden uns nun vom Hafen ab und fahren die erste Abzweigung nach rechts die „Bergstraße" auf den Rücken der Klippe hinauf. Oben nehmen wir sogleich wieder die erste Straße nach rechts und gelangen so zum Klippenrand, von wo aus wir ein herrliches Panorama über den Hafen genießen. Ein kurzes Stück rollen wir zurück und halten nach rechts auf den **Leuchtturm** zu.

---

(071) WOMO-Stellplatz: Hanstholm Fyr

GPS: N 57°06'48.6" E 8°35'38.6"   **max. WOMOs:** 2-3.
Zufahrt/Lage: Wie beschrieben nach der Bergstraße rechts zum Leuchtturm/Ortsrand.

Das 1843 errichtete Bauwerk ragt mehr als 60 m über Land und Meer hinaus und war damals sogar der leuchtstärkste Turm seiner Zeit. Auch heute noch ist sein Licht in über 50 km Entfernung von den Schiffen auszumachen.

Neben dem Seezeichen wartet ein liebevoll ausgestattetes **Museum** auf uns, das vom Leuchtturm selbst und dem oft rauen Leben der Fischer und der Menschen Hanstholms berichtet. Mannsgroße Puppen in heimischer Arbeitskleidung sowie die entsprechenden Arbeitsgegenstände machen die Tour durch das Museum zu einer abwechslungsreichen und kurzweiligen Angelegenheit.

Roshavn Skulpturen

Eigentlich wird es wieder einmal Zeit für die moderne Kunst. Dazu kehren wir zur Klippenhauptstraße zurück, überqueren diese in Richtung Zentrum und scheren dann sofort wieder nach links in den Schotterweg des Roshavn Vej ein.

(072) WOMO-Picknickplatz: Roshavn Skulpturen

GPS: N 57°07'08.1" E 8°36'12.6"   **max. WOMOs:** 3.
Ausstattung/Lage: Tisch & Bank/Ortsrand.
Zufahrt: Wie beschrieben.
Sonstiges: Zu dem folgend beschriebenen Bunkermuseum kann man auch prima vom Stellplatz aus entlang der Hangabbruchkante in rund 20 Min. laufen (schöne Wanderung!)

Das ist der perfekte Platz, um die Nacht zu verbringen und auf den hell erleuchteten Hafen zu unseren Füßen hinunterzusehen. Doch bis zum Sonnenuntergang spazieren wir durch die wild blühende Wiese zu den einzelnen **Kunstwerken** aus Holz, Metall und Stein. Wir lassen unserer Phantasie freien Lauf, und so fällt es uns nicht so schwer zu erkennen, was der Künstler da erschaffen hat.

Heute ist, wie bereits schon angekündigt, die Vergangenheit aus den Besatzungstagen an der Reihe. Und wie könnte es am Strand der Nordsee anders sein, wartet wieder ein Wahnwitzbauwerk der Nazis auf uns. Im Zentrum von Hanstholm folgen wir dem Wegweiser nach links zum **Bunkermuseum**. Zunächst kostenlos besichtigen wir die Bunkeranlage der

38 cm Kanone von oben. Der Drehturm für das Riesengeschütz , das seine 800 kg Granaten über 50 km weit in den Skagerrak hinausschießen konnte, beeindruckt uns gewaltig. Deswegen machen wir auch unseren Geldbeutel locker und lösen zwei Tickets für das angeschlossene Museum.

Bunkermuseum

Jetzt dürfen wir durch die labyrinthartig verzweigten Bunker-gänge laufen und die einzelnen Gefechtsstände u.a. besichti-gen. Ein Film in deutscher Sprache gibt Zeugnis von dem irr-sinnigen Material- und Menschenbedarf, um diese Millionen von Kubikmeter Beton und Stahl zu verarbeiten.Vom Muse-umsbau aus führt ein kurzer beschilderter Fußweg zum Muni-tionszug, der extra zahlende Besucher durch das ehemalige Militärgelände der deutschen Wehrmacht fährt.

Doch genug davon. Schließlich haben wir Urlaub und wollen uns keine grauen Haare (zusätzlich) wachsen lassen. Unbe-schwertes **Badevergnügen** ist angesagt:

WOMO-Badeplatz: Vigsö

GPS: N 57° 06'0.1" E 8°43'48.9"   **max. WOMOs:** 10.
Ausstattung/Lage: WC, Wasserhahn, Mülleimer/außerorts.
Zufahrt: in Vigsö an der T-Kreuzung links 1 km zum Strand vor.
Sonstiges: Seit 2010 leider Übernachtungsverbot für WOMOs!!

Leider können wir an diesem herrlichen Strandabschnitt keine ungestörte Nachtruhe mehr genießen, denn ein Schild unter-sagt das Nächtigen im Womo. Also weiterfahren.

Wir bleiben unserem Motto, dem Wechsel aus Baden und Kul-tur treu. Unser nächstes diesbezügliches Ziel ist ein **Wikin-gerfriedhof** mit sog. Schiffssetzungen.

Zuerst einmal begeben wir uns von unserem Strand in Vigsö zurück in den kleinen Ort mit seinen Ferienhäusern und fah-ren von dort geradeaus weiter zur 29 vor. An der T-Kreuzung biegen wir links in die Hauptstraße ein, legen ein gutes Weg-stück zurück und erreichen dann wieder bei Österild eine T-Kreuzung. Hier wechseln wir nach links auf die 11/29 in Rich-tung Fjerritslev über.

---

(073) WOMO-Picknickplatz: Österild

GPS: N 57°01'54.1" E 8°52'21.6"   **max. WOMOs: 2-3.**
Ausstattung/Lage: Tisch & Bank, Mülleimer/außerorts.
Zufahrt: 2,8 km nach dem Abzweig auf die 11/29, rechts im Grünen.

2,9 km nach dem Kreisverkehr von Veslös zweigen wir links ab nach „Öslos N". Nun folgen wir wieder der Margeritenrou-te. Nach einiger Zeit kommen wir an eine T-Kreuzung, an der wir links zum nur 1 km entfernten Gräberfeld der Wikinger abbiegen.

---

(074) WOMO-Stellplatz: Vikingegravplads

GPS: N 57°03'15.3" E 9°00'05.2"
max. WOMOs: 2-3.
Ausstattung/Lage: keine/außerorts.
Zufahrt: Wie beschrieben.

Das hiesige Gräberfeld entstand etwa 800 - 1050 n. Chr. Das Wasser des nahen Lim Fjordes stand damals noch etwas höher und reichte bis an den Rand des Friedhofes. Einige Steine bilden die Form eines Schiffes, das den Verstorbenen in das Reich der Toten bringen sollte. Hier wie in anderen Ländern wurden leider einige der großen Steine zerschlagen bzw. als Baumaterial zweckentfremdet.

Zurück zur Gegenwartskunst. Von unserem Wikingerstellplatz fahren wir wieder zur Kreuzung und halten uns in Richtung Fröstrup. Nach rund 8,5 km zweigt links ab ein Sträßchen, das mit dem kleinen Schild „**Kirsten Kaers Museum**" auf unser nächstes Ziel hinweist. Exakt 2,2 km später biegen wir an dem unscheinbaren rot weißen Schild rechts ein in den Schot-

Kirsten Kjer Museum mit Künstler, der das Museum verwaltet

terweg. Kurz darauf stehen wir vor abstrakten Holzschnitzereien und damit auch schon auf dem Parkplatz des Anwesens. Das kostenlose Museum, das sich in einem großzügig
gestalteten Landhaus befindet, stellt nicht nur die Gemälde
der Malerin Kirsten Kaer aus, sondern zeigt auch Skulpturen
und Plastiken anderer Künstler. Die Wände sind voll behan-
gen mit zahlreichen in Öl gepinselten Portraits. Im angeschlos-
senen Wintergarten werden Tee und Kuchen gereicht. An aus-
gewählten Abenden finden im großen Saal öffentliche Klavier-
konzerte und Vorträge statt (dann können Sie auf Nachfrage
auch auf dem Parkplatz nächtigen).

Kirsten Kjaer wurde am 14. Nov. 1893 geboren. Mit 32 Jahren erst begann sie zu malen. Zu ihrem 50. Geburtstag gründeten ihre Freunde
den Verein „Kirsten Kjaers Freunde". Ziel war die Förderung und Unter-
stützung ihrer Arbeit. Aus Dankbarkeit darüber setzte sie ihre Freunde
als Erben ihrer zahlreichen Gemälde und Zeichnungen ein. Der Grund-
stein zum Museum war damit gelegt.
Am 8. Mai 1985 starb der „Freigeist" Kirsten Kjaer.

Allein schon wegen der Atmosphäre die von diesem Ort in der
schwedisch anmutenden Natur ausgeht, ist ein Besuch auf
jeden Fall lohnenswert. So setzen wir uns nach dem ausgiebigen Betrachten der Bilder auf die Sonnenterrasse und lassen
uns eine Kanne Tee mit selbstgebackenem Kuchen schme-
cken.
Der Magen und die Sinne sind für heute genug gesättigt. Fehlt
eigentlich nur noch ein ruhiger und schöngelegener Übernachtungsplatz:

(075) WOMO-Stellplatz: Fröstrup

GPS: N 57°05'30.7" E 8°59'14.9"   **max. WOMOs:** 1-2.
Ausstattung/Lage: Tisch, Mülleimer/außerorts.
Zufahrt: Am Ende des Ortes Fröstrup an der Straßengabelung rechts
(in Richtung Fjerittslev) und gleich darauf links im Wald.

An der T-Kreuzung zur 569 biegen wir rechts ab gen Bulbjerg.
Bereits 1,7 km nach dem Ort Bjerget scheren wir links ein in
die 4 km lange Stichstraße, die uns zur ausladenden 47 m
hohen **Sanddüne Bulbjerg** führt. In einigen Serpentinen
schwingt sich der Fahrbahnbelag steil bergauf und im Nu sind
wir oben am Parkplatz angelangt. Leider sticht uns gleich wieder die Verbotstafel mit dem Parkverbot von 21.00 - 7.00 Uhr
ins Auge. Schade, genießt man doch von hier oben einen
grandiosen Weitblick über die Strände der Vigsö- und Jam-
merbucht. Auch der Blick auf die See scheint endlos zu sein.
Das wussten natürlich auch die Deutschen im zweiten Weltkrieg und erbauten- (Sie ahnen es schon?) eine Bunkeranla-

Tiefblick zum Traumstrand am Bulbjerg

ge mit Peilstand. Der sollte feindliche Ziele auf See nach Hanstholm melden, wo dann die 38 cm Kanone das feindliche Objekt unter Beschuss nehmen konnte. In der erstaunlich gut erhaltenen Peilstellung finden wir eine kleine Ausstellung zu diesem Thema.

Der tief unter uns liegende breite **Sandstrand** lockt ungemein. Wir spähen nach einer Möglichkeit, unbeschadet zum Meer hinabzugelangen und entdecken unweit des Parkplatzes eine Treppe. Unfassbar, aber uns gehört der Traumstrand heute ganz alleine. Vielen scheint die kleine Mühe des Abstiegs (oder die Scheu vor dem Aufstieg) nicht Wert genug zu sein, um das Gefühl eines Robinson Crusoe zu teilen...

Da das Übernachten hier ja leider verboten ist, beschließen wir am Nachmittag unseren Paradiesbadeplatz schweren Herzens zu verlassen. Vielleicht sieht es diesbezüglich an den nicht weit entfernten Stränden von Torup und Klim besser aus. Ein Versuch ist es wert, und so rollen wir dünenabwärts zurück zur 569.

---

(076) WOMO-Stellplatz: Vust

GPS: N 57°06'51.7" E 9°04'07.9"   max. WOMOs: 2-3.
Ausstattung/Lage: Mülleimer/Ortsrand.
Zufahrt: 4,6 km nach dem Abzweig von der Bulbjerg Düne auf der 569, am Ende des Ortes im Grünen.

In Vester Torup scheren wir in die 4 km lange Stichstraße zum **Torup Strand** ein. Am Hafengebäude treffen wir auf einen Parkplatz mit einer Telefonzelle. Hier scheint das Nächtigen im Womo erlaubt zu sein. Doch ein Blick auf den zweiten Parkplatz für die Badegäste nebenan lässt Zweifel in uns aufkeimen: ein Verbotsschild. Was nun? Wir denken, in der Nebensaison dürfte es für Urlauber auf jeden Fall keine Probleme geben.

Immerhin ist die Rechtslage am benachbarten 1,3 km entfernten Klim Strand deutlich erkennbar: klares Übernachtungsverbot. Doch das kann Ihnen den Badespaß nicht verderben, schließlich haben wir nur wenige Kilometer entfernt im Landesinneren zwei herrlich ruhige und romantische Waldstellplätze entdeckt:

(077) WOMO-Wanderparkplatz: Klim Kalkbruch

GPS: N 57°06'50.6" E 9°10'15.4"   **max. WOMOs:** 3-4.
Zufahrt: Vom Klim Strand über eine Kreuzung in Richtung 569 , nach 2,2 km links in den Waldpfad. Nach rund 100m großer Waldparkplatz mit Blick in den Kalkbruch; außerorts.

WOMO-Wanderparkplatz: Klim Kalkovn

GPS: N 57°06'18.7" E 9°10'10.9"   **max. WOMOs:** 2-3.
Ausstattung/Lage: Mülleimer/außerorts.
Zufahrt: Vom Klim Strand über eine Kreuzung in Richtung 569, nach 3 km (800 m seit o.g. Wanderparkplatz) links.

Sonstiges: Große Infotafel zu den zwei Wanderrouten; kleines Museum im ehemaligen Kalkofengebäude.

Der Klim Kalkofen ist einer der wenigen bewahrten Öfen dieses Typs in Dänemark und vermittelt einen anschaulichen Eindruck einer verschwundenen Kleinindustrie im Gebiet Han Herred. Das kleine Museum im Kalkofengebäude zeigt die Art und Weise, wie der Rohstoff Kalk verarbeitet bzw. gebrannt wurde. Zwei Wanderwege führen durch den Laubmischwald zum Kalkbruch.

An der T-Kreuzung von Klim scheren wir links in die 569 ein und fahren in das nur einige Kilometer entfernte Fjerritslev. Dort müssen wir, um auf die 11 zu kommen, geradeaus durch das verkehrsberuhigte Zentrum rollen. Inmitten der Fußgängerzone befindet sich linkerhand das Bryggerimuseum (Brauereimuseum), das über die hohe Kunst der Bierherstellung informiert.

Nach dem Ortsende reihen wir uns nach links in die Hauptdurchgangsroute der 11 ein. Beidseitig der Straße befinden sich ausgedehnte Nadelbaumplantagen. Hier werden nicht nur dänische Weihnachtsbäume gezüchtet. Vier Kilometer nach Fjerritslev zweigt rechts die Straße nach Skraem ab. Wer weitere Grabhügel und Ganggräber inspizieren möchte, biegt jetzt rechts ab und folgt der Wegweisung „Gundestrup, Grönhöj, Ravsten, Hvisselhöj". Bei Brovst treffen wir uns dann wieder.

TOUR 6

12 km

Grenen
96 WC
Skagen

40

94

B WC

Råbjerg Mile
95 WC

93

597

92
Tuen

Albäk

97

Larvik
Oslo
Kristiansand
Hirtshals

Uggerby

Mygdal

Elling

35

Sindal

E 39

90
Tornby
91

55

Hjörring

Tars

89

Liver Å

87
88

Lönstrup

86 WC

85
Rubjerg
Knude
84

83

55

Uggerby Å

Österyra

Råkkeby Å

82

Vittrup
Borglum
Vra

Lökken

Borglum
Kloster

Serritslev

Jerslev

190

81

543

80

79

Bröndersley

Tour 7

515

Store
Vildmose

Lindholm Å

Kas

78

Aabybro

11

Rya

Aalborg

TOUR 6 (250 km / 5-6 Tage)

Fjerritslev - Store Vildmose - Brönderslev - Vra - Borglum Kloster - Lönstrup - Mygdal - Tuen - Rabjerg Mile - Skagen - Grenen - Jerup

Freie Übernachtung:	Aabybro, Store Vildmose, Brönderslev, Vra, Rubjerg Knude, Lönstrup, Tornby, Rabjerg Kirke, Rabjerg Mile, Grenen, Jerup
Campingplätze:	Lönstrup, Skagen, Möllebakken, Bunken
Ver-/Entsorgung:	Lönstrup, Nörlev Strand, Tornby, Tversted Strand, Bunken Strand, Rabjerg Mile, Grenen
Baden:	Lönstrup Strand, Nörlev Strand, Tversted Strand, Kandestederne Strand, Bunken Strand, Grenen Strand, Jerup Strand
Besichtigen:	Borglumkloster, Mygdal Bernsteinschleiferei, Grenen Kunstmuseum
Sport:	Wandern: Rubjerg Knude, Rabjerg Mile
	Paddeln: Uggerby
Essen:	Grenen Restaurant mit Weitblick

Flott geht es auf dem breit ausgebauten Teerband hügelauf- und ab bis zum Kreisel von Aabybro. Den durchfahren wir links-haltend in Richtung Lökken auf die 55. Bei der nächsten Ab-zweigung verlassen wir die auf der Karte orange markierte Straße schon wieder und biegen rechts ab auf die 515 nach Brönderslev.

(078) WOMO-Stellplatz: Aabybro

GPS: N 57°10'18.3" E 9°43'42.7"   **max. WOMOs:** 2-3.
Ausstattung/Lage: Mülleimer/Ortsrand.
Zufahrt: Von der 55 auf die 515, kurz darauf rechts.

Die Landschaft ist wieder topfeben. Den folgenden Kreisver-kehr durchfahren wir geradeaus und befinden uns nun im **Store Vildmose**.

(079) WOMO-Stellplatz: Sandels Fenner

GPS: N 57°13'01.38" E 9°50'14.3"   **max. WOMOs:** 2-3.
Ausstattung/Lage: Tisch & Bank, Mülleimer/außerorts.
Zufahrt: Auf der 515 von Aabybro kommend, direkt am Kreisel links.
Sonstiges: Da wenig befahren, bei Nacht sehr ruhig.

Nur landwirtschaftlich genutzte Felder so weit das Auge reicht. Und das soll das große Wildmoor sein? Wir sind enttäuscht,

das stimmt doch mit unseren Vorstellungen gar nicht überein!
Bald schon erreichen wir einen Parkplatz und stellen erleichtert fest, dass ein bescheidener Rest des **Feuchtgebietes**
überlebt hat:

(080) WOMO-Picknickplatz: Store Vildmose

GPS: N 57°14'41.2'' E 9°50'10''   **max. WOMOs:** 2-3.
Ausstattung/Lage: Tisch & Bank/außerorts.
Zufahrt: 3,1 km nach dem Kreisverkehr auf der 515 rechts.

Am Parkplatzende befindet sich ein schmaler Trampelpfad der
uns in nur wenigen Schritten zu zwei mit Wollgras übersäten
Flachwassern führt.
Wer sich übrigens dazu entschließt, auf dem Stellplatz zu nächtigen, hat angeblich gute Chancen die hier im **Moor** ansässigen Elfen und Erlkönige herumspuken zu sehen.
Es geht geradeaus weiter, über die nächste Kreuzung hinweg
und nach 3,2 km dann rechts ab auf die 543 gen **Brönderslev**. Am Kreisverkehr vor der Stadt folgen wir der Beschilderung „Brönderslev C" geradeaus. 900 m später biegen wir links
ein und sehen rund 1,5 km später den großen **Stadtpark** neben uns auftauchen. Noch 300 m und wir stellen unser Gefährt auf dem Parkplatz vor dem Grün ab (rechts abbiegen).

(081) WOMO-Stellplatz: Brönderslev

GPS: N 57°16'28.2'' E 9°57'04.7''   **max. WOMOs:** 3.
Ausstattung/Lage: keine/im Ort.
Zufahrt: 2,1 km nach dem Abzweig links beim Sportcenter (kurz nach
dem Stadtpark).

Ein betörender Duft geht von den mehr als **125 Rhododendronarten**
des Parks aus. In kräftigem rot, weiß, lila und anderen Farbmischungen
wetteifern die zahlreichen Pflanzen um den herrlichsten Anblick. Ein
englischer Landschaftsgarten könnte nicht schöner sein! Auf dem See
inmitten des Parks führt gerade ein Schwanenpaar seinen Nachwuchs

aus. Wir setzen uns auf eine Bank und lassen diesen Ort der einmaligen
Pracht und Ruhe auf uns wirken.

Auf der Knudsgate fahren wir nun weiter bis zur T-Kreuzung, biegen dort links ab, rollen vor bis zur nächsten T-Kreuzung, dann rechts und schon kurz darauf reihen wir uns nach links in die 190 gen Hjörring ein. Schnurgerade führt die breite Hauptverkehrsader durch das Land. Nach Serritslev nehmen wir die zweite Abfahrt nach links und gelangen so in den Ort **Vra**, wo wir auf die Kirche zuhalten.

---

(082) WOMO-Stellplatz: Vra

GPS: N 57°20'57.7" E 9°56'42.9" **max. WOMOs:** 2-3.
Ausstattung/Lage: keine/im Ort.
Zufahrt: 300 m nach Ortseingang von Vra rechts unter Bäumen.
Sonstiges: Nur 200 m zur Kirche.

Vor dem Friedhof entdecken wir in einer schmalen Grünanlage wieder moderne Skulpturen. Gleich daneben fügt sich die „letzte Ruhestätte" gut ins Ortsbild ein. Im Gegensatz zu so manch tristen Friedhöfen in Deutschland erfreut dieser hier wieder mit der Farbenpracht vieler bunter Stauden auf und neben den Gräbern. Im **Kircheninneren** interessiert uns besonders das Deckengewölbe im Chor. Ein **Sittengemälde** stellt

mehrere Szenen der mittelalterlichen Moral dar: Kaum dass der Ehemann gen Himmel gefahren ist, schon vergnügt sich seine Witwe mit ihrem Liebhaber und greift nach den Besitztümern ih-

mittelalterlicher Sündenfall

res verstorbenen Gatten. Oder der Bischof, der mit anderen Sündern in der Hölle aufgenommen wird...

Auf der Hauptstraße fahren wir durch den Ort bis zum Kreisverkehr und biegen dort auf die 593 nach links ein. Linkerhand passieren wir eine der traditionellen Windmühlen und erreichen schon bald darauf eine Hügelkuppe mit Kreuzung. Gleich links und wir befinden uns auf dem Parkplatz vor den Mauern des **Borglum Klosters**.

Der Eintrittspreis von rund 50 DKK für Erwachsene bzw. 15 DKK für Kinder von 6- 16 Jahren lohnt sich auf jeden Fall. Nicht nur die Kirche mit ihrer prächtigen Orgelempore und dem Hochaltar aus dem Rokoko beeindrucken uns, sondern auch die einzelnen Räume, die das Klosterleben in seinem täglichen Ablauf darstellen.

Bis zur Reformation war der Komplex die Herberge des Prämonstraten-serordens, der dem Kloster in Steinfeld / Deutschland untergeordnet war. Nach der Reformation wurde der Bischofssitz Borglum verschiedenen

Adligen als Lehen übergeben, bis er 1665 privates Eigentum wurde. Seit 1835 ist das Kloster nun im Besitz der Familie Rottböll.

Nach unserer ausgiebigen Klosterbesichtigung überqueren wir die Kreuzung und folgen der Margeritenroute nach Vittrup . Dort scheren wir an der T-Kreuzung nach recht auf die 55 ein und biegen nach nur 1,4 km schon wieder links ab in Richtung Lönstrup. Etwa 3 km später klingt ein ehrfürchtiges Raunen durch unser Womo: in der Ferne erhebt sich die majestätisch wirkende **Sanddüne Rubjerg Knude** vor uns.

(083) WOMO-Stellplatz: Rubjerg Gamle Kirkegard

GPS: N 57°26'21.3" E 9°46'44.7" **max. WOMOs:** 2.
Ausstattung/Lage: Mülleimer/außerorts.
Zufahrt: Wie beschrieben vor Sönder Rubjerg links der Margeritenroute folgend, nach rund 4 km in Sichtweite der Düne links, beschildert.
Sonstiges: Neben dem Stellplatz befinden sich die Überreste des alten Friedhofs.

(084) WOMO-Stellplatz: Jens Thomsens Gard

GPS: N 57°26'18.9" E 9°46'45.6" **max. WOMOs:** 2.
Ausstattung/Lage: keine/außerorts.
Zufahrt: 4,6 km nach dem Abzweig von der 55, rechts.
Sonstiges: Kostenloses Museum, hat aber nur Juli u. August geöffnet.

Nach 6,6 km seit dem wir die 55 verlassen haben, zweigt links die Schotterpiste zur Düne ab. Schon wenige Meter später entdecken wir linkerhand einen schöngelegenen Übernach-tungsplatz, von wo aus man einen phantastischen Blick aus dem „Schlafzimmer" direkt zur Rubjerg Knude hat.

(085) WOMO-Stellplatz: Rubjerg Knude

GPS: N 57°27'04.62" E 9°40'50.8"   **max. WOMOs:** 3.
Zufahrt/Lage: Parkplatz vor der Schotterpiste zur Sanddüne/außerorts.
Sonstiges: Parkplatz direkt vor der Düne mit Übernachtungsverbot.

„Sandspielplatz" Rubjerg Knude

Stellenweise befinden sich kleine Sandverwehungen auf dem Weg, die zügig angegangen werden sollten. Wer hier anhält, und keinen Spaten an Bord hat ist arm dran...
Fast zu Füßen des gigantischen Sandkomplexes parken wir unser Womo. Erste Sandausläufer greifen bereits nach dem Platz und werden ihn in einigen Jahren vollends unter sich begraben. „Der **Leuchtturm** samt den umstehenden Gebäuden befindet sich bereits im unerbittlichen Würgegriff der Wanderdüne. Nur die Dächer der einstigen Häuser sind noch sichtbar". So schrieben wir in der letzten Auflage im Jahre 2007.

Jetzt, drei Jahre später, hat der Sand die Gebäude vollständig dem Erdboden gleichgemacht. Auf jüngeren Postkarten kann man diese komplett erkennen. Wie die Wüstenforscher erklimmen wir den Berg und werden vom stark wehenden Wind förmlich sandgestrahlt. **Achtung**: Nehmen Sie wenn möglich keine elektronischen Geräte (Handy, Videokamera, Foto...) mit, bzw. schützen Sie diese durch eine geeignete Verpackung, denn der Sand dringt auch durch noch so kleine Ritzen und zerstört die empfindliche Mikroelektronik!

Der Leuchtturm Rubjerg Fyr ging im Jahre 1900 in Betrieb und musste 1968 sein Leuchtfeuer löschen, da die Sanddüne das Licht von See aus verdeckt hatte. So zog in eines der Gebäude ein Flugsandmuseum ein. Doch wie wir sehen, wurde dieses durch sein eigenes Ausstellungsthema überrollt. Nicht mehr lange, und nur noch die Leuchtturmspitze wird Zeugnis ablegen von der Ohnmacht des Menschen gegenüber der Natur.

In unmittelbarer Nachbarschaft befindet sich der am Meer befindliche Ort **Lönstrup**, wo wir 100 m nach dem Ortschild links einbiegen und zur Lönstrup Kirche auf grobgeschotterter Piste langsam zum Klippenrand vorholpern. Auf uns wartet ein Stellplatz mit nostalgischem Ambiente.

(086) WOMO-Stellplatz: Marup Kirke
GPS: N 57°27'43.8" E 9°47'05"   max. **WOMOs:** 2-3.
Ausstattung: Mülleimer, WC/außerorts.   **Zufahrt:** Wie beschrieben.

Der alte Friedhof hinter der Marup Kirke atmet den Hauch vergangener Jahrhunderte. Davon zeugen die z.T. sehr alten Grabsteine und verrosteten Eisenzauneinfassungen. „Wie lange wird es dieses Kirchlein wohl noch geben?" Auch diese Frage aus dem Jahre 2007 können wir nun schon etwas genauer beantworten. Vor kurzem musste nämlich die Kirche bis auf 2 m hohe Grundmauerreste abgetragen werden, denn die Erosion in Form der Steilküste kommt nun bedrohlich nahe und droht bald den ganzen Gottesbau in die Tiefe zu reisen. Teile des Friedhofs hat sich das Meer schon geholt. Nur noch wenige Meter sind es und die Marup Kirke gehört der Vergangenheit an.

Nehmen Sie die Absperrleinen am Rande der Klippen unbedingt ernst und betreten Sie nicht den unmittelbaren Klippenrand. Ein plötzlicher Klippenabbruch ist gar nicht so unwahrscheinlich! D.h. unser Hund bekommt Leinenpflicht und unsere Kinder werden an die Hand genommen.

Aber auch aus sicherer Distanz ist der Tiefblick atemberaubend.

Von unserem Stellplatz führt ein ausgeschilderter **Wanderweg** zur Sanddüne Rubjerg Knude. Wir bevorzugen aber die andere Version und laufen mit den **Badesachen** im Rucksack nach Lönstrup hinein. Das Zentrum des Ortes gefällt uns durch seine gelbgestrichenen Häuserfassaden. Sogar das Übernachten auf dem strandnahen Parkplatz ist erlaubt:

---

(087) WOMO-Badeplatz: Lönstrup Strand

GPS: N 57°28'35.5" E 9°47'47.3"   **max. WOMOs:** 3.
Ausstattung/Lage: WC, Mülleimer/im Ort.
Zufahrt: Durch den Ort zum Hafen; Betonparkplatz direkt am Meer; etwas schräg.

Der **Meeresstrand** von Lönstrup ist bestens für Eltern mit **kleinen Kindern geeignet**, da sich mehrere seichte „Planschbecken" hinter den Wellenbrechern befinden. Rauschender Bade- spaß in den heranbrausenden Brechern findet weiter draußen statt.
Ein ganzer Nachmittag am Strand und wir trotten sichtlich ermüdet zu unserem Gefährt am Klippenparkplatz zurück.
In Lönstrup befinden sich auch zwei Campingplätze. Wer sich für diese Übernachtungsvariante entscheiden sollte, folgt im Ort der Margeritenroute nach rechts und erreicht den etwas näher am Meer befindlichen drei Sterneplatz:

---

(088) WOMO-Campingplatz-Tipp: Möllebakken Camping

GPS: N 57°28'25.2" E 9°48'07.1"   **Öffnungszeiten:** Ganzjährig.
Ausstattung: Auf Wiese.
Zufahrt: Im Ortrechts der Margeritenroute nach Sönderlev folgen, rechts; ausgeschildert.

Wir fahren am Campingplatz geradeaus vorbei in Richtung Skallerup Kirke, immer der Margeritenroute folgend. Dann zweigt links die Stichstraße zum Nörlev Strand ab.

---

(089) WOMO-Badeplatz: Nörlev Strand

tagsüber

max. WOMOs: >10.   **Ausstattung/Lage:** keine/außerorts.
Zufahrt: Wie beschrieben; mit Womo befahrbarer Strand.

bei Nacht

GPS: N 57° 30' 05" E 9° 51' 36.2"   **max. WOMOs:** 2.
Ausstattung/Lage: keine/außerorts.
Zufahrt: 2,3 km nach dem Abzweig von der Margeritenroute rechts bzw. nach weiteren 600 m nochmals ein Übernachtungsplatz auf Schotter, rechts (hier schöner Blick aufs Meer).

Zurück zur Kreuzung und wir biegen links ab auf unsere Margeritenroute, der wir bis zur Kreuzung der Hauptstraße 55 folgen.
In Richtung Hirtshals fahren wir bis zum Ort Tornby:

Dann rollen wir zurück nach Tornby und biegen schon kurz nach dem Ortseingang links ab zum Bahnhof. Vor dem Bahnhofsgebäude folgen wir der Straße nach links parallel zu den Gleisen und überqueren diese schließlich. Bergauf kommen wir an einen schöngelegenen Aussichtsplatz:

Hügelabwärts lassen wir unser Womo rollen bis zur T-Kreuzung, an der wir links und gleich darauf wieder rechts abbiegen. Auf der schmalen Landstraße geht es flott weiter bergab. An der nächsten Kreuzung die wir erreichen, halten wir uns nach rechts, überqueren die E 39 auf einer nagelneuen Brücke und kommen in den Weiler Asdal. Im Ort biegen wir die zweite Straße rechts ab gen **Mygdal**. Vier Kilometer später, gleich am Ortsanfang parken wir unser Womo auf dem ausgewiesenen Wiesenstellplatz und besuchen die (rechterhand) ausgeschilderte **Bernsteinschleiferei** Höjers Ravsliberi. (GPS: N 57°32'27.8" E 10°05'16.8").

Die **Bernsteinschleiferei** gibt es in Mygdal seit 1978 und wurde dort 31 Jahre lang von Benni Höjer betrieben. Im Jahre 2009 haben nun Andreas und Beate Wörner, ein nettes Ehepaar aus Deutschland, die Tradition der Herstellung von Bernsteinschmuck übernommen, da Benni und Gerda Höjer in den wohlverdienten Ruhestand gegangen sind.

Viele Jahre waren die beiden „Auswanderer" schon in Dänemark, unter anderem auch mit dem Wohnmobil unterwegs gewesen. So haben sie sich in das Land verliebt und eines Tages das Angebot von Benni Höjer bekommen, die Schleiferei zu übernehmen. Und warum also nicht im Lieblings-Urlaubsland wohnen und arbeiten?

Wir können in der Werkstatt dem neuen Meister Andreas beim Schleifen und Polieren zusehen und erleben, wie aus einem verwitterten Harzklumpen ein wunderschönes Schmuckstück gefertigt wird. Mittels Schleifmaschinen, die mit unterschiedlichen Scheiben bestückt sind, erhalten

so die Steine nach und nach ihre spätere ihnen zugedachte Form.
Die Bernsteinschleiferei ist das ganze Jahr über von 10.00 - 17.00 Uhr geöffnet. Die Steine werden in nickelfreies Sterling-Silber oder auf Wunsch auch in 14-karätiges Gold gefasst. Selbstgefundene Bernsteine werden vor den Augen des stolzen Finders nach dessen Wünschen geschliffen und poliert.Wir staunen nicht schlecht, als wir sogar **Bernstein-Wohn-mobile** für Womo-Fans entdecken!
Besonders imponieren uns die Tipps, wie leicht man selbst verschiedene Echtheitstests von Bernsteinen durchführen kann:
- Anzünden: Bernsteine riechen anfangs nach Harz und stinken dann erst.
- Schwimmprobe: 160g Salz + 1 Liter Wasser mischen. Echter Bernstein schwimmt, unechter geht unter.
- Zahntest: Den führen Sie am besten selbst durch; aber sachte. Nehmen Sie einen echten Bernstein und einen bernsteinähnlichen Stein vom Strand und klopfen Sie beide vorsichtig gegen die Schneidezähne.

Zwei Meister am Werke (links Andreas Wörner, Nachfolger von Benni Höjer)

Infos und Anfragen in deutscher Sprache im Internet unter:
www. hoejersravsliberi.dk / info@hoejersravsliberi.dk

Und wie könnte es anders sein, meine Frau ist wie von den Socken und kann sich vor lauter **Bernsteinschmuck** gar nicht mehr entscheiden, welchen Anhänger, Ohrring oder Armband sie denn nun kaufen soll...

Wer ein reparaturbedürftiges (Erb-)Stück aus Bernstein besitzt, nimmt es mit auf die Reise und bekommt es hier meist innerhalb kürzester Zeit professionell ausgebessert. Die Wartezeit lässt sich leicht mit **kostenlosem Kaffee oder Tee** überbrücken. Sollte es doch einmal länger dauern, so ist das Meer schließlich nicht weit entfernt, oder Sie folgen uns nun zur Kanutour nach Uggerby.

Vor der Abzweigung auf die 597 befindet sich rechterhand der Kanuparkplatz. Ausnahmsweise lassen wir unseren Gummicanadier im Womo und leihen uns auf der gegenüberliegenden Straßenseite am Ufer der Uggerby A einen eleganten Alucanadier. Gegen 50 DKK Aufpreis bringt man uns stromaufwärts und wir dürfen ohne allzugroße Anstrengung gemütlich durch idyllische Landschaft zurückpaddeln.

Paddeltour auf der Uggerby A

Infos: Kirsten Jespersen, Tel. 98975304.

Sogar 2 Tagestouren mit Zeltübernachtung können gebucht werden. Die ideale Abwechslung, wenn Ihnen das Womo einmal zuviel werden sollte und Ihnen der Sinn nach (abenteuerangehauchter) Abwechslung steht.

Auf der 597 kommen wir an Tuen vorbei und besuchen 3 km später das groß ausgeschilderte **Adlerreservat** „Örnens Verden/ Eagle World". See- und Steinadler mit ihren enormen Flügelspannweiten demonstrieren uns ihre Flugkunst und Jagdtechnik. Aus nächster Nähe stürzt einer der Könige der Lüfte vor uns auf seine Beute und reißt sie erbarmungslos. Ein langgezogenes „Aaahhh und ooohhh" geht durch die Zuschauerreihen.

Infos unter: www.eagleworld.dk

ØRNENS VERDEN
EAGLE WORLD   ADLERWELT

Den Kopf noch voller Eindrücke des letzten Tages, fahren wir 1,6 km (seit der Adlerwelt) geradeaus weiter und biegen dann links ab zur Rabjerg Kirke.

Das Kirchlein aus dem 13. Jahrhundert liegt eingebettet in einer wildromantischen Heidelandschaft in nächster Nähe zur **Wanderdüne Rabjerg Mile**. Angelockt von wunderschönen sakralen Orgelklängen besichtigen wir das Kircheninnere und lernen so den Organisten Flemming Fiol kennen. Der erklärt uns in bestem Deutsch, dass das Gotteshaus im 11. Jahrhundert erbaut wurde und in ihm die älteste Glocke Dänemarks treu ihre Dienst verrichtet. Auch erzählt er uns vollen

Organist Flemming Fiol

Ernstes, dass er manchmal im Sonntagsgottesdienst einen Geist in seinem Orgelrückspiegel sieht. Der sitzt immer an der gleichen Stelle der Kirchenbank und wenn er von Flemming entdeckt wird, flieht er durch eine (imaginäre) Türe im Chor, die vor vielen Jahrhunderten einmal tatsächlich dort vorhanden gewesen war... Mit dieser Schauergeschichte im Kopf verabschieden wir uns und besuchen noch den Friedhof, auf dem auch deutsch Marinesoldaten aus dem Ersten Weltkrieg ihre letzte Ruhestätte gefunden haben.

Unbehelligt vom Kirchengeist verbringen wir eine ruhige Nacht und fahren am nächsten Tag am Rande des Kiefernwaldes vor zur Hauptdurchgangsroute 40.

Gleich parallel zur 40 zweigt ein Stichsträßchen zum Bunkenstrand ab, an dem aber ein Übernachtungsverbot besteht.

---

(094) WOMO-Campingplatz-Tipp: Bunken Camping

GPS: N 57°38'39.1" E 10°27'45.7"   **Öffnungszeiten:** Ganzjährig.
Ausstattung: Sehr großer Platz direkt am Meer mit Parzellen.
Zufahrt: Auf der 40 vor dem Abzweig zur Rabjerg Mile, beschildert.

An der nächsten Linksabzweigung biegen wir zur Rabjerg Mile ab. Holprig geht es auf einer Betonplattenpiste voran. 3 km später zweigt links die Schotterstraße ab und uns bleibt der Mund sperrangelweit offen stehen: Die Sahara!

---

(095) WOMO-Stellplatz: Rubjerg Mile

GPS: N 57°39'14.7" E 10°24'29.7"   **max. WOMOs:** 5.
Ausstattung/Lage: Mülleimer, WC/außerorts.   **Zufahrt:** s. Text.

So etwas haben wir noch nie gesehen. Riesige Sanddünen an Sanddünen, so weit das Auge reicht. Wohl eines der faszi-

Sahara in Dänemarks Norden: Rubjerg Mile

nierendsten Naturdenkmäler in Dänemark, wenn nicht gar in ganz Europa. Wie Beduinen fühlen wir uns, laufen durch unberührt wirkende Sandwildnis und kommen aus dem Staunen nicht mehr heraus.

Nicht genug der Superlativen - nur unweit entfernt wartet ein **womobefahrbarer Sandstrand** auf uns. Da das Übernachten hier wie üblich untersagt ist, kehren wir zum Dünenparkplatz zurück, besteigen einen der mächtigen

Kitesurfer nutzen den Wind

Dünenkämme und betrachten aus luftiger Höhe den schon fast kitschig wirkenden Sonnenuntergang.

Heute heißt unser Motto: Auf zum **Nordkap Dänemarks**. Um zu dem nördlichsten Punkt unserer Reise zu gelangen, kehren wir zur 40 zurück und fahren in Richtung Skagen.

Wie in Lönstrup sind auch hier die Häuser in einem hellen Sonnengelb gestrichen. So einladend der Ort auch wirkt, wir wollen weiter gen Norden. Nach der Ortschaft kommen wir rechts am Grenen **Campingplatz** vorbei und parken dann unser Womo neben dem 44 m hoch aufragenden Leuchtturm. 210 anstrengende Stufen später werden wir oben vom stürmisch wehenden Wind begrüßt und dürfen eine phantastische Rundumsicht genießen.

Noch ein paar hundert Meter und wir gönnen unserem Womo für den Rest des Tages seine Ruhe.

---

(096) WOMO-Stellplatz: Grenen

GPS: N 57°44'19.4" E 10°38'0.9"   max. **WOMOs:** 5.
Ausstattung/Lage: WC, Mülleimer/Ortsrand.
Zufahrt: Nach Skagen Richtung Norden bis ans Ende der Teerstraße, rechts, großer Parkplatz.
Sonstiges: Von 9.00 - 18.00 gebührenpflichtig.

Barfuß laufen wir in die gleich neben dem Parkplatz beginnende **Dünenlandschaft**. Vorbei am Grab von Holger Drachmann geht es geradeaus vor bis zur Sandzunge, wo sich Nord- und Ostsee treffen. Ich kann es fast nicht glauben, aber tatsächlich schlagen die **Wellen aus Skagerag und Kattegat** in der Mitte wild aufeinander zu. Baden ist hier wegen der Strö-

„meeting of the two seas"

mung viel zu gefährlich, doch das obligatorische Bild muss sein: ein Fuß von mir steht in der Nordsee, der andere in der Ostsee. Da sich das Wetter plötzlich gewandelt hat und der Wind mit Sturmstärke dunkle Wolken heranschaufelt, stehe ich wie ein Wikinger vornübergebeugt in der aufgewühlten See. Dann fängt an zu regnen und wir treten schnell den Rückzug an. Durchnässt erreichen wir das Womo. Aber schon nach einer kurzen Kaffeepause lockt uns ein Kunstleckerbissen: das Grenen **Kunstmuseum**. Der **Maler Axel Lind** begrüßt uns höchstpersönlich am Eingang seiner zur Schau gestellten Gemäldesammlung. Die herzliche, aber galante und gebildete Art des inzwischen 103 Jährigen (!!) erinnert uns an den verstorbenen Sir Peter Ustinov. Sein Charme zieht den Besucher sofort in den Bann. Er zitiert uns die Nibelungensage und singt meiner Frau ein Ständchen des alten deutschen Schlagers: „Ich bin von Kopf bis Fuß auf Liebe eingestellt...". Viele seiner metergroßen Gemälde haben die aufgewühlte See zum Thema, die in dunkelblauen und stechend grünen Farben fast aus dem Gemälde zu brodeln scheint. Axel Lind erzählt uns, dass

103 jährige Maler Axel Lind

viele seiner Malerarbeiten hier am Strand von Grenen geschaffen wurden. Allerdings zur Zeit der Herbststürme.

Aber nicht nur die Malerei kommt in den weiten Räumen des Museums zum Zuge, auch moderne Skulpturen sind ausgestellt. Wir setzen uns auf eine der bereitgestellten Sofas und lassen die Kunst auf uns wirken.

Bei der Verabschiedung erfahren wir voller Erstaunen, dass Axel sein Atelier früher in einem Gebäude neben dem Leuchtturm am Rubjerg Knude hatte ...,und dass er sich sogar schon mit dem früheren Sowjetchef Gorbatschow traf. Als Beweis zeigt er uns einen Zeitungsartikel und ein Bild mit beiden Persönlichkeiten darauf. Mit einem handsignierten Kunstdruck unter dem Arm kehren wir tief beeindruckt zum Womo zurück. Später am Abend spazieren wir mit einer Flasche Wein und zwei Gläsern im Rucksack zum Strand und genießen den nördlichsten Sonnenuntergang des Urlaubs. Dunkel wird es in dieser Nacht fast gar nicht mehr. Norwegen mit seiner „Mitsommernacht" ist eben nur noch „einen Steinwurf" entfernt.

Tipp: Als Alternative zu einem Glas Wein am Strand können Sie auch eine etwas luxuriösere Möglichkeit wählen. Das Restaurant im Gebäude des Grenenmuseums bietet neben einer reichhaltigen Speisekarte auch einen herrlichen Blick über die Dünen zum Meer.

Am nächsten Tag fahren wir wieder in Richtung Süden nach Skagen vor. Kurz vor dem Ort sehen wir linkerhand einen weißen Turm. Hier handelt es sich um den Vorgängerleuchtturm aus dem 18. Jahrhundert. Gleich daneben befindet sich eine

Art „Ziehbrunnen", das jedoch das Leuchtfeuer im 17. Jahrhundert zu halten hatte.

Rechts zweigt die Straße zum **„Skagen Odde Naturcenter"** ab. Auch hier zeigt sich der Stararchitekt Jörn Utzon (Esbjerg / Sydney) für die moderne Gebäudegestaltung verantwortlich. Thema des Museums sind die Elemente Wind, Wasser Licht und Sand. Doch sehen Sie selbst und lassen sich überraschen!

Um Skagens Innenstadt schlagen wir einen großen Bogen. Zum Einen, da die Parkplätze

Leuchtturmausblick gen Skagen

kostenpflichtig sind, zum Anderen, da uns das Touristenge-
wimmel heute etwas abschreckt. Wir bevorzugen lieber einen
ruhigen Badestrand am Rande unserer weiteren Reiseroute.

(097) WOMO-Badeplatz: Jerup Strand

tagsüber (GPS: N 57°32'38.6" E 10°26'12.2")

max. WOMOs: >10.   **Ausstattung/Lage:** keine/außerorts.
Zufahrt: Vor Jerup links, auf Stichstraße vor zum Strand; Sandstrand
befahrbar.

bei Nacht (GPS: N 57°31'59.3"E 10°25'16.6")

max. WOMOs: 2-3.   **Ausstattung/Lage:** keine/im Ort.
Zufahrt: In Jerup am Kreisel links, auf Beton; mit Spielplatz.

feinsandiger Jerup Strand

TOUR 7

12 km

N

Frederikshavn

98
99
100
Saeby
101
WC 102
Lyngsa
Prästbro
Dorf
103
Voersa

Brönderslev

Jerslev

Store
Vildmose

Tylstrup

WC 104
Hjallerup
Dronninglund
Asaa

E 45

105
106
107
Aalborg

Ulsted

Gistrup

Hals

Limfjord

507
Gudum

Lille
Vildmose

Stövring
108
Gravlev
111 112 113 WC
Rebild 114
109 110
Skörping
Terndrup
Österr Hurup
WC 115
Rold Skov
519
535
Rold
Arden

180
Vra

Hadsund
121
Fjord
Norup
Mariager
Assens
116
Hobro
120
Bjerre
Fyrkat
Mariager
117 WC 119 118
555
Dalbyover
531
Udbyhöj
Kastbjerg A
507
122

Udby

TOUR 7 (195 km / 6-7 Tage)

Frederikshavn - Saeby - Dronninglund - Aalborg -Skörping - Hobro - Mariager - Udbyhöj

Freie Übernachtung:	Strandby, Frederikshavn, Halbjerg, Solsbaek, Voergard, Dronninglund, Aalborg, Rebild, Hobro, Mariager, Udbyhöj
Campingplätze:	Aalborg, Hobro, Udbyhöj
Ver-/Entsorgung:	Solsbaek, Dronninglund Kirke, Rebild, Norup
Baden:	Solsbaek Strand, Lyngsa Strand, Store Ökksö, Maraiger Fjord, Randers Fjord
Besichtigen:	Bangsbo Wikingerschiff, Lindholm Höje, Thingbaek Kalkmine, Frykat, Salzmuseum in Mariager
Sport:	Radtouren ab Dronninglund Schloss, Radtouren in und um Saeby, Wandern im Rebild Bakker Nationalpark
Essen:	Aalborg, Rebild, Mariager

Heute steht ein Besuch im kulturhistorischen Bangsbomuseum auf unserem Programm. Mittelpunkt der Sammlung ist das Wikingerschiff aus dem 12. Jahrhundert. Wir sind sehr gespannt.

So verlassen wir nun Jerup in Richtung Strandby und kommen an einem interessanten Stellplatz für **Angelfreunde** vorbei:

(098) WOMO-Stellplatz: Strandby

GPS: N 57°28'24.6" E 10°29'49.8"   **max. WOMOs:** 2-3.
Ausstattung/Lage: Tisch & Bank, Mülleimer/außerorts.
Zufahrt: 8,2 km nach Jerup bzw. kurz nach dem Kreisel von Bannerslund, links an der Straße.
Sonstiges: Angelmöglichkeit.

Vor uns liegt die Hafenstadt **Frederikshavn** - dort müssen wir hindurch. Auf der vierspurigen Straße halten wir uns immer

parallel zum Hafen (Richtung „Centrum") und kommen an einer großen Shell Tankstelle vorbei. Gegenüber befindet sich ein riesiger Parkplatz, der ideal zur Stadterkundung geeignet ist, denn das Zentrum ist nur ein paar Schritte entfernt. 2,5 km weiter und wir erreichen das Stadtende. Noch 600 m geradeaus und wir biegen an der Kreuzung rechts ab in den Thodesvej, wo das **Bangsbomuseum** schon angeschrieben steht. An der Ampel folgen wir der Beschilderung nach links.

---

(099) WOMO-Stellplatz: Bangsbo Museum

GPS: N 57°24'59.7" E 10°29'38.5"	**max. WOMOs:** 3-4.
Ausstattung/Lage: Mülleimer/im Ort.	**Zufahrt:** Wie beschrieben.

Auf der großen Schautafel am Parkplatzrand ist ein Übersichtsplan des **Museumskomplexes** abgebildet. Die Außenanlagen sind kostenlos benutzbar, das Innere der Ausstellung kostet hingegen Eintritt. Fest steht aber, dass der Besucher hier leicht einen halben Tag verbringen kann ohne dass ein Gefühl der Langeweile aufkommen würde. Besonders Familien kommen hier voll und ganz auf ihre Kosten, da neben dem Geschichtlichen auch der Spaß auf dem nahen Holzspielplatz und dem Wildgehege nicht zu kurz kommt.

Wir laufen zuerst zum Hauptanziehungspunkt des Museums, der sich beim Eingang gleich rechts befindet: das **Ellinga-Schiff**.

Das Ellinga-Schiff ist ein nordischer Schiffstyp in Klinkerbauweise. D.h. die Bordplanken überlappen, statt Kante an Kante angebracht zu sein.

Bangsbo Wikingerschiff

Daran angeschlossen ist eine weitere Abteilung, die sich der Seefahrt widmet. Galionsfiguren, Schiffsmodelle u.v.m. Das dahinter befindliche Kriegsmuseum berichtet von den Tagen des Zweiten Weltkriegs. Im Hauptgebäude bewundern wir Möbelstücke aus einer Bauernstube des 18. Jahrhunderts. Besonders erstaunt sind wir aber von den Haarflechtarbeiten die in einem Schaukasten ausgestellt sind. Das haben wir noch nie gesehen: Bilder aus Haaren!

Beim Waldrand hinter dem Museum befindet sich der abwechslungsreich gestaltete **Kinderspielplatz**. Nachdem sich Ihr Nachwuchs ausgetobt hat, können Sie auf den schattigen

Wegen zum ausgeschilderten **Reh- und Hirschgehege** spazieren.

Wir fahren zurück zum Kreisverkehr und biegen dort nach rechts ab, der Margeritenroute folgend.

Im Gegensatz zur Region um Skagen und weiten Teilen der Westküste, hat sich das Landschaftsbild wieder völlig verändert: Üppig grün bewachsene Felder, Laubwälder - und das alles ziemlich hügelig.

300 m nach dem Dorf Understed zweigen wir links ab gen Saeby, dem Symbol der Margerite nach. In **Saeby** an der T-Kreuzung links und gleich wieder rechts und dann durch das Zentrum mit der „15 km/h Zone" langsam rollend hindurch. Am Ende der Zentrumszone halten wir uns nach rechts, um gleich darauf wieder links ab auf dem ausgeschilderten Parkplatz das Womo für die Stadtbesichtigung abzustellen.

Ein Städtchen ganz nach unserem Geschmack. Nette Häuser, kleine Geschäfte und nicht zu viel Trubel. Besonders gefällt uns die Straße zum Hafen:

Saeby und seine romantischen Innenhöfe

schmucke Fachwerkhäuser reihen sich nahtlos aneinander und verzücken mit ihrem Bild fast ungestörter Harmonie. Auf halbem Weg kommen wir rechterhand an einem kleinen Innenhof vorbei, in dem sich eine sehenswerte Tonwerkstatt samt entsprechenden Unikaten befindet. Auch die angrenzenden Ausstellungsräume gefallen uns mit ihrer heimeligen Atmosphäre und liebevollen Gestaltung. Übrigens wieder eine gute Gelegenheit, ein Andenken aus Dänemark zu erstehen.

Vor dem Hafen wartet noch die gotische Skt. Marie Kirke mit

schönen Kalkmalereien auf uns. Dann fahren wir mit unserem Womo zum Hafen vor, folgen der Margeritenroute nach rechts.

Links ist auch schon der „Lyngsö Strand 11 km" ausgeschildert. Parallel zur Küste geht es unserem nächsten Traumbadeplatz entgegen:

---

(101) WOMO-Badeplatz: Solbaek Strand

GPS: N 57°17'20.1" E 10°32'18.47"   **max. WOMOs:** 2-3.
Ausstattung/Lage: Mülleimer/außerorts.
Zufahrt: 2,7 km nach Saeby links, auf Schotter.

Nur 1,8 km weiter befindet sich nochmals ein schöner Badeplatz abseits der Touristenströme:

---

(102) WOMO-Badeplatz: Lyngsö Strand
tagsüber

GPS: N 57°16'29.8" E 10°32'04.9"   **max. WOMOs:** 2-3.
Ausstattung/Lage: WC, Wasser, Tisch & Bank, Mülleimer/außerorts.
Zufahrt: 4,5 km nach Saeby links.
Sonstiges: 200m durch die Heide zum Strand.

Bevor uns Schwimmhäute zwischen den Fingern wachsen, wenden wir uns einmal wieder für etwas längere Zeit dem Landesinneren zu. Über Lyngsa folgen wir der 541 (Margaritenroute) nach Voersa. Dort halten wir uns nach rechts auf die 589 (Richtung E 45). Dann nehmen wir nach der Voer Kirke den nächstmöglichen Linksabzweig, fahren an einem alten und ausladenden Gutshof vorbei (kann besichtigt werden) und halten uns an der nächsten T-Kreuzung rechts ab nach „**Dorf**".

An der darauffolgenden T-Kreuzung links und 300 m später rechts ab zur idyllisch gelegenen Dorfmühle vor einem kleinen See - Dorfromantik pur erwartet uns! Jetzt erst einmal eine kleine Pause, um die Stimmung richtig aufnehmen zu können.

---

(103) WOMO-Picknickplatz: Dorfmölle

GPS: N 57°13'21.8"   E 10°16'54.2"
max. WOMOs: 1-2. **Ausstattung:** Mülleimer, Tisch & Bank; außerorts.   **Zufahrt:** s. Text

---

Weiter fahren wir in Richtung **Dronninglund** durch einen Wald und kommen rechterhand an einem Parkplatz vorbei, von wo aus man wunderbar zum nahen steinzeitlichen Dolmen spazieren kann.

An der T-Kreuzung in Dronninglund biegen wir links ab, rollen bis zum Kreisel, durchfahren ihn geradeaus und scheren dann an der T-Kreuzung gen „Dronninglund C" rechts ein. Kurz darauf erreichen wir ein weiteres Kleinod dieser Gegend:

---

(104) WOMO-Stellplatz: Dronninglund Schloss

GPS: N 57°09'20.2" E 10°15'39.2" **max. WOMOs:** 2-3.
Ausstattung/Lage: Tisch & Bank, Mülleimer/Ortsrand.
Zufahrt: 1,5 km nach Dronninglund links, auf Beton.

Neben der Barockkirche wartet im ehemaligen Schloss das romantische Hotel auf Gäste. Wie wäre es, dem Womo für eine Nacht untreu zu werden und den Luxus zu genießen ?! Im Schloss bekommen wir kostenloses Infomaterial zu den ausgewiesenen Fahrradtouren in die Umgebung von Dronninglund.

Wir nutzen die Chance, satteln unsere „Stahlrösser" und erkunden die mit größeren Mischwäldern durchzogene Gegend.

Heute spulen wir einige Kilometer auf der E 45 herunter. Bis zur Autobahnauffahrt bleiben wir noch auf der 559 und kommen dann in schneller Fahrt ruck zuck der Stadt **Aalborg** näher. Der erste Eindruck von den Vororten der viertgrößten Stadt Dänemarks mit etwa 160.000 Einwohnern fällt recht nüchtern aus. Industrieanlagen und Kamine prägen die Silhouette. Doch wie sich bald herausstellen wird, verbirgt Aalborg dahinter sein wahres und schönes Erscheinungsbild.

Bei der Ausfahrt 21 verlassen wir die Autobahn und biegen nach rechts in den Vorort Nörresundby ein. Bereits 200 m später sehen wir an der großen Ampelkreuzung das Schild „Lindholm Höje", das uns nach rechts lotst. 600 m später müssen wir an der nächsten Ampelkreuzung links abbiegen und folgen weiter der Beschilderung. Gemächlich geht es durch eine wenig ansehnliche Gegend mit hässlichen Wohnblocks. Daran anschließend eine etwas schönere Bungalowsiedlung. Die verlassen wir nach 2,3 km rechts ab und erreichen nach nur 300 m einen tollen Picknickplatz im Grünen samt Blick auf den Limfjord:

---

(105) WOMO-Picknickplatz: Lindholm Höje

GPS: N 57°04'43.2" E 9°54'47.5"
max. WOMOs: 2-3.
Ausstattung/Lage: Tisch & Bank, Mülleimer/außerorts. **Zufahrt:** Wie beschrieben.

Nur wenige Schritte sind es von unserem Womo zum eingezäunten **Gräberfeld** (das rund um die Uhr kostenlos zugänglich ist) und dem Lindholm Höje Museum.

Da wir zu neugierig sind, stellen wir das Museum hinten an

und betreten gleich das Gräberfeld. Eine Schafherde wird als „Bio-Rasenmäher" eingesetzt, um die zahllosen Steinsetzungen vom wuchernden Gras freizuhalten. Ein derart riesiges Gräberfeld haben wir in Dänemark noch nicht gesehen.

Das Gräberfeld wurde in der germanischen Eisenzeit und Wikingerzeit vom 5. bis 10. Jahrhundert n. Chr. benutzt. Fast 700 Menschen fanden hier ihre letzte Ruhestätte. Mehrere hundert Steinsetzungen kennzeichnen die Brandgräber. Am Ende der Wikingerzeit wurde das Gebiet von Flugsand verschüttet und ist damit bis zu seiner Ausgrabung in den 1950er Jahren perfekt konserviert worden. Dabei haben die Archäologen auch Teile einer Siedlung und sogar einen frisch gepflügten Acker entdeckt.

Nach der eingehenden Inspektion und dem Genießen des herrlichen Weitblicks von hier oben, statten wir nun dem Museum einen Besuch ab:

Das Museum, eine Abteilung des Aalborg Historiske Museum, zeigt die archäologischen Funde von den Ausgrabungen vor Ort. Auf unkonventionelle Weise wird davon berichtet, wie die Menschen auf Lidholm Höje lebten, starben und ihnen der Weg ins Jenseits bereitet wurde. Die originalen vorgeschichtlichen Fundgegenstände werden zusammen mit Rekonstruktionen, Panoramen, Illustrationen, Karten und Texten dem Besucher in spannender Weise nähergebracht.

Wir tischen unser Mittagessen auf der Picknickbank vor unserem WOMO auf und verlassen dann, wenn auch ungern, diesen schönen Ort. Schließlich steht für den Nachmittag und Abend die Stadterkundung auf dem Programm.
Dazu fahren wir die 300 m zurück zur Straße mit den Bungalows, biegen dort rechts ein und erreichen nach rund 500 m eine T-Kreuzung, an der wir links abbiegen. Die nächste Ampelkreuzung überqueren wir geradeaus. Dann langsam durch zwei „Tempo 40" Zonen (Achtung Holperschwellen!) und wir kommen an einen Kreisverkehr, den wir linkshaltend durchfahren. Parallel zum Limfjord führt uns die breite Hauptstraße direkt auf eine Brücke zu, auf der wir die Meerenge überqueren. Jetzt müssen Sie entscheiden, ob Sie mit uns rechts abbiegen, um das Womo auf einem relativ zentrumsnahen Übernachtungsplatz abzustellen, oder ob Sie direkt zum Hafenparkplatz nach links abbiegen. Dort ist das Nächtigen im Womo aber untersagt. D.h. Sie haben zwar einen etwas näheren Ausgangspunkt für die Stadterkundung, müssen aber Parkgebühren zahlen und anschließend Ihr Womo wieder umstellen.

(106) WOMO-Stellplatz: Aalborg / Limfjordufer

GPS: N 57°03'17.8" E 9°54'24.9"   **max. WOMOs:** 2-3.
Ausstattung/Lage: Mülleimer/im Ort.
Zufahrt: Nach der Brücke rechts, an der Ampel schräg links. 200 m nach dem „Aalborg Akvavit" Backsteinbau rechts (gegenüber dem Supermarkt Kvickly).
Sonstiges: gute Angelmöglichkeit.

WOMO-Stellplatz: Aalborg / Jachthafen

GPS: N 57°03'27.7" E 9°53'38.8"   **max. WOMOs:** 2-3
Zufahrt/Lage: 900 m nach dem o.g. Stellplatz rechts und gleich wieder rechts direkt am Ufer; weitere Stellplatzmöglichkeit links ab, vor dem Sportplatz/im Ort.

(107) WOMO-Campingplatz-Tipp: Strand Parken Camp.

GPS: N 57°03'19.2" E 9°53'0.8"   **Öffnungszeiten:** Ganzjährig.
Ausstattung: Wiese, z.T. unter hohen Bäumen, mit Kinderspielplatz; nebenan gebührenpflichtiges Strandbad.
Zufahrt: wie oben beschrieben an der Brücke rechts, Ampel links, bis zur T-Kreuzung, dort links und an der Ampel rechts. Kurz danach ausgeschildert.

Stadtbummel in Aalborg

Von unserem Stellplatz laufen wir in ca. 10 Minuten vor in Richtung Hafen und biegen dann nach rechts in die Kneipengasse „**Jomfru Ane Gade**" ein. Kneipe an Kneipe, Pub an Pub reihen sich in der schmalen kopfsteingepflasterten Gasse aneinander und buhlen um die Gunst der Besucher. Besonders in den Abendstunden erwacht die Gade erst richtig zum Leben und bietet dem Auge ein buntes Spektakel.

Linkshaltend über die Bispensgade bummeln wir an zahllosen Schaufensterscheiben vorbei bis zu Östergade vor. Nur ein Steinwurf entfernt, schon fast am Ufer des Limfjords gelegen, besuchen wir als nächstes das **Schloss Aalborghus** mit seinem schönen Fachwerkinnenhof. Von dort wieder zurück zur Östergade, vorbei am Handelshaus Jens Bangs Stenhus und dem anschließendem Rathaus. Wie die Zecken haben sich die Fast-Food-Ketten Mc Donald's und Burger King in den historischen Gemäuern der Straße festgesaugt.

Gegenüber dem weithin sichtbaren Touristeninfobüro der Stadt schwenken wir auf den Marktplatz (Torvet) mit der weißen St. **Budolfi Kirke** und dem **Helligandskloster** zur Rechten. Dahinter wartet für Geschichtsinteressierte das Historisk Museum mit weiteren Details zur frühen Stadtentwicklung Aalborgs. Wir halten uns weiter nach rechts und gelangen so wieder zurück zur Kneipengasse. An der „Ved Stranden" Hauptstraße, die aber wenig Verkehr in den Abendstunden aufzuweisen hat, stehen wir nun vor der Qual der Wahl: welches Restaurant aufsuchen? Inder, Chinese, Grieche, Italiener. Unsere Wahl fällt auf das „Casa Blanca", dessen Gastlichkeit mit Außenbewirtung samt lodernden Fackeln ein mediterranes Gefühl in uns aufkommen lässt und außerdem mit einem reichhaltigen Buffet aufwartet (Adresse: „Casa Blanca" Ved Stranden 4).

Um Aalborg zu verlassen, kehren wir zur Hauptverkehrsachse, der Vesterbro zurück, die Straße, die von der Brücke herabführt. Die 180 ist ausgeschildert und wir folgen ihr nun geradeaus bis zu der Ampelanlage, an der das große grüne Schild uns zur E 45 lotst. An der nächsten Ampelkreuzung biegen wir dann rechts ab auf die E 45 Süd. Da die schönen Tage, sprich der Urlaub, nicht ewig währen, wollen wir auf der Autobahn wieder ein Stück flotter vorankommen. Denn Zeit brauchen wir noch viel, für das, was noch vor uns liegt.

Ausfahrt 29 bedeutet das Ende des fünften Ganges, wir verlassen die E 45. Am Kreisel halten wir uns nach links in Richtung Ellishöj / Hobro. 1,5 km später kommen wir am vielversprechenden Hotel mit dem Namen „Europa" vorbei, zu dessen Füßen man auf einem kleinen Picknickplatz übernachten könnte. Den Ort Stövring durchqueren wir geradeaus. Keine Angst, Sie sind nicht falsch gefahren. Es kommt zwar wieder einmal das Gefühl auf, als würden wir unrechtmäßigerweise mitten durch die Fußgängerzone fahren, aber schon bald wechselt die kopfsteingepflasterte Fahrbahn in einen Teerbelag über und die Straße sieht wieder „normal" aus. Jetzt befinden wir uns auf der Margeritenroute. Vor uns taucht ein zunehmend hügliger werdendes Waldgebiet auf: der **Rold Skov**, das mit fast 9000 ha größte zusammenhängende Waldgebiet Dänemarks mit dem ältesten Nationalpark des Landes. 4,6 km hinter Stövring zeigt zum zweiten Mal ein Wegweiser das Dorf Gravlev an.

(108) WOMO-Picknickplatz: Gravlev

GPS: N 56°50'40.9" E 9°49'01.2"   **max. WOMOs:** 1-2.
Ausstattung/Lage: Spielplatz, Mülleimer/im Ort.
Zufahrt: Wie beschrieben.

Unser Womo bekommt eine kleine Ruhepause verordnet und wir spazieren zur Kirche des verschlafenen Ortes. Nicht nur deren Lage rechtfertigt den Abstecher hierher, sondern auch die beiden **Baumschnitzereien** gleich neben dem Gotteshaus. Aus den abgestorbenen Baumriesen fertigte eine begnadete Künstlerhand zwei sehenswerte Skulpturen. Das ineinander verschlungene und sich umarmende Liebespaar gefällt uns ganz besonders. Wenn Ihr Nachwuchs dem nichts abgewinnen wird, lassen Sie Ihn doch ruhig auf dem Spielplatzgelände neben dem abgestellten Womo herumturnen, während Sie mit uns dieses Kleinod hier in Gravlev bestaunen.

Weiter geht die Fahrt. Schon 900 m später zweigen wir mit der Margeritenroute links ab. Gleich darauf scheren wir rechts ein zur Thingbaek Kalkmine.

(109) WOMO-Picknickplatz: Thingbaek Kalkmine

GPS: N 56°49'50.6" E 9°48'41.3"   **max. WOMOs:** 2-3.
Ausstattung/Lage: Tisch & Bank, Mülleimer/außerorts.
Zufahrt: Wie beschrieben.

Früher wurde in den beiden Minensystemen Kalk abgebaut. Dann entschied man sich, die ungenutzten unterirdischen Räumlichkeiten als **Kunstausstellungsräume** neu zu nutzen. Jetzt verzaubern sie uns mit Skulpturen - lassen Sie sich überraschen!

Nach der Besichtigung kehren wir zur Margaritenroute zurück, folgen dieser rechts ab in Richtung Skörping. Wenig später führt uns diese Route links am Waldrand entlang.

700 m nach dem schönen Waldpicknickplatz erheben sich die heidebewachsenen Hänge gleich neben der Straße und zur Linken kommt ein weiterer Wanderparkplatz für uns wie gerufen.

Wir schnüren unsere Wanderstiefel, überqueren die Straße, öffnen das Fallgatter im Zaun und stapfen der gelbgepunkteten Wegmarkierung folgend bergauf. Der Duft von blühender Heide und Schafen weht uns um die Nasen. Wir fühlen uns fast wie in unserem Lieblingsnationalpark in England im Dartmoor.
Je nach Lust, Laune und Kondition lässt sich diese Tour ausdehnen. Richtung Osten haltend kommen wir auf jeden Fall nach Rebild, dem Zentrum des Nationalparks mit einigen Sehenswürdigkeiten. Dazu gleich mehr. Von Rebild aus setzen wir die Wanderung auf markiertem Pfad Richtung Süden fort und schwenken bald darauf rechts gen Westen ein. So gelangen wir schließlich auf den Schotterweg „Hedevejen", auf dem wir zur Straße und unserem Womo zurückgelangen.

Nach der **Wanderung** fahren wir aufwärts weiter in Richtung Skörping und entdecken einen weiteren lauschigen Übernachtungsplatz im Grünen.

Kurz darauf sind wir auch schon im kleinen Nationalparkort Rebild.

Am offiziellen **Nationalparkeingang** erinnert ein Denkmal an die 20.000 Familienmitglieder der Gemeinde Jesu Christi, die im 19. Jahrhundert in die USA ausgewandert sind. Ganz im Stil Amerikas sind auch die drei Häuser hinter dem Denkmal erreichtet worden: ein Mix aus Wild-West, Indianerromantik und dänischer Reetdachbauweise. Das Lincoln Blockhaus wurde nach dem Vorbild des berühmten amerikanischen Präsidenten erbaut. Es informiert über die schillernde Persönlichkeit Lincolns selbst und über die dänischen Siedler in Nordamerika.

Auswandererdenkmal in Rebild

Ein weit intensiveres Gefühl, wie es den Auswanderern erging bekommen Sie, wenn Sie mit uns im gelbgetünchten Cottage „Tophuset" neben dem Denkmal einkehren. Den Nachmittagstee samt Kuchen verspeisen wir umrahmt von hunderten von Schwarz-Weißbildern, die das Leben der dänischen Amerikaner zeigen. Eine wahrhaft „hyggelige" Angelegenheit.

Ein kleines Stück Weg wollen wir aber noch unter die Räder nehmen. Also setzten wir unsere Fahrt gen Skörping fort. Im Ort überqueren wir den Bahnübergang und scheren rechts ab auf die 519, die zugleich auch Margeritenroute ist.

2,2 km nach dem Ort Skörping biegen wir rechts ab und folgen der Beschilderung zum **Store Ökksö**. Bereits 400 m später erspähen wir rechterhand einen idyllischen kleinen See, der mit Birken umrankt wird. Das ist wieder echtes „Skandinavienfeeling"!

Am Ende der Stichstraße erreichen wir einen großen Parkplatz neben den Bahngleisen (kaum befahren).

---

(115) WOMO-Badeplatz: Store Okksö

GPS: N 56°48'13.2" E 9°52'30.6"   **max. WOMOs:** 2-3.
Ausstattung/Lage: Mülleimer, Spielplatz, Tisch&Bank, Grill, Dusche und Wasserhahn beim Restaurant/außerorts.
Zufahrt: 2,2 km nach Skörping rechts, beschildert.

Heute ist Bade- und Ruhetag. Wir packen unsere Badesachen, spazieren unter den Bahngleisen hindurch und erreichen schon nach wenigen Schritten die Wiese am See. Kaum sind unsere Decken ausgebreitet, schon verschwindet die Sonne hinter einer Wolkenbank. Plötzlich erscheinen mutige Jungdänen und zeigen uns wie es geht. Kurzentschlossen springen wir hinterher und genießen das Badeerlebnis. Klar, unsere Hündin Bia brauchte keine Vorbilder...

Der Store Okksö bietet uns ein Panorama wie in Norwegen. Einem Spinnennetz gleich durchziehen zahlreiche Wander- und Spazierwege die Gegend. Blaubeersträucher am Wegesrand versüßen den Ausflug in die Natur. Wer hier nicht den richtigen Pfad für sich findet ist selber Schuld!

Tagsdarauf rollen wir wieder zurück zur 519, biegen rechts ab und folgen wenig später der Margaritenroute rechts gen Ar-

Hobro Hafen

den. Der Wald macht allmählich weiten Feldern Platz. Beim Kreisel in Arden folgen wir der Beschilderung nach Rold. Dort wartet gleich 100 m rechts nach dem Ortseingang ein kleines **Zirkusmuseum** auf den Besucher.

Über den Kreisel von Rold folgen wir der 180 nach Hobro. Schnurgerade geht es nun durch relativ eintönige Landschaft dahin.

Ein übernachtungstauglicher Picknickplatz neben der Straße folgt 3,7 km später. Wir wollen aber weiter nach **Hobro**, das am Ende des Mariagerfjordes zwischen zwei Hängen idyllisch eingebettet liegt. Erstaunlich, wie schnell sich das Gesicht der dänischen Landschaft immer wieder ändern kann.

---

(116) WOMO-Stellplatz: Hobro

GPS: N 56°38'16.3" E 9°48'06.3"   **max. WOMOs:** 2.
Ausstattung/Lage: keine/im Ort.
Zufahrt: In Hobro bergab zum Hafen, dort am Kreisverkehr links ab und gleich rechts ab in die Söndre Kajgade dem P-Symbol zur Touristeninfo folgen. 50m links davon Parkplatz mit Blick aufs Wasser.

Vom Stellplatz aus sehen wir schon das Maritimmuseum in einem ehemaligen Lagerschuppen. Wer sich fürs Segeln und das Drumherum begeistern kann, ist hier richtig aufgehoben. Wir spazieren in wenigen Minuten vor zur Fußgängerzone des Ortes und sind beeindruckt von der angenehmen Quirligkeit des netten Ortes. All zu lange halten wir uns aber nicht auf, lockt doch das Wikingergebiet Fyrkat ungemein.

Auf der 180 fahren wir über mehrere Kreisel am Hafen vorbei, bergauf und biegen dort rechts ab dem

Schiffsmuseum

Schild „**Fyrkat**" folgend (nach der Q8 Tankstelle). 400 m später müssen wir uns scharf nach links halten, verlassen kurz darauf die Stadt und erreichen schon nach weiteren 600 m das Wikingercenter.

Ein „**lebendes Museum**" wartet auf uns. Neun typische Gebäude der Wikingerzeit bilden einen Großgrundbesitzerhof. Allen voran das Langhaus zeigt uns, wie die Nordmänner gebaut und gelebt hatten.

Im Langhaus sitzen beim wohlig wärmenden und knisternden Feuer Männer und Frauen in Wikingerkluft. Sind wir denn die einzigen Besucher hier? Des Rätsels Lösung wird uns erst

klar, als wir das normale Gebäude hinter der Siedlung betreten:Wir waren von Besuchern umgeben! Hier hängen allerlei Kleider , die sich jeder anziehen kann, um am Gesellschaftsleben stilecht teilnehmen zu können. Natürlich lassen wir uns den Spaß nicht entgehen, schlüpfen in Fell und Leinen und dürfen dann als echte Wikinger erleben, wie damals Brot gebacken wurde, wie es schmeckt und noch vieles mehr. Ein echte Attraktion für die ganze Familie!

lebendes Museum

Fehlt eigentlich nur noch ein idyllischer „Wikingerstellplatz":

(117) WOMO-Picknickplatz: Fyrkat

GPS: N 56°37'30.4" E 9°46'23.7"   **max. WOMOs:** 2-3.
Ausstattung/Lage: Tisch & Bank, Mülleimer/außerorts.
Zufahrt: Am Wikingercenter vorbei, nach 1km, vor der Rundburg und dem See.

Fyrkat ist eine Ringburg aus der Wikingerzeit. Sie wurde um 980 n. Chr. erbaut. Mit ihrem strengen geometrischen Aufbau innerhalb der Wallanlage ist sie einzigartig in Skandinavien. Leider ist deren Funktion aber weitgehend unbekannt. Die Fyrkatburg bestand aus 16 Langhäusern mit konvexen Wänden. Die nicht mehr vorhandenen Häuser

Vikingeborgen Fyrkat

Wikinger Langhaus in Fyrkat

sind heute mit weissen Steinen markiert. Ein Langhausnachbau aus Eichenholz und einer Länge von 28,5 m wurde außerhalb des Walls rekonstruiert.

Aus der Vergangenheit kehren wir zurück zur 180 in die Gegenwart, fahren auf der Hauptdurchgangsroute weiter den Berg hinauf, überqueren die Ampelkreuzung und folgen dann der Beschilderung links ab gen **Mariager**. Schöne Blicke auf den Fjord bleiben uns noch verwehrt, zu weit weg ist die Straße vom Wasser. Dann erreichen wir schließlich eine T-Kreuzung, an der wir dem Margeritensymbol nach links folgen und Mariager erreichen. Schon nach dem ersten Kreisel lockt ein Picknickplatz mit herrlicher Sicht auf die Stadt, der auch übernachtungstauglich wäre:

---

(118) WOMO-Picknickplatz: Mariager

GPS: N 56°38'50.8" E 9°58'33.9"   **max. WOMOs:** 2.
Ausstattung/Lage: Tisch & Bank, Mülleimer/im Ort.
Zufahrt: 400 m nach Ortsbeginn rechts.

Zentraler liegt der nächste Stellplatz, fast im Herzen der Stadt, und auch noch am Fjord:

---

(119) WOMO-Stellplatz: Mariager Hafen /Salzmuseum

GPS: N 56°39'13.6" E 9°58'48.5"   **max. WOMOs:** 2-3.
Ausstattung/Lage: WC, Mülleimer/im Ort.
Zufahrt: In Mariager den Hang hinab und bei der „UNO X" Tankstelle rechts.

Nur gut, dass es früher Morgen ist. So haben wir genügend Zeit für das, was der an sich kleine Ort zu bieten hat:
Gleich am Hafenparkplatz liegt der alte **Raddampfer „Svanen"** vertäut, der nach Hadsund und Hobro einmal täglich

im Salzmuseum

ausläuft. Wer die Schiene dem Wasser vorzieht, auf Nostalgie aber nicht verzichten möchte, steigt in den **Dampfloko-motivenzug**, der auch direkt von unserem Stellplatz nach Handest aufbricht. Des weiteren wartet das **Salzmuseum** auf unseren Besuch. Wo kommt das Salz her, wie wird es abgebaut, verarbeitet u.v.m. wird hier anschaulich erklärt. Vergessen Sie nicht Ihre Badesachen mitzunehmen. Ein Solebecken mit einer Salzkonzentration über 30% lädt zum Entspannen ein. Wir sind überrascht, es funktioniert wirklich: einfach reinlegen und das Wasser trägt uns (wie im Toten Meer). Auch an die Kinder wurde gedacht: ein abwechslungsreiches Spielplatzareal, Versuchslaboratorium u.v.m.

Nach unserer Salzexkursion laufen wir über die Straße, schräg linkshaltend, in den Ortskern von Mariager. An dem romantischen und verschlafenen Fischerdorf scheint die Zeit fast spurlos vorübergegangen zu sein. Besonders um den **Torvet** herum gruppiert sich eine Ansammlung äußerst „hyggeliger" Fachwerkhäuser. Jedem wird schnell klar, warum Mariager die Stadt der Rosen genannt wird. Überall unterstreicht die Blütenpracht den Charme des Ortes. Um diesen Charme noch intensiver aufnehmen zu können, kehren wir auf der Sonnenterrasse des Gasthofs „Postgaarden" ein.

Zum Übernachten wechseln wir aber nochmals den Platz. Lokken doch Womopicknick- und Badeplätze direkt am Fjordufer im Grünen mit toller Aussicht.

(120) WOMO-Picknickplatz: Mariager Fjord

GPS: N 56°39'55.8" E 10°00'05.7"   max. WOMOs: 2-3.
Ausstattung/Lage: Tisch & Bank, Mülleimer/außerorts.
Zufahrt: 1,2 km nach Ortsende Mariager, rechts.
Sonstiges: Angelmöglichkeit.

(121) WOMO-Badeplatz: Fladbjerg

GPS: N 56°40'40.6" E 10°01'57.1"   max. WOMOs: 2-3.
Ausstattung/Lage: Tisch & Bank, Mülleimer/außerorts.
Zufahrt: In Fladbjerg nach 300 m links und nach weiteren 300 m beginnt der Grünstreifen am Fjordufer mit Picknickbänken.

Auf der Straße nach Dania können wir beim besten Willen keinen Grund erkennen, warum dieser Abschnitt für Fahrzeuge über 3,5 t tabu sein soll. Also keine Bange!

An der T-Kreuzung hinter Dania halten wir uns links, und gleich wieder rechts nach Assens hinein. Wir folgen der Margaritenroute und scheren dann rechts ab gen Norup / Randers. Durch Norup hindurch und schon befinden wir uns an der T-Kreuzung zur 507, in die wir nach rechts einschwenken. Wir kommen an einem **Rastplatz mit WC** vorbei und bald darauf kündigt ein Schild nach links die Fähre von Udbyhöj an. Dem Schild fol-

Rosenstädtchen Mariager

gen wir. Schon 700 m später werden wir nach rechts gelotst. Acker und Windkraftanlagen dominieren das Landschaftsbild wieder. Von norwegischer Fjordromantik, wie dies am Mariagerfjord der Fall war, ist keine Spur mehr.

In Dalbyover an der Kreuzung halten wir uns nach links und erreichen schließlich 5,3 km später den Randers Fjord, der mit einer kleinen Fähre überwunden werden muss.

Ein **Campingplatz** am Ortsende von Udbyhöj oder unser Badeplatz am Fähranleger laden zum längeren Verweilen ein:

(122) WOMO-Badeplatz: Udbyhöj

GPS: N 56°36'34.87" E 10°17'58.5" **max. WOMOs:** 2-3.
Ausstattung/Lage: Tisch & Bank, Mülleimer/außerorts.
Zufahrt: Wie beschrieben, am Fähranleger, rechts.
Sonstiges: Angelmöglichkeit.

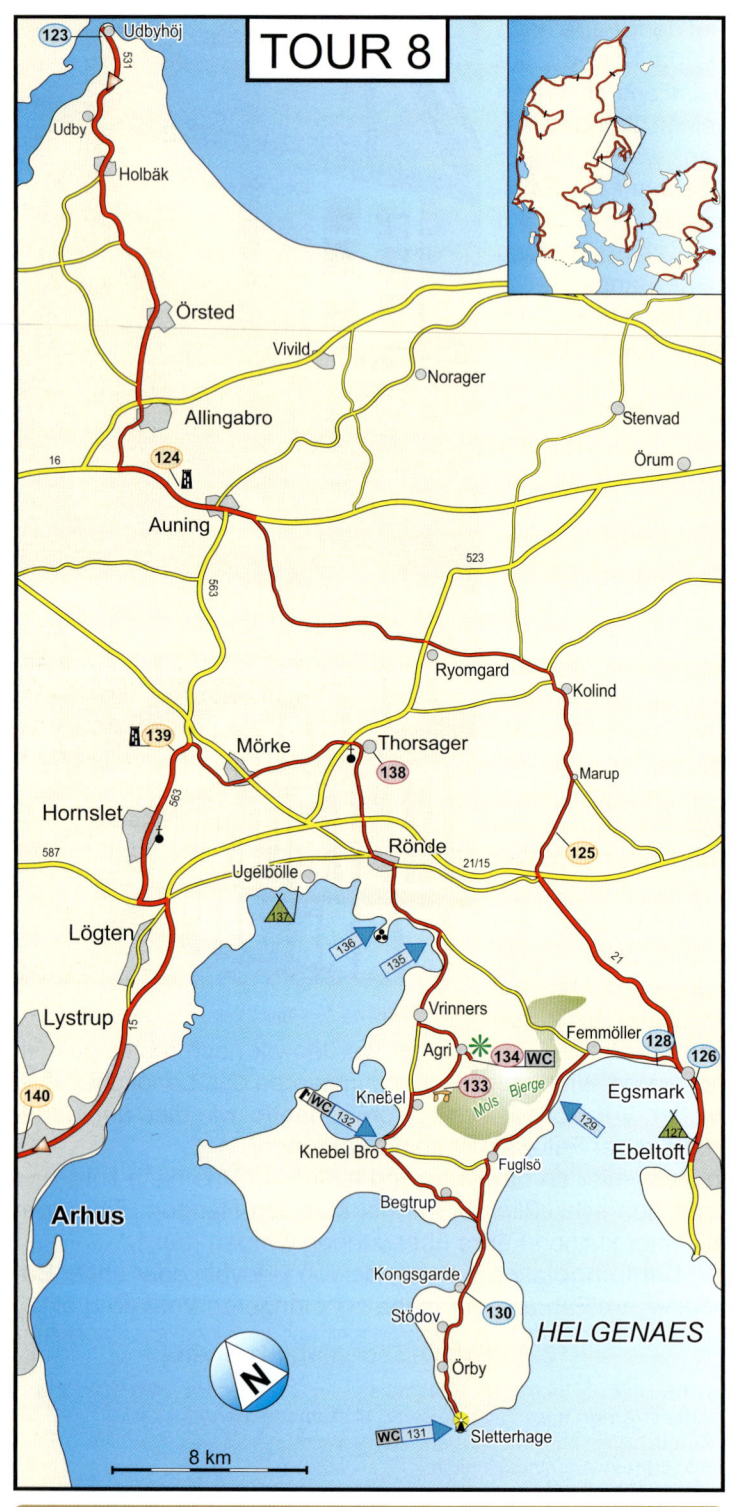

TOUR 8

123 Udbyhöj
531
Udby
Holbäk

Örsted
Vivild
Norager
Stenvad
Allingabro
16   124   Örum
H
Auning
563   523

Ryomgard
Kolind
139   Mörke   Thorsager
563   138   Marup
Hornslet
587   Rönde   125
21/15
Lögten   Ugelbölle
137
136   135
Lystrup
Vrinners   Femmöller
15   Agri   134 WC   128
140   133   Mols Bjerge   126
WC 132   Knebel   Egsmark
Arhus   Knebel Bro   129   127
Fuglsö   Ebeltoft
Begtrup
21

Kongsgarde
Stödov   130   HELGENAES
Örby
N
8 km   WC 131   Sletterhage

TOUR 8 (180 km / 4-5 Tage)

Udbyhöj - Auning - Ebeltoft - Helgenaes - Thorsager - Arhus

Freie Übernachtung:	Udbyhöj, Gammel Estrup, Ebeltoft Vig, Helgenaes, Egens Vig, Thorsager, Rosenholm Slot
Campingplätze:	Ebeltoft, Vibaek, Ugelbölle
Ver-/Entsorgung:	Agri Bavnehöj, Randers Fjord
Baden:	Udbyhöj, Ebeltoft Vig, Helgenaes, Egens Vig
Besichtigen:	Gammel Estrup, Ebeltoft, Thorsager, Rosenhom Slot, Arhus
Sport:	Wandern in den Mols Bjergen
	Angeln am Sletterhage Fyr
	Radeln beim Kalö Slot

Bis wir uns versehen, hat uns die kleine Fähre mit ihrem sonor tuckernden Dieselmotor schon an das fast nur einen Steinwurf entfernte andere Ufer des **Randers Fjords** übergesetzt. Auch hier wartet ein schöner Badeplatz auf uns, den wir auch nutzen, denn auf den nächsten Kilometern macht sich das Wasser rar:

(123) WOMO-Badeplatz: Randers Fjord
GPS: N 56°36'20:4" E 10°18'0.8"   max. WOMOs: 2-3.
Ausstattung/Lage: Mülleimer, WC/außerorts.
Zufahrt: 50 m nach der Fähre rechts auf Schotter. Direkt am Fjord.

Über den kleinen Ort Udby fahren wir auf der 531 durch Viehund Weideland nach Allingabro. Im Ort überqueren wir die Bahngleise und halten uns gleich darauf linkerhand, um wenige Kilometer später auf die 16 zu stoßen. An der T-Kreuzung biegen wir links ab in Richtung Grenaa. Schon 2,2 km später erreichen wir das **Renaissanceschloss Gammel Estrup**.

(124) WOMO-Stellplatz: Gammel Estrup
GPS: N 56°26'14.7" E 10°20'31.4"   max. WOMOs: 2-3.
Ausstattung/Lage: keine/außerorts.
Zufahrt: Wie beschrieben; vor dem Schloss, auf Schotter, unter Kastanien.

Das ausgedehnte Anwesen, das mit einer hohen backsteinbewährten Mauer umgeben ist, nimmt einiges an Zeit in Anspruch, hat es doch auch viel zu bieten. Im 15. Jahrhundert wurde Gammel Estrup als Burg

erbau und im 17. Jahrhundert zum Renaissanceschloss umgebaut. Viele der reich ausgestatteten Schlossräume sind zu besichtigen. Uns gefällt besonders die uralte knarrende Treppe im Rundturm, der man die Jahrhunderte deutlich anmerkt. Aber immerhin hält sie uns noch! So erkunden wir auf drei Etagen, wie der Adel in dieser Gegend hat leben dürfen.

Bevor wir uns der herrlichen und weit ausgedehnten Gartenanlage widmen, statten wir dem Landbrugsmuseet im danebenliegenden Wirt-

schaftsgebäude noch unseren Besuch ab. Mit allerlei Originalgeräten wird die Entwicklung des Landbaus vom mühsamen Schinden mit Sense und Rechen bis hin zu hochmodernen landwirtschaftlichen Maschinen dargestellt.

Tagsdarauf kurven wir weiter nach Auning, überqueren die Ampelkreuzung und biegen nach dem Ortsende rechts ab der Beschilderung „Ryomgard" folgend. Diesen Ort durchfahren wir geradeaus weiter nach Kolind. Am Kreisel vor Kolind bie-

gen wir links ab zum Zentrum und halten uns an das Flugha-
fensymbol, das uns nach Marup leitet.

Fast schon am Ortsende von Marup, die Bebauung weicht
wieder den Feldern, zweigt rechts ab die Straße, die uns über
die 25 hinweg zur 21 nach **Ebeltoft** bringt.

---

(125) WOMO-Stellplatz: Marup-Wald

GPS: N 56°18'05.1" E 10°4'11.9"
max. WOMOs: 2-3.   **Ausstattung/Lage:** Mülleimer/außerorts.
Zufahrt: 2,9 km nach Marup links; idyllisch auf Schotter, am Waldrand.

Wenig später überqueren wir an einer Ampelkreuzung die 15
und setzen auf der 21 unsere Reise fort. Durch eine hügelige
und waldreiche Gegend bahnt sich unsere Straße ihren Weg
zum Meer hinab, das wir hinter dem Ferienort Egsmark zu
unserer Rechten erblicken.

---

(126) WOMO-Badeplatz: Egsmark Strand

tagsüber

GPS: N 56°13' 5.0" E 10°40'11.9"   **max. WOMOs:** >10.
Ausstattung/Lage: Mülleimer/Ortsrand.
Zufahrt: Rund 500 m nachdem die Sicht auf das Meer möglich ist, aus-
geschildert.

bei Nacht

max. WOMOs: 2-3.   **Ausstattung/Lage:** keine/Ortsrand.
Zufahrt: 600 m nach dem Badestrand links (vor der Tankstelle); auf
Asphalt.

Da heute ein stärkerer Wind bläst, tummelt sich ein Heer aus
Surfern auf dem Wasser. Wer an diesen Gestaden länger verweilen möchte, dem sei der schöngelegene **Campingplatz**
nur 1,1 km weiter empfohlen:

---

(127) WOMO-Campingplatz-Tipp: Vibaek Camping

GPS: N 56°12'35.9" E 10°40'41.5"   **Öffnungszeiten:** Ganzjährig.
Ausstattung: Schöner Platz direkt am Meer mit eigenem Strand. Nur
wenige Minuten zu Fuß nach Ebeltoft.
Zufahrt: 1,7 km nach dem Badeplatz rechts, ausgeschildert.

Ebeltoft ist für wohn-
mobile Übernachtun-
gen leider tabu! Uns
reichen aber ein paar
Stunden um die Se-
henswürdigkeiten des
weithin gepriesenen
Städtchens zu erfor-
schen. Wir parken un-

an Bord der „Jylland"

ser Womo auf dem Großparkplatz vor der **Fregatte „Jylland"** und starten damit unsere Erkundungstour. Nachdem wir den Eintrittspreis (rund 80 DKK Erwachsene, Kinder von 4 -14 günstiger, Familientarif erhältlich) bezahlt haben, betreten wir über das Fallreep eine andere Welt.

Die Fregatte Jylland wurde 1856 auf der Marinebasis Holmen in Kopenhagen auf Kiel gelegt und lief am 20. November 1860 vom Stapel. Sie ist damit eine der letzten militärischen Holzsegelschiffe, wenn auch schon

mit einer dampfgetriebenen Schraube ausgestattet. Das 71 m lange imposante Schiff hatte eine Besatzung von 430 Mann und war ursprünglich mit 44 Kanonen bestückt, die im Kampf gegen ein preußisch-österreichisches Geschwader bei Helgoland den Sieg davontrug.

Am Bug der Jylland rechtshaltend vorbei sehen wir noch weitere Oldiesegler vor Anker liegen, darunter auch ein ausgemustertes Feuerschiff.

Vom Parkplatz aus sind es nur wenige Schritte hinauf zur Fußgängerzone in der **Adelgade**. Damit befinden wir uns schon im Herzen der Altstadt. Rechterhand befindet sich der äußerst fotogene **Färberhof** der auf das Jahr 1683 zurückreicht. Das

darin befindliche Museum zeigt uns, wie die Färbersleute lebten und arbeiteten.

Nach so viel Bildung gönnen wir uns eine Belohnung in Form eines leckeren, großen und pappsüßen

Färberhof in Ebeltoft

Waffeleises. Damit bummeln wir an den Schaufenstern entlang zu unserem Womo zurück.

Wir fahren zurück nach Egsmark und biegen kurz bevor es bergauf geht nach links ab gen Femmöller. Schon sehen wir einen verlockenden Sandbadestrand:

(128) WOMO-Badeplatz: Handrup Strand

GPS: N 56°13'33.1" E 10°39'13.7"
max. WOMOs: 2-3.
Ausstattung/Lage: Tisch & Bank, Mülleimer.
Zufahrt: auf der 21 zurück und bevor es wieder bergauf geht, links in Richtung Femmöller. Nach 700 m links.

Einige Kilometer später kommen wir an einen Kreisel, den wir in Richtung **Halbinsel Helgenaes** nach links durchfahren. Bereits nach 1,8 km finden wir einen weiteren idyllischen Badeplatz:

(129) WOMO-Badeplatz: Strandkaer Strand

GPS: N 56°13'04.3" E 10°34'57.7"

max. WOMOs: 2-3

Ausstattung/Lage: Mülleimer/außerorts.
Zufahrt: Wie beschrieben, unter Bäumen, schattig.

Aber auch diesen Übernachtungsplatz lassen wir schweren Herzens im wahrsten Sinne des Wortes links liegen, freuen wir uns doch schon auf einen unserer Lieblingsstellplätze am Ende der Halbinsel Helgenaes.

Zu unserer Rechten erheben sich die Ausläufer der **Mols Bjerge**, die wir Morgen durchwandern werden.

Nach dem Weiler Fuglsö biegen wir links ab und das Teerband führt uns hangabwärts. Malerisch breitet sich die Halbinsel Helgenaes vor uns aus. An der folgenden Straßengabelung halten wir uns rechterhand am Meer entlang und gelangen so nach Kongsgarde, das mit einem herrlichen Badeplatz aufwarten kann:

(130) WOMO-Badeplatz: Kongsgarde

GPS: N 56°08'07.2" E 10°31'07.8" **max. WOMOs:** 3-4.
Ausstattung/Lage: Mülleimer/im Ort.
Zufahrt: 600 m nach Ortsanfang in Kongsgarde, rechts; auf Wiese.

Wenig später schon kommen wir nach Stödov. Unterhalb der Kirche zweigt die womobreite Stichstraße (mit genügend Ausweichmöglichkeiten) zum Sletterhage Fyr ab. In einer S-Kurve durchfahren wir Örby und erreichen dann schließlich das Ende der Straße am **Leuchtturm** von Sletterhage:

(131) WOMO-Badeplatz: Sletterhage Fyr

GPS: N 56°05'43.8" E 10°30'47.4" **max. WOMOs:** 3-4.
Ausstattung/Lage: Mülleimer, WC/außerorts. **Zufahrt:** s. Text.

Eines fällt uns seit Skagen richtig auf: Keine Spuren von deutscher Betongiganterie mehr. Doch wie wir in Erfahrung bringen können, stimmt dies hier nun leider auch nicht so ganz.

Sletterhage Fyr

Bei genauem Hinsehen kann man nämlich noch die Wälle des „**Ryes Skanser**" aus dem ersten Schlesischen Krieg erkennen; und damit wären wir wieder bei den Deutschen...(wenn auch aus einer anderen militärischen Epoche).

Früh stehen wir auf, laufen der aufgehenden Sonne am Strand entgegen, genießen die frische Meeresbrise und sammeln schöne Steine für unseren Garten.

Jetzt warten neue Ufer auf uns am Hafen von Knebel Bro. Um dorthin zu gelangen, fahren wir über Kongsgarde zurück, rechts vorbei an den bereits angesprochenen Überresten des schlesischen Walls und halten uns dann an der Straßengabelung nach links. Kurz darauf führt die Straße bergauf vom Meer weg und wir kommen nach Begtrup. Im Ort zweigt schon nach 100 m links unser Weg gen Strands ab. Im Örtchen Strands müssen wir dann beim weißen Fachwerkhaus links einscheren. Ein Schild „Strand" verleitet zum nur 1 km nahen Meer hinabzukurven. Zwar wartet ein schöner Sandstrand auf Besucher, doch ist hier das Übernachten untersagt.

300 m nach Ortsende sehen wir rechts einen ersten **Dolmen** mitten im Getreideacker stehen. Doch ein viel mächtigerer wird noch folgen. Warten Sie´s ab!

In Torup kommen wir an eine T-Kreuzung, an der wir rechts abbiegen. Gerade 100 m sind wir gefahren, und eine weitere T-Kreuzung weist uns den Weg nach links, um an der nun folgenden dritten T-Kreuzung rechts nach Knebel abzubiegen.

---

(132) WOMO-Badeplatz: Knebel Bro

GPS: N 56°12'11.3" E 10°28'21.4"   **max. WOMOs:** 2-3.
Ausstattung/Lage: Tisch & Bank, Mülleimer, WC, Wasserhahn/im Ort.
Zufahrt: In Knebel Bro 400 m nach Ortsbeginn links; auf Schotter.

Posker Stenhus Dolmen

Gleich nach Knebel Bro erreichen wir die Ortschaft Knebel, an deren Ende wir beim gelben Obelisken rechts in Richtung Agri abbiegen. Gewagt, aber mit Geschmack, muss man sagen: sehen Sie auch das rosa Häuschen zur Rechten mit dem reetgedeckten Dach und seinen Postkutschenlampen am Eingang?

900 m nach dem Abzweigen erhebt sich ein Hügel mit dem mächtigen, rund 5000 Jahre alten **Posker Stenhus Dolmengrab** vor uns.

(133) WOMO-Picknickplatz: Posker Stenhus

GPS: N 56°13'04.4" E 10°30'06.2"   **max. WOMOs:** 2.
Ausstattung/Lage: Tisch & Bank, Mülleimer, WC/außerorts.
Zufahrt: Wie beschrieben.

Weiter führt die Straße stetig bergan mitten ins Herzen der Mols Berge nach **Agri** hinein. Dort folgen wir nicht der Margeritenroute nach links, merken uns lediglich den Abzweig für später, sondern halten uns rechts und gleich wieder rechts dem Wegweiser „Molsbjerge" nach. Kurz darauf kommen wir an eine Weggabelung, an der wir uns links gen „Agri Bavnehöj" halten.

(134) WOMO-Picknickplatz: Agri Bavnehöj

GPS: N 56°13'44.6" E 10°31'47.6"   **max. WOMOs:** 2-3.
Ausstg./Lage: Tisch & Bank, Mülleimer, WC, Wasserhahn/außerorts.
Zufahrt: Wie beschrieben, 50 m nach der Weggabelung links.

Unsere einfache aber landschaftlich grandiose Rundwanderung startet am Parkplatz, führt uns an den Toiletten vorbei, und wir folgen dem gelben Punkt auf einem gut ausgetretenen Wanderweg bergan. Kurze Zeit marschieren wir durch locker bepflanzten Mischwald aus Birken, Ebere-

schen und Kiefern, kommen an einer eingezäunten Viehheide vorbei und sehen dann auch schon den „Gipfel" mit seinem markanten Steinquader vor uns. Auf der 137 m hohen Kuppe genießen wir eine phantastische Rundumsicht, die bis nach Ebeltoft und seiner Bucht hinüber reicht. Agri Bavnehöj heißt übersetzt „Feuerhöhe" und war in Krisenzeiten als Warnsignal gedacht, so zuletzt im schlesischen Krieg.

Die Picknickbank hier oben lädt zu einer ersten Rast ein. Dann hangab-wärts, am Zaun linkshaltend und immer der Markierung folgend, die uns schließlich am Rande der Äcker zur Kirche von Agri lotst. Von da an halten wir uns am Straßenrand laufend zurück zum WOMO. Für Kinder völlig unproblematisch!

Jetzt am Nachmittag stellt sich die Frage: bleiben wir hier den Rest des Tages in der Einsam-keit der Berge oder nehmen wir noch ein paar Kilometer unter die Reifen, um wieder ans Meer zu gelangen? Die Entscheidung ist schnell gefallen, und unser Hund wedelt zustimmend mit dem Schwanz als das Schlag-wort „Wasser" fällt. Also zurück nach Agri, der gemerkten Ab-zweigung zur Margeritenroute folgend und wir kommen an die T-Kreuzung vor Vrinners. Dort halten wir uns rechts in Richtung Rönde. Nach dem Ort erspähen

Süße Früchte aus den Mols Bjergen

wir linkerhand auf einem Landzipfel die **Ruine** des **Kalö Schlosses**. So weit wollen wir für heute aber gar nicht mehr fahren. Ein kleiner, aber feiner Badeplatz liegt ganz in der Nähe:

(135) WOMO-Badeplatz: Egens Vig

GPS: N 56°16'03.3'' E 10°30'15.9''   **max. WOMOs:** 1-2.
Ausstattung/Lage: Tisch & Bank, Mülleimer/außerorts.
Zufahrt: 2,5 km nach dem Ortsende von Vrinners scharf links, auf schma-ler Stichstraße (problemlos!) zum Strand hinab.

Egens Vig Strand

Auf unserem „Privatstrand" genießen wir die Sonne, die den Horizont immer mehr in einen rötlichen Farbton taucht und die Burgruine uns gegenüber stimmungsvoll in Szene setzt. Weniger schön machen sich lediglich die Schlote des Industriegebietes am Horizont. Doch das ist Gott sei Dank in Arhus weit genug entfernt.

Da es zwischenzeitlich wieder richtig Nacht wird, wage ich trotz schlaftrunkener Augen weit nach der Geisterstunde einen Blick aus dem Womo. Und der entschädigt mich für den entgangenen Schlaf bei weitem: ein Himmelszelt übersät mit einem Reigen aus Sternen. Ja sogar die Milchstraße ist deutlich auszumachen. Das sind (Urlaubs) Nächte, wie es sie im dichtbevölkerten Deutschland nicht mehr gibt.
Am Ende der Bucht Egens Vig halten wir uns an der T-Kreuzung nach links und kommen damit zum Parkplatz, der Ausgangspunkt für einen Spaziergang zur Ruine ist. Über den Wiesendamm laufen wir zu den dicken Mauerüberresten der Burg aus dem 14. Jahrhundert.

Kalö Schlossruine

In Rönde biegen wir an der Ampelkreuzung links ab, fahren vor bis zur zweiten Ampelanlage und scheren dann rechts ab der Margeritenroute in Richtung Thorsager folgend.
Wer einen landschaftlich schöngelegenen Campingplatz sucht, findet ihn ganz in der Nähe:

In Thorsager führt uns der Wegweiser links ab zur einzigen **Rundkirche** Jütlands, die früher auch als Schutz- und Trutzburg gedient hatte. Das schlichte weiße Tonnengewölbe wird von vier Backsteinpfeilern getragen. Die Kirche besticht durch ihre Form und asketische Ausstattung

Wesentlich prunkvoller ist da schon der nächste Bau, das **Rosenholm Schloss**, das wir nun ansteuern werden.
Wieder zurück zur Hauptstraße, vor bis zur T-Kreuzung, und wir biegen links ab nach Mörke. Dort an der T-Kreuzung links und gleich nach wenigen Metern wieder rechts. Das gleiche Abbiegmanöver vollführen wir im Ort nochmals und folgen dann der Beschilderung „Rosenholm". Drei Kilometer später stoßen wir direkt auf das an einem Teich gelegene Renaissanceschloss.

Wie im Märchen, so erscheint uns der erste Eindruck der sich im Wasser spiegelnden Schlossmauern. Und dieser Eindruck verstärkt sich noch, als wir erst den mit über 800 Arten bestückten Rosengarten betreten. Natürlich ist auch das Schloss

„Märchenschloss" Rosenholm

an sich eine Augenweide mit seinen Möbeln und goldlederverzierten Wänden. Nach einem ausgiebigen Besuch rollen wir auf der 563 weiter nach **Hornslet**, kommen dort an der Kirche vorbei und merken sofort, dass an den Ausmaßen des Sakralbaus etwas nicht stimmt. Richtig, sie ist gegenüber den sonstigen Gotteshäusern in Jütland deutlich größer geraten, da sie das berühmte Adelsgeschlecht der Familie Rosenkrantz als Gönner hatte und somit zur Gutskirche avancierte.

Als nächstes steht eine Stadtbesichtigung der besonderen Art auf dem Plan. Bis es aber so weit ist, steht noch etwas Arbeit hinter dem Lenkrad an. Wie üblich kommen wir wieder an eine T-Kreuzung, wo wir uns links nach Lögten halten. Schon bald setzen wir wieder den Blinker nach rechts und geben auf der autobahnähnlich ausgebauten 15 unserem Womo die Sporen. Das Vergnügen ist aber nur von kurzer Dauer, denn schon tauchen wir in die gewerblichen Vororte von **Arhus** ein und Ampelanlagen bremsen unser Vorwärtskommen. Immerhin geht es vierspurig weiter. Wie in Aalborg, so wirkt die Stadtsilhouette auch hier auf den ersten Blick noch wenig einladend. Doch wir picken uns wie immer die Rosinen heraus.

Zunächst sehen wir 400 m nach dem offiziellen Ortsschild von Arhus rechterhand eine Aldifiliale, fahren aber weiter, da unsere Lebensmittelbestände noch reichlich gefüllt sind. An der nächsten Ampelkreuzung überwacht doch tatsächlich ein „Starenkasten" den Verkehr - ein seltenes Bild in Dänemark. Wir bleiben auf der Ortsumfahrung „O2" in Richtung Silkeborg.

Freilichtmuseum „Den Gamle By"

Vorbei an drei großen Wohnblocks (r e c h t e r hand) und wir biegen rechts ab der O2 folgend. Wenig später führt uns die Beschilderung auf einer eigenen

Linksabbiegespur in Richtung „Centrum / Havn". Schon nach 1 km biegen wir auf der separaten Rechtsabbiegspur der Beschilderung **„Den Gamle By"** folgend. Es geht geradeaus weiter, über zwei Kreuzungen, und reihen uns nach 1,7 km links ein, um der Beschilderung treu zu folgen. Noch 400 m, dann links ab und wir haben es geschafft.

---

(140) WOMO-Stellplatz: Den Gamle By

GPS: N 56°09'40.7" E 10°11'18.5"   **max. WOMOs:** 5.
Ausstattung/Lage: keine/außerorts.
Zufahrt: Wie beschrieben, am Museum vorbei, der Tempo 30 Zone bergauf folgend; am Ende rechts (ebene) Parkbuchten.
Sonstiges: Reiner „Zweckstellplatz"

Für das, was das **„lebende Freilichtmuseum"** mit seinen rund 75 Gebäuden an der Zahl bietet, fällt der Eintritt mit 75 Dkk für Erwachsene und 25 Dkk für Kinder eigentlich recht moderat aus. Ihr Nachwuchs wird Sie bestimmt gleich zum Jahrmarkt mit Karussell, Schiffschaukel und viel „Tschingderassabumm" ziehen. Wenn Sie ohne Kinder unterwegs sind, lassen Sie die ansonsten recht verträumte Atmosphäre vergangener Jahrhunderte erst einmal auf sich wirken und tauchen dann in die einzelnen Häuser mit ihren zur Schau gestellten Gewerben ein.

Passen Sie auf jeden Fall auf, dass Ihnen nicht der gleiche Fehler wie uns unterläuft: wir sind zu spät erschienen und haben nun fast zu wenig Zeit. Einen halben Tag sollte man deswegen schon einplanen. Natürlich hat Arhus mehr zu bieten als nur ein Freilichtmuseum. Mit dem **„Arhuspass"** bekommen Interessierte Zutritt zu weiteren sehenswerten Ausstellungen. Wer Rummel und Nachtleben vermisst, besucht noch das Szeneviertel „Latinerkvarter" mit dem berühmten Café Jorden.

Den Kopf voller Eindrücke und Illusionen beschließen wir, die Stadt hinter uns zu lassen und lieber auf dem Lande einen Platz für die Nacht zu suchen. So müssen wir eben noch ein Stück Straße unter die Räder nehmen. Wir fahren zurück zur Ampelkreuzung, überqueren diese nun aber geradeaus und folgen der Beschilderung „E 45 Viborg". Über die 26 kommen wir schließlich zur Autobahn, fahren bis zur nächsten Ausfahrt südwärts und verlassen dann die Nord-Südtransversale auf die weiterhin vierspurig ausgebaute 15. Ohne die Geschwindigkeit verringern zu müssen gelangen wir nach Lasby, das auch das Ende der Schnellstraße ist und biegen damit ab in Richtung Ry. Jetzt wandelt sich auch wieder spürbar das Gesicht der Landschaft. Wir kommen in das Reich der höchsten „Berge" des Königreiches.

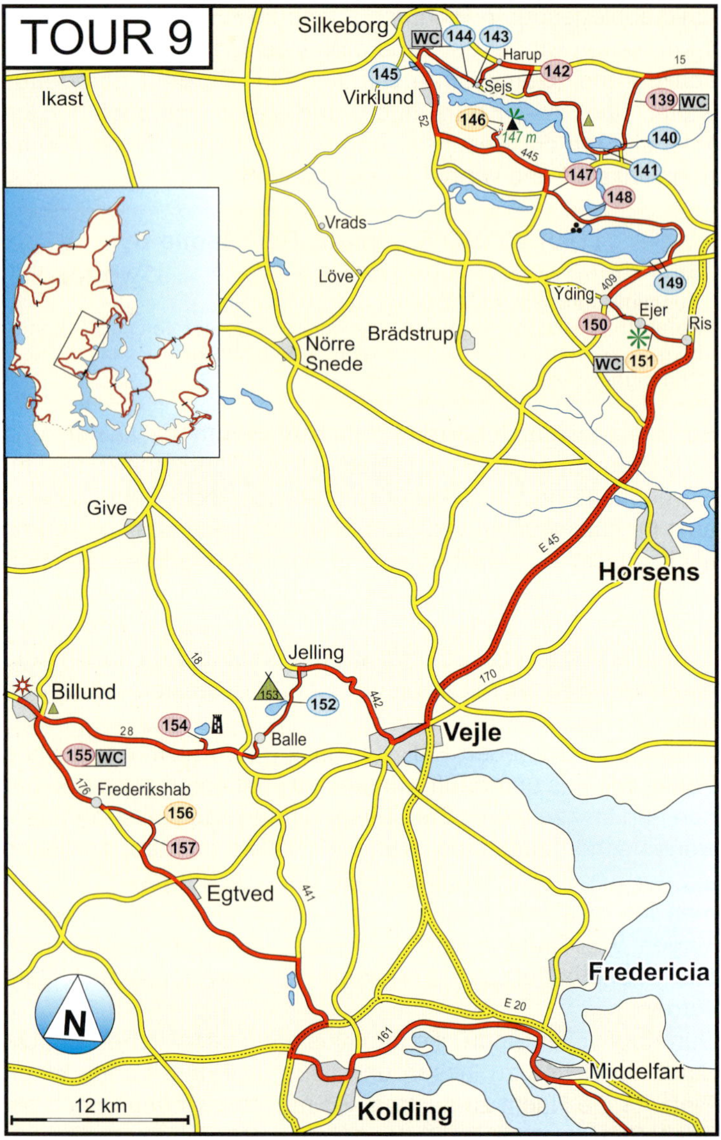
TOUR 9
Silkeborg
WC
144
143
Harup
142
15
145
Sejs
Ikast
Virklund
139
WC
52
146
147 m
140
445
141
147
148
Vrads
Löve
149
409
Yding
Ejer
150
Ris
Nörre
Snede
Brädstrup
WC
151
Give
E 45
Horsens
Jelling
18
153
152
442
170
Billund
154
28
Balle
Vejle
155
WC
176
Frederikshab
156
157
Egtved
441
Fredericia
E 20
N
161
Middelfart
12 km
Kolding

LEGO
LEGOLAND
BILLUND

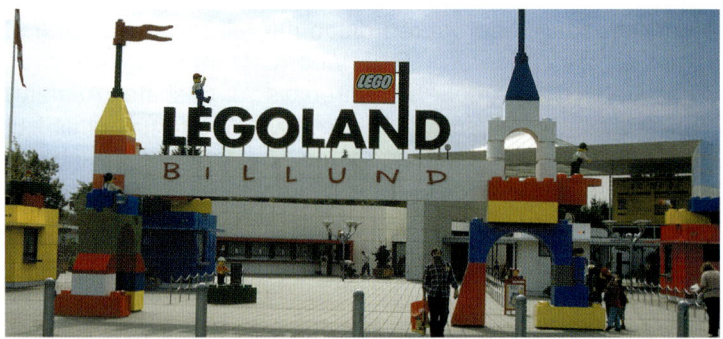

TOUR 9 (230 km / 5-6 Tage)

Ry - Silkeborg - Tebstrup - Vejle - Jelling - Bill- und - Egtved - Kolding

Freie Übernachtung:	Ry, Silkeborg, Mossö, Tebstrup, Farup Sö, Engelsholm, Billund, Spjarup
Campingplätze:	Silkeborg / Laven, Farup Sö, Billund,
Ver-/Entsorgung:	Knudsö, Sejs, Ejer Bavnehöj, Billund
Baden:	Knudsö, Brassö, Mossö, Farup Sö
Besichtigen:	Silkeborg Museum, Billund
Sport:	Wandern auf den Himmelbjerget
	Kanufahrten auf der Gudena

Ein zweiter Kreisverkehr muss nach der Schnellstraßenausfahrt von der 15 in Richtung Ry durchfahren werden und 5,6 km später kommen wir an die spiegelglatte Wasserfläche des Knudsö, die im Morgensonnenlicht verführerisch glitzernd vor uns liegt. Wir haben Glück und finden sofort einen idealen Badeplatz, auf dem weit und breit kein Verbotsschild das Übernachten untersagt.

(141) WOMO-Badeplatz: Knudsö

GPS: N 56°06'12.9''E 9°47'03.3''   **max. WOMOs:** 2-3.
Ausstattung/Lage: WC, Mülleimer, Tisch & Bank, Grill/im Ort.
Zufahrt: 5,6 km nach dem o.g. Kreisel rechts direkt am Seeufer. 100m weiter nochmals Parkplatz zum Übernachten mit großer Liegewiese und Sandstrand.

Also stoppen wir unser Womo und geben uns dem Badegenuss hin. Für Kinder ist der Knudsö auch ideal: ein schöner feinsandiger Strand lädt zum Spielen ein und das Ufer ist relativ flach.

Weiter geht die Fahrt rund um den See nach Ry. Dort biegen wir nach 1 km rechts ab gen Silkeborg / Laven. Dort notieren wir am Ortsende von Laven rechts den **Campingplatz** „Topcamping". Die landschaftlich sehr schön gelegene Route ermöglicht uns einen ersten Blick auf den Himmelbjerget, der lange Zeit für Dänemarks höchsten Berg gehalten wurde. Schön anzuschauen ist er durchaus, so am Fuße des **Julsö** gelegen. Aber wir alpengewohnte Bayern können uns ein mitleidiges Schmunzeln nicht verkneifen. Trotzdem soll der Schweiß noch fließen - das aber erst später.

Im Wald hinter Gammel Laven stehen wir dann plötzlich vor einem Schild, das uns auf eine nur 3 m hohe Unterführung hinweist. Das ist für uns eindeutig zu niedrig. Was nun?

Wir müssen eben einen kleinen Umweg über Laven zur 15 unternehmen. Schon in Harup schwenken wir wieder links ab in Richtung Sejs. Der Haken hat sich gelohnt, denn kurz vor Sejs entdecken wir einen schönen Stellplatz in diesem lieblichen Taleinschnitt:

---

(142) WOMO-Picknickplatz: Sindbjerg / Stoubjerg

GPS: N 56°08'38.7" E 9°37'12.6"   **max. WOMOs:** 3-4.
Ausstattung/Lage: Mülleimer/außerorts.
Zufahrt: Wie beschrieben, vor Sejs rechts im Wald, sehr ruhig und idyllisch. Auch als Ausgangspunkt für Wanderungen geeignet.

An der T-Kreuzung biegen wir rechts ab und treffen dort all jene, deren Gefährt niedriger als 3 m ist und die keinen Umweg fahren mussten.

Silkeborg

Gleich kurz nach dem Ortsende warten wieder zwei tolle Badeplätze auf uns:

Und bis wir uns versehen, entlässt uns der Tunnel aus Grün und wir befinden uns in **Silkeborg** am Kreisverkehr. Den durchfahren wir nach links, überqueren die Brücke und biegen sofort links ab auf den großen Museumsparkplatz, auf dem wir bis zu vier Stunden kostelos unser Womo abstellen dürfen. Gleich vor uns lädt der noch vertäute **Schaufelraddampfer „Hjejlen"** zu einer Rundfahrt ein. Das Angebot schlagen wir heute aber aus, laufen in die entgegengesetzte Richtung am Touristenbüro vorbei und schwenken gleich darauf links ins **Silkeborgmuseum** ein, das in einem der ältesten Gebäude der Stadt aus dem Jahre 1767 untergebracht ist. Die Topattraktion hier ist natürlich der **Tollundmann**, eine Moorleiche aus der Zeit ca. 350 v. Chr und damit der besterhaltene Mensch des Altertums. Eine Erzieherin erklärt ihren Schützlingen kindgerecht die historischen Zusam-

Moorleiche im Silkeborgmuseum

menhänge. Wie schon des öfteren in dänischen Museen stellen wir auch jetzt wieder fest, dass auf (historische) Bildung schon in sehr jungen Jahren viel Wert gelegt wird. Nicht umsonst rangieren die Dänen in der PISA-Studie deutlich über uns Deutschen.

Nachdem wir auch die anderen sehenswerten Abteilungen zur Lokalgeschichte der Stadt besucht haben, wenden wir uns in Richtung Kirche und befinden uns damit schon direkt am Torvet. Ein netter kleiner Stadtbummel durch das quirlige Zentrum und der Besuch eines der zahlreichen Kaffees runden den Besuch Silkeborgs ab.

Im Infobüro sind übrigens die äußerst empfehlenswerten **Kanutouren** auf der Gudena und den Seen von Silkeborg zu buchen. Einfach den eigenen Kanadier einsetzen geht leider nur in der Nebensaison, ansonsten herrscht nämlich eine Quotenregelung zu Gunsten der Natur. Aber wie schon gesagt, Leihkanadier, geführte Touren und Erlaubnisscheine erhalten Sie alles vor Ort.

Nun rollen wir zurück zur Brücke, biegen aber nach links und an der Ampelkreuzung ebenso links ab und folgen der Beschilderung zur 52 nach Horsens. Fast schon am Ortsende, kurz vor dem Kreisel, weist uns links ein Schild zum **Aquarium** „Aqua". Pro Erwachsenem wird uns 75 Dkk Eintrittsgeld abgenommen (Kinder 45 Dkk) und dann dürfen wir eintreten. Alles dreht sich logischerweise ums Thema Fisch bzw. deren tierischen Verwerter wie Storch, Otter und anderen putzig anzusehenden Zeitgenossen. Ein Streichelbecken mit Süßwasserfischen darf zur Freude der zahlreichen Kinder natürlich nicht fehlen. Wenn einer dieser riesigen Karpfen doch nur an meiner Angel hängen würde...

Wir bleiben beim Element Wasser und kurven zum nahgelegenen Teil des Brassö vor.

---

(145) WOMO-Badeplatz: Brassö

GPS: N 56°08'55.4" E 9°33'20.3"   **max. WOMOs:** 2-3.
Ausstattung/Lage: Mülleimer/außerorts.
Zufahrt: Am Ortsende von Silkeborg durch den Kreisel nach links, 650 m später, rechts.

In Rodelund biegen wir beim Kreisverkehr links ab auf die 445 zum Himmelbjerget, der uns nach 6,4 km links ab zu sich bittet. Zwar führt die Straße bis hinauf zum Gipfelplateau, doch wird wegen des entsprechenden Andrangs für den Parkplatz mit Schranke 10 Dkk verlangt. Wir haben eine kostenlose und zudem gesunde Alternative parat:

---

(146) WOMO-Stellplatz: Himmelbjerget P5

GPS: N 56°06'35.2" E 9°39'58.9"   **max. WOMOs:** 2.
Ausstattung/Lage: Tisch & Bank/außerorts.
Zufahrt: Wie beschrieben abbiegen, dann nach 700 m links, den Berg hinab, 1,5 km später am Ende der Teerstraße rechts.

Der Parkplatz dient uns als „Basislager" zur Besteigung des 147 m hohen „Riesen". Gemütlich stapfen wir auf dem autobreiten Fahrweg durch den Wald hinauf. Auch eine Familie mit Kinderwagen ist unterwegs. Bis wir uns versehen, sind wir auch schon oben und dürfen eine grandiose Sicht über den Julsö und die Wälder um Silkeborg genießen. Wie wäre es mit einer Belohnung in Form von Kaffee und Kuchen im Panoramarestaurant „Hotel Himmelbjerget"?

Nach einer ruhigen Nacht im „Basislager" kehren wir zur 445 zurück und biegen schon bald darauf rechts nach Gammel Rye ein. Unser nächstes Ziel, das „Öm Kloster" steht auch

Ömkloster

schon angeschrieben. 700 m hinter dem Ortseingangsschild blinken wir nach links und folgen der sanft abfallenden Straße, auf der wir einen weiten Blick über die Wälder vor uns genießen können. Schon 100 m nach dem Ortsende von Gammel Rye sehen wir rechts einen schöngelegenen Rastplatz. Der könnte als Übernachtungsalternative für etwas ängstlichere Naturen dienen, die nicht im dichten Wald des Himmelbjerget ihr Womo abstellen wollen:

(147) WOMO-Picknickplatz: Gammel Rye

GPS: N 56°04'05.7" E 9°42'07.2"   max. **WOMOs:** 2-3.
Ausstattung/Lage: Tisch & Bank, Mülleimer/Ortsrand.
Zufahrt: Wie beschrieben, 100 m nach Ortsende von Gammel Rye rechts.

3,3 km später zweigt rechts die kurze Stichstraße zu den spärlichen Überresten des Öm Klosters ab und wir parken unser Gefährt direkt am Eingang des landschaftlich schöngelegenen Ortes.

(148) WOMO-Picknickplatz: Öm Kloster

GPS: N 56°03'10.8" E 9°44'54.3"   max. **WOMOs:** 2-3.
Ausstattung/Lage: Tisch & Bank/außerorts.
Zufahrt: Wie beschrieben.

Das **Klostermuseum** (rund 50 Dkk Erwachsene / 25 Dkk Kinder) besteht aus einem 1 ha großen Ruinenpark, auf dem wir die Fundamente des ehemaligen Zisterzienserklosters und anderer Gebäude aus dem Mittelalter zu sehen bekommen. Besonders interessant und auch schaurig finden wir aber die große Skelettsammlung die u.a. zeigt, welche chirurgischen Kenntnisse die Mönche damals schon besaßen. Uns läuft es kalt den Rücken hinab, als wir sehen, dass sogar Operationen am offenen Schädel kein Tabuthema waren. Viel harmloser nimmt sich da der Klostergarten mit seinen typischen Heilkräutern aus.
Unsere Reise geht weiter auf der sich in großen Wellen dahinziehenden Straße durch das winzige und wunderschöne **Puppenstubendorf** Boes mit seinen reetgedeckten Häuschen. Danach erhaschen wir die ersten Blicke vom rechts unter uns gelegenen Mossö, zu dem wir hinab wollen. In Alken biegen wir nach 400 m rechts ab in Richtung Fultbrohmölle. Unser Teerband führt verlockend am See entlang. Doch es ist zum Verrücktwerden. Nicht die kleinste Parkmöglichkeit ist neben der Straße auszumachen. Wir fahren frustriert am Seeufer entlang weiter (rechtshaltend bei der Straßenverzweigung). Fast schon glauben wir es nicht mehr, doch es geschehen noch Wunder:

Das muss uns keiner zweimal sagen. Hier bleiben wir für den Rest des Tages und nehmen den kleinen Sandstrand für uns in Beschlag. Paradiesisch schön und ruhig ist es, und dazu noch ein herrlicher Blick über den See. Eigentlich auch eine prima **Paddelmöglichkeit**. Doch wir sind dazu heute viel zu faul und aalen uns lieber in der Sonne. Bia hält von alldem wenig, ist aber kaum noch aus dem Wasser zu bekommen. Hunde haben so ihre eigenen tierischen Prioritäten.

Jetzt stehen die beiden tatsächlich **höchsten Berge** Dänemarks auf dem Reiseprogramm. Dazu fahren wir an der T-Kreuzung nach unserem Badesee rechts ab auf die 409. Gerade einmal 5,1 km sind vergangen und wir müssen bei Yding wieder links abbiegen, hinauf zum Gipfel des Yding Skovhöj mit 173 m ü.N.N.

Die Aussicht kann sich sehen lassen. Viel mehr gefällt uns aber der Stellplatz an sich. Schade, dass es noch früh am Morgen ist, sonst würden wir zur Nacht hier oben bleiben.
Aber eine kleine Wanderung durch den Wald mit seinen acht Hügelgräbern an der Zahl lassen wir uns nicht nehmen.
Weiter geht unsere Reise zum nächsten „Giganten" Dänemarks. Geradewegs durch Ejer hindurch und schon kurz darauf erblicken wir rechterhand den Aussichtsturm aus Backstein. Leider prangen an diesem früher so schönen Stellplatz neuerdings unübersehbare Womoübernachtungsverbotsschilder. Vielleicht verständlich, wenn ein Nationalheiligtum zum puren Womostellplatz degradiert wurde...

Einheimische streiten sich schon lange darum, welcher der beiden Hügel denn nun wirklich der höhere ist. Doch das ist gar nicht so leicht zu beantworten, trägt doch zur Höhe des Yding Skovhöj der Grabhügel bei. Der Ejer Bavnehöj bringt es auf 170,95 m - ohne Aussichtsturm

Ejer Bavnehöj

wohlgemerkt. Zählt man diesen dazu, so stehen wir nun auf der höchsten Erhebung des Landes. Wie dem auch sei, wir sind begeistert von der Weitsicht.

Wissen Sie noch was der Begriff „Bavnehöj" ursprünglich bedeutete?

Ja, es war wie beim Agri Bavnehöj in den Mols Bergen ein einfaches und effektives Frühwarnsystem mit Alarmfeuer. Dieses wurde bei drohender Kriegsgefahr und zur Einberufung des Heeres entzündet. Damit waren waffenfähige Männer verpflichtet, an bestimmten Sammelpunkten zu erscheinen. Auch dieses System war zuletzt während der schlesischen Kriege 1848 und 1864 in Gebrauch. Dann wurde es durch Signalraketen und der Nachrichtenübermittlung per Telegraphie abgelöst.

Da die vor uns liegende Etappe landschaftlich nur wenig hergibt, entschließen wir uns ein längeres Stück auf der E 45 hinter uns zu bringen. Dazu fahren wir die Stichstraße des Ejer Bavnehöj zurück, halten uns rechts ab und biegen dann in „Ris" links ab auf die Einfahrt in die E 45.

Unser Tempo verlangsamen wir erst wieder, als das Schild **„Vejle N"** bei der Ausfahrt 60 vor uns auftaucht. Jetzt verlassen wir die Autobahn, kurven rechts in Richtung Zentrum den Berg hinab und bleiben rechtshaltend auf der sich verzweigenden Straße, auf der „gestrichelt" die 442 angeschrieben steht. Kurz darauf entdecken wir an der Ampelkreuzung das vertraute Margeritensymbol und folgen ihm rechts gen Jelling. Gleich müssen wir an einer T-Kreuzung nochmals links einschlagen und dann führt uns die Straße, eingeschnitten zwischen den Hügeln, geradeaus in die herrliche Natur.

In **Jelling** wartet ein kultureller Leckerbissen der besonderen Art auf uns. 1,2 km nach Ortsbeginn parken wir unser Womo auf dem großen Wiesenstellplatz vor der weißen Treppengiebelkirche. Das Gotteshaus, wir staunen nicht schlecht, liegt inmitten zweier riesiger **Grabhügel**. Und vor dem Eingangsportal stehen zwei große **Runensteine** - des Landes wohl bekannteste und wertvollste Runensteine, denn auf ihnen steht „**Dänemarks Taufschein**" eingemeißelt:

An dem kleineren der beiden Steine wurden folgende bedeutende Worte eingraviert: *„Gorm König machte dieses Denkmal nach seiner Thy-*

ra, Dänemarks Zierde" (...das ist doch wahre Liebe; Anm. d. Verf.). Hier wird Dänemarks Name zum ersten Mal auf dänischen Boden erwähnt. Auf dem großen Stein, den König Harald über dem Grab seiner Eltern hat errichten lassen steht: *"König Harald ließ dieses Denkmal errichten, nach Gorm seinem Vater, nach Thyra seiner Mutter. Der Harald, der Dänemark, ganz Norwegen gewann und die Dänen Christen machte."* Deswegen wird der Jellingestein Dänemarks Taufschein genannt, da dieser das älteste (und wohl auch erste) Zeugnis der Bekehrung der Dänen zum Christentum darstellt.

Dänemarks „Taufschein"

1994 wurde die Kirche samt ihren wertvollen Steininschriften von der UNESCO zum Weltkulturerbe erklärt.

Tief beeindruckt setzen wir unsere Fahrt einige Zeit später fort. Wir umrunden die Kirche und biegen auf Höhe des Grabhügels links und gleich darauf nochmals links ab in Richtung Farup Sö. Ein verlockender Badeparkplatz lässt uns gleich zu Seebeginn stoppen. Aber wir haben es eigentlich schon erwartet: das Verbotsschild. Jetzt sind wir wieder im Süden Dänemarks und damit im Landesteil der um sich greifenden Restriktionstafeln.

Ganz geschlagen geben wir uns dann aber doch nicht:

---

(151) WOMO-Badeplatz: Farup Sö

tagsüber (GPS: N 55°44'18.2" E 9°24'58.7")

max. WOMOs: >10.   **Ausstattung:** Mülleimer, WC, Tisch & Bank.
Zufahrt: Wie beschrieben; direkt am See, links.
Sonstiges: Bootsverleih beim Kiosk.

bei Nacht (GPS: N 55°44'01.9" E 9°26'02.7")

max. WOMOs: 1-2.   **Ausstattung/Lage:** Mülleimer/außerorts.
Zufahrt: Gegenüber dem Stellplatz folgen wir der Straße 1,5 km; links auf der Anhöhe kleiner Parkplatz.

Immerhin würde auch noch die Campinplatzalternative bestehen:

---

(152) WOMO-Campingplatz-Tipp: Farup Camping

GPS: N 55°44'10.1" E 9°25'03"   **Öffnungszeiten:** saisonal.
Ausstattung: Wiese mit Bäumen und eigenem Strand.
Zufahrt: Direkt am See, beschildert.

Schloss Engelsholm

In Balle kommen wir an eine T-Kreuzung, biegen links ab in Richtung Bredsten und folgen um einige Ecken herum der Beschilderung zur 28. Da dies der „Haupttrampelpfad" der Urlauber zum Legolandpark ist, sind sogar die kleinsten und schäbigsten Park- und Rastplätze mit Verbots- bzw. Zeitlimittafeln versehen. Uns kann es egal sein, denn wir haben einen echten Stellplatztrumpf im Ärmel:

---

(153) WOMO-Picknickplatz: Engelsholm

GPS: N 55°42'54.1" E 9°19'0.6"   **max. WOMOs:** 2-3.
Ausstattung/Lage: Tisch & Bank, Grill/außerorts.
Zufahrt: Auf der 28 nach 3 km rechts, dann 1,2 km vor zum Schloss; links im Grünen.

Bevor wir uns in den Legolandrummel stürzen, erholen wir uns noch an diesem „hyggeligen" Ort der Ruhe. Zwar kann das **Schloss** nicht besichtigt werden, allein schon dessen Anblick am Rande des Sees gelegen ist Augenschmaus genug.

Durch den Schlosshof hindurch führt die Radrundtour 35. Diesen Leckerbissen lassen wir uns nicht entgehen, laden unsere Räder ab und treten gemütlich in die Pedale. Gut ausgeschildert führt uns der Weg durch den Schlosshof nach rechts und wir gelangen nach wenigen hundert Metern zum kleinen Haus einer Künstlerin. Hier erstehen wir zwei Glasgemälde der Modernen Kunst. Wir treten weiter in die Pedale und radeln auf der Anhöhe parallel zum See. So kommen wir an einer schönen Stellplatzalternative vorbei. Gut ausgeschildert führt uns der Radlwegweiser problemlos und ohne allzu große

Kraftanstrengungen um den See herum. Rund 1 Stunde brauchen wir dazu mit unseren Kindern. Die Tour kann aber je nach Lust, Laune und Kondition ausgeweitet werden.

Und zur Krönung des Tages grillen wir, und das völlig legal, denn wozu sind schließlich die vorbereiteten Kohlestellen am Stellplatz auch da.

Mal- und Glaskünstlerin

Und hier die eben im Text erwähnt Stellplatzalternative:

(154) WOMO-Badeplatz: Engelsholm Sö

GPS: N 55°43'11.2''   E 9°19'30''
max. WOMOs: 2.
Ausstattung: Tisch, Bank, Mülleimer, Grill.
Zufahrt/Lage: Vor der Abzweigung zum Schloss rechts gen Södover, nach 1,7 km scharf links auf kurzem Wiesenweg parallel zum See/außerorts.
Sonstiges: Etwas schräg; 50m auf Pfad zum See.

Vollgetankt mit ländlicher Ruhe packen wir den neuen Tag an: **Legolandtag** ist heute. Unverfehlbar folgen wir über mehrere Kreisel hinweg den Wegweisern die uns zielsicher auf den Großparkplatz des Freizeitparks bugsieren. Große Schilder weisen uns darauf hin, dass die Parkgebühr 25 Dkk beträgt. Diese können Sie nur umgehen, wenn Sie Ihr Womo auf dem nahgelegenen Campingplatz abstellen, d.h. für die Nacht über hier bleiben, und dann einfach über die Straße zum Parkeingang laufen. Bevor Jubel, Trubel, Rummel und Heiterkeit das bestimmende Element werden, ist ein tieferer Griff in die Urlaubskasse angesagt: rund 300 Dkk Erwachsene / Kinder etwa 100 DKK günstiger.

Dann dürfen wir wie die zahlreichen Kinder im wahrsten Sinne des Wortes „Bauklötze" staunen. Von der Ölplattform aus Legosteinen bis hin zur Akropolis ist alles im Minifomat nachgebaut worden, was von touristischer Bedeutung ist. Ja sogar Giraffen sind aus den inzwischen weltbekannten Plastikbausteinen erstellt. Klar, nicht nur Kinder streben zielsicher zu den Fahrattraktionen, allen voran den Achterbahnen. Auch wir reihen uns geduldig in die lange Schlange der Wartenden.

Im Legoverkaufsladen schlagen sich förmlich große und kleine Kunden am Wühltisch: für nur 299 Dkk darf jeder die grüne Plastikkiste voll mit Legosteinen seiner Wahl packen.

Am Ende des Tages wird sich Ihr Nachwuchs schnell im Alkoven verzogen haben und keinen Laut mehr von sich geben...

Legoland... da schlagen nicht nur Kinderherzen höher

So ähnlich ergeht es auch uns. Jetzt nur noch einen ruhigen Schlafplatz finden und dann ist Schluss für heute:

---

(155) WOMO-Picknickplatz: Billund

GPS: N 55°42'08.5" E 9°08'14.7"   **max. WOMOs:** 3-4
Ausstattung/Lage: Tisch & Bank, Mülleimer, WC/außerorts.
Zufahrt: 1,3 km nach dem großen Kreisel auf der 176.

Auf der 176 führt uns die schnurgerade Bundesstraße in ein Waldgebiet, in dem wir nach Frederikshab gelangen. 300 m hinter dem Ortsanfangsschild zweigen wir links und gleich darauf rechts ab gen **Bindeballe**. Ländliche Idylle hat uns auf dieser Nebenroute wieder. Und wie um das gleich zu unterstreichen, läuft ein Schwarm schnatternder Gänse über die Fahrbahn. Einige Kilometer später treffen wir auf die Margeritenroute und 50 m später wird das Womo gestoppt:

Kolonialwarenladen Bindeballe

(156) WOMO-Stellplatz: Bindeballe

GPS: N 55°39'24.9'' E 9°15'35.2''   **max. WOMOs:** 1-2.
Zufahrt/Lage: 3,9 km nach dem Abzweig von der 176, gleich zu Beginn der Margeritenroute, rechts (neben dem Kolonialwarenladen)/Ortsrand.

Der einzigartige **Kolonialwarenladen** „Bindeballe Köbmandsgard" will unbedingt besucht werden. Passend zum musealen Ambiente des Ladens aus dem Jahre 1897 steht dessen Besitzer, ein rüstiges, wenn auch schon altes Original hinter der Kurbelkasse. So müssen sich unsere Großeltern als Kinder gefühlt haben, als sie für ein paar Pfennige Lakritzbonbons erstehen durften. Es ist eine wahre Freude, in dem Lädchen zu stöbern und mehr oder minder nützliche Dinge zu erstehen.

Kurz hinter Billund wartet ein weiterer schön gelegener Picknickplatz im Grünen auf uns:

(157) WOMO-Picknickplatz: Törskind

GPS: N 55°38'50.5'' E 9°15'31.2''   **max. WOMOs:** 2-3.
Ausstattung/Lage: Tisch & Bank/außerorts.
Zufahrt: 1.2 km nach dem Kolonialwarenladen, links im Grünen.

An der T-Kreuzung zur 176 scheren wir links ein. In Egtved kommen wir wieder einmal an einer grandios gearbeiteten **Baumschnitzskulptur** vorbei. Weiter folgen wir der Beschilderung in Richtung **Kolding**. Rund eine viertel Stunde darauf erreichen wir die Vororte Koldings. Die Wegweisung lotst uns auf die Autobahn, die wir aber kurz darauf schon wieder bei der Ausfahrt 64 „Kolding V" verlassen. Ein unübersehbares

Schloss Koldinghus von außen...

„Zoneschild" macht uns gleich unmissverständlich klar, dass Übernachten mit dem Womo im Stadtgebiet nicht möglich ist. An der nächsten Ampelkreuzung halten wir uns jetzt gen „Kolding C". Rechterhand kommen wir an dem Baumarkt „Bauhaus" vorbei. Die Straße ist vierspurig, verengt sich aber bergab auf nur noch zwei Spuren. An der nun folgenden Ampelanlage weisen uns die Sehenswürdigkeitenschilder nach links. 700 m später biegen wir rechts bergab und folgen durch ein kleines Straßen- und Gassengewirr unbeirrbar dem P-Symbol zum **Schloss Koldinghus**. Direkt vor den Toren der Schlossanlage stellen wir unser Gefährt ab, müssen mit 60 Dkk den Parkautomaten füttern und dürfen drei Stunden hier parken. Im Billetpreis ist der Eintritt für einen Erwachsenen schon enthalten.

Das im 19. Jahrhundert durch ein Großfeuer stark beschädigte Schloss, v.a. der große Saal, wurde rund 100 Jahre später mit einem architektonisch genialen Deckengerippe aus Holz und Stahl kombiniert. Das Ergebnis nötigt uns großen Respekt ab. Eine echte Meisterleistung!

Im Gebäude selbst befindet sich heute das kulturhistorische Museum, das sich auch dem Thema Schleswigsche Kriege widmet, die uns mit ihren Spuren ja schon des öfteren auf der Reise konfrontiert haben.

Uns bleiben noch zwei Stunden Zeit, die wir für einen Stadtbummel durch Koldings Fußgängerzone nutzen wollen. Nur wenige Schritte hangabwärts und wir befinden uns schon Mitten im verkehrsberuhigten Zentrum. Wie üblich in dänischen Städten fasziniert uns auch hier die Kombination aus alten Gebäuden und moderner Kunst. Besonders die **Spanische Treppe** (benannt nach den spanischen Militärhilfstruppen die

...und von innen

damals im Schloss einquartiert waren und durch Unachtsamkeit die Feuersbrunst entfacht hatten) gefällt uns. Lin, aus der Familie der Utzons stammend, schuf 1995 das neue Kunstwerk.

Jetzt müssen wir uns aus der Stadt herauskämpfen. Aber alles ist dann halb so wild. Wir fahren zurück in Richtung Fußgängerzone und halten uns dann stur an das Schild zum „Hospitalsgaarden" Parkplatz. Vor dessen Toren nun der Beschilderung „Vifdammen P" folgend und schon sind wir wieder an der uns bekannten Ampelkreuzung. Hier biegen wir rechts ab, rollen geradeaus weiter und gelangen damit Meter für Meter mehr in die Peripherie der Stadt. 1,3 km hinter dem Ortsendeschild von Kolding kommen wir an eine Ampelkreuzung (gegenüber der Glaspyramide), an der wir rechts auf die 161 einscheren. Auf dem noch recht neu aussehenden tiefschwarzen Teerband halten wir auf die Stadt **Middelfart** zu. Rechterhand können wir immer wieder schöne Blicke auf den **Kolding Fjord** erhaschen. Bis wir uns versehen überqueren wir auf der alten Eisenbrücke auch schon den **Kleinen Belt** und lassen damit Jütland hinter uns.

TOUR 10

TOUR 10 (205 km / 5-6 Tage)

Middelfart - Ore - Bogense - Klinte - Uggerslev - Söndersö - Odense - Fyns Hoved - Kerteminde

Freie Übernachtung:	Gamborg Fjord, Bogense, Nörreby, Glavendrup, Gabet, Dalby, Martofte, Bögebjerg Strand
Campingplätze:	Kolding Fjord, Gamborg Fjord, Bogense, Odense, Fyns Hoved, Romsö Sund
Ver-/Entsorgung:	Föns, Glavendrup
Baden:	Kolding Fjord, Gamborg Fjord, Baring Vig, Nörreby Strand, Föns Strand, Bogense Strand, Flyvesandet, Gabet, Dalby Bugt, Fyns Hoved, Bögebjerg Strand
Besichtigen:	Ore Haustierpark, Odense, Kerteminde Museen
Sport:	Angeln am Kolding Fjord und Tauchen, Ornithologische Wanderugen am Fyns Hoved, Schnorcheltour am Großen Belt
Essen:	Nette Restaurants in Bogense und Kerteminde

Die **Insel Fünen** zeigt sich uns gleich von ihrer landschaftlich schönsten Seite. Kaum haben wir die Brücke hinter uns gelassen, lädt schon der erste Strand zum **Baden** und **Angeln** ein: die vorhandene Meerenge ist nicht nur optischer Genuss, sondern auch Nadelöhr für die Fische. Je nach Saison beißen hier Hornhechte, Köhler, Dorsche und Plattfische. So dauert es auch bei mir nicht lange und nach einigen Würfen zappelt wieder einmal ein Hornhecht an meiner Angelrute. Dessen Fleisch schmeckt besonders zart und lecker. Das liegt wohl z.T. auch an der Kochkunst meiner Frau.

Am Hindsgavl Strand

(158) WOMO-Badeplatz: Hindsgavl/ Lillebaelt

tagsüber (GPS: N 55°30'44.6" E 9°41'56.1")
max. WOMOs: 10.   **Ausstattung:** Tisch & Bank, Mülleimer.
Zufahrt/Lage: 300 m nach der Brücke rechts, gleich darauf beim Campingplatz rechts 500 m den Hang bis ans Wasser hinab, Übernachtungsverbot/außerorts.

bei Nacht (GPS: N 55°29'39.6" E 9°42'11.8")
max. WOMOs: 2-3.
Ausstattung: Tisch & Bank, Mülleimer.
Zufahrt/Lage: Zurück zur Hauptstraße 161 und dann rechts vor zum großen Rastplatz mit Imbissbude (gleich nach Ortsbeginn, auch übernachtungstauchlich mit WC).
Dort rechts ab in die Hindsgavl Alle und 200m später links in den Oddevejen. Durch den Wald, dann an der Kreuzung rechts halten, kurz darauf links ab in die Sackgasse zum Meer hinab/außerorts.

Lillebaelt

(159) WOMO-Campingplatz-Tipp: Hingsgavl Camping

GPS: N 55°30'44.5" E 9°41'56.2"   **Öffnungszeiten:** Ganzjährig.
Ausstattung: Am Waldrand auf Wiese.
Zufahrt: 300 m nach der Brücke rechts und gleich wieder rechts, beschildert.
Sonstiges: Füllstation für Taucherflaschen; 200m zum Strand.

Wie wir einem Hinweisschild vor dem Campingplatz entnehmen, ist unser Strand auch Ausgangspunkt für **Taucher**, die hier ihre Sauerstofflaschen gefüllt bekommen.
Eine weitere Übernachtungsalternative ist der sehr schön und direkt am Strand gelegene Campingplatz in nächster Nähe:

(160) WOMO-Campingplatz-Tipp: Galsklint Camping

GPS: N 55°31'0.5" E 9°40'55.8"   **Öffnungszeiten:** Saisonal.
Ausstattung: Große Wiese mit Parzellen; eigener Strand; Spiel- und Liegewiese.
Zufahrt: Am Hindsgavl Campingplatz geradeaus weiter und vor der in Sichtweite befindlichen Schlossanlage rechts ab (beschildert).
Sonstiges: Idyllisch am Gamborg Fjord mit herrlicher Aussicht.

Auf zu neuen Ufern und Stränden heißt es für uns am nächsten Tag. Wir kehren zurück zur 161, biegen rechts ein und befinden uns in dem langgezogenen Städtchen Middelfart. Fast am Ortsende biegen wir beim Kreisel rechts ab nach Udby und folgen dem Margeritensymbol, das uns nach Gamborg bringt.

Ganz in der Nähe haben wir für Anhänger der **Freikörperkultur** (FKK) einen ganz besonderen Leckerbissen:

(161) WOMO-Campingplatz-Tipp: Naturistcamping

GPS: N 55°27'37.1" E 9°46'39.5"   **Öffnungszeiten:** Ganzjährig.
Ausstattung: Große Wiese mit Parzellen; eigener Strand; Spielwiese.
Zufahrt: 400 m nach Gamborg rechts, beschildert; 1,5 km rechtshaltend auf Naturpiste mit Ausweichmöglichkeiten.
Sonstiges: Idyllisch am Gamborg Fjord mit herrlicher Aussicht.

Wie an einer Perlenschnur aufgereiht kommen wir an weiteren toll gelegenen Stellplätzen vorbei:

(162) WOMO-Badeplatz: Nörre Aaby

GPS: N 55°27'03.9" E 9°48'15.2"   **max. WOMOs:** 2-3.
Ausstattung/Lage: Tisch & Bank, Mülleimer/außerorts.
Zufahrt: 1,1 km nach Gamborg auf der Margeritenroute, rechts.

Stets der Margeritenroute folgend erreichen wir 2,6 km hinter Rönes einen Campingplatz direkt am Wasser gelegen, der die „verhüllte" Badekundschaft anspricht:

(163) WOMO-Campingplatz-Tipp: Rönes Strandcamping

GPS: N 55°26'23.6" E 9°49'28.8"   **Öffnungszeiten:** Saisonal.
Ausstattung: Große Wiese mit Parzellen und Bäumen.
Zufahrt: Wie beschrieben.

Nach dem Campingplatz halten wir uns an der T-Kreuzung nach rechts und sehen 550m linkerhand schon wieder einen Badeplatz, der es auf jeden Fall Wert wäre, einen Besuch abzustatten:

(164) WOMO-Badeplatz: Rönes Rundturm

GPS: N 55°26'04.6" E 9°49' 32.6"   **max. WOMOs:** 1-2.
Ausstattung/Lage: Tisch & Bank/außerorts.
Zufahrt: 0,6 km nach der o.g. T-Kreuzung, links.

Nutzen Sie diese Badeplätze ruhig noch aus, denn in den nächsten Stunden werden wir dem Meer fern sein. Tierisches Vergnügen im wahrsten Sinne des Wortes steht uns bevor...
Doch zunächst wartet nochmals ein herrlich gelegener Badeplatz am Ortsrand von Föns auf uns:

(165) WOMO-Badeplatz: Föns Strand

GPS: N 55°25'16.6" E 9°49'45.8"'   **max. WOMOs:** 2-3.
Ausstattung/Lage: WC, Außendusche/außerorts.
Zufahrt: In Föns rechts ab gen Rud in den Föns Strandvej. 300m nach Ortsende links.

So, jetzt ist es genug mit dem Strandleben. Wir kehren nach Föns zurück, biegen an der T-Kreuzung recht ab und lassen bald darauf das Örtchen hinter uns. An der Straßengabelung halten wir uns nach rechts. Die bewaldete Landschaft wird in diesem Abschnitt sogar richtig hügelig. Wir erreichen dann eine große Kreuzung, an der es rechts weitergeht um dann auf die 313 überzuwechseln. Aber bereits 2,2 km später verlassen wir die in der Straßenkarte gelb markierte Route wieder und biegen beim schönen Gutshof Tybrind links ab gen Örslev. Für einige Zeit sehen wir das uns vertraute Margeritensymbol nicht mehr. In Örslev sticht uns die im neuen weiß erstrahlende Treppengiebelkirche ins Auge. An der T-Kreuzung im Ort bleiben wir stehen, sollten links auf die Straße nach Ejby einscheren, doch starren wir ganz verzückt auf das schiefe Fachwerkgehöft schräg rechts.

In Ejby fahren wir stets geradeaus. Meine Beifahrerin kann sich entspannen und muss nicht stets den Blick auf die Straßenkarte geheftet haben. Die Autobahn E 20 nach Kopenhagen wird überquert. Auch durch Brenderup fahren wir noch geradeaus hindurch und scheren dann rechts auf die 317 in Richtung Bogense ein.

100 m nach dem Ortsbeginn von Ore biegen wir vor der Kirche links ab und fahren noch 700 m vor bis zu einem Zoo der ganz besonderen Art: dem **Haustierzoo „Husdyrpark"**. Auf einem weitläufigen Areal finden wir typisch landwirtschaftliche Haustierrassen, angefangen von den behörnten Ziegen bis hin zum gescheckten Knapstrupper Pferd, das vielen von uns auch aus „Pippi Langstrumpf" bestens bekannt ist.

Bis sämtliche grunzende, quiekende und wiehernde Zottelviecher eingehend bestaunt wurden, ist viel Zeit vergangen. So würde sich bei Bedarf durchaus der **Stellplatz** vor dem Kirch-

Haustierzoo

lein von Ore anbieten. Doch wir nehmen noch weitere Kilometer unter die Räder und fahren von der 317 auf die 311, erreichen dann Bogense, wo wir uns an der Ampelanlage links gen Zentrum und Hafen halten. Dort stehen Sie vor der Wahl: Den wunderschön gelegenen Campingplatz aufsuchen oder den kostenlosen Stellplatz auf der gegenüberliegenden Kaiseite ansteuern.

---

(166) WOMO-Campingplatz-Tipp: Bogense Kyst Camping

GPS: N 55°34'03" E 10°05'0.2"   **Öffnungszeiten:** Saisonal.
Ausstattung: Wiese direkt am Sandstrand und sehr zentrumsnah.
Zufahrt: Beschilderung zum Hafen folgen, dort rechts haltend in den Östre Havnevej und gleich wieder dem Campingplatzsymbol rechts ab folgen.

Wir wollen Bogense aber von unserem freien Stellplatz aus erkunden:

---

(167) WOMO-Stellplatz: Bogense Hafen

GPS: N 55°34'08.2" E 10°04'39.2"   **max. WOMOs:** 1-2.
Zufahrt/Lage: In Richtung Hafen, dort in den Vestre Havnevej bis zu dessen Ende ans Meer vor/im Ort.

Einen weiteren Stellplatz, noch zentrumsnaher haben wir als Alternative für Sie bereit:

---

(168) WOMO-Stellplatz: Bogense Cityparkering

GPS:
N 55°33'52.6" E 10°05'25.5"
max. WOMOs: 2-3.
Zufahrt/Lage: An der Ampelanlage der Staatsstraße 311 nach links und 100m später rechts in die Stichstraße Hotelpassagen, P-Schild „Cityparkering"/im Ort.
Sonstiges: Idealer Ausgangspunkt zur Stadterkundung in die Adelsgade.

Bogense gefällt uns auf Anhieb. Der verschlafen wirkende Ort mit seinen kleinen bunten Häusern ist wieder so ein Fall von „die Zeit ist stehengeblie-

Pis Manneken Brunnen

ben". Lediglich die parkenden Autos vereiteln diese Illusion ein wenig.

Mittelpunkt der langgezogenen Adelsgade ist ein kleiner Springbrunnen, auf dem ein pinkelndes Kind steht - der sog. „**Pis Manneken**":

Als Ende des 19. Jahrhunderts eine Fähre nach Bogense in den Hafen einlief und die Passagiere von Bord gegangen waren, fand ein Mitglied der Bestatzung einen zurückgelassenen, weinenden Säugling. Man suchte nach den Eltern, aber niemand meldete sich oder wurde gefunden. Der Metzger Levinson wollte daraufhin den Jungen adoptieren und dies wurde ihm auch gestattet.

Der Junge wuchs heran und wurde später zum Großkaufmann und Konsul. Aus Dankbarkeit stiftete er die Skulptur.

Zuerst nahmen die Bürger Anstoß an dem nackten Jungen, doch heute gehört er in seiner Nacktheit ganz selbstverständlich zum Stadtbild. An besonderen Fest- und Feiertagen wird er sogar angezogen. Über 200 verschiedene Kleidungsstücke stehen dazu zur Verfügung!

Am östlichen Ende der Adelsgade stoßen wir bei unserem Stadtbummel auf die Östergade. Tische und Stühle vor den Fachwerkgemäuern locken uns zu einem **Restaurantbesuch**. Warum eigentlich nicht, von solch einem Ambiente umgeben muss das Essen doch doppelt so gut munden.

Bogense verlassen wir, indem wir über die Adelsgade in die uns bestens bekannte Östergade nach links einbiegen und uns beim Rathaus nach rechts auf die 162 in Richtung Otterup halten. Durch die topfebene Küstenniederung zieht die 162/327 recht monoton dahin. Das ändert sich schnell. Beim unübersehbaren Schild „**Smidstrup / Gyldensteen**" unterbrechen wir unsere Fahrt und scheren rechts ein, wo wir unser Womo am Straßenrand abstellen. Vorerst würdigen wir das

Skulpturenpark gegenüber dem Schloss Gyldensteen

Schlösschen mit keinem Blick, zieht uns doch die **Skulpturensammlung** auf der großen Wiese ganz in Ihren Bann.

Dann erst widmen wir uns den von einem Seerosenteich hübsch umgebenen Renaissanceschloss aus dem Jahre 1640. Leider ist der Zutritt untersagt.

„Ein einsamer Strand für uns alleine wäre jetzt eigentlich auch nicht schlecht", denken wir und setzen unseren Wunsch in die Tat um. In Vester Egense (3,9 km nach Gyldensteen) wechseln wir auf ein schmales Dorfsträßchen nach links in Richtung Jersore. Wer in Jersore geradeaus weiter fährt, taucht in ein Naturidyll aus Marschwiesen ein und kommt schließlich zu einem Picknickplatz mit Badegelegenheit.

---

(169) WOMO-Badeplatz: Aebelo Ebbevej

GPS: N 55°35'37.7" E 10°11'24.8"   **max. WOMOs:** 1-2.
Ausstattung/Lage: Mülleimer, WC/außerorts.
Zufahrt: wie im Text beschrieben.

Bei Ebbe besteht die Möglichkeit, auf die Insel Aebelö hinüber zu fahren. Wir kehren ins Dorf zurück und biegen links ab gen Nörreby, d.h. bei der nächstmöglichen Abzweigung rollen wir links ab, durch eine 90 Grad Kurve nach rechts und müssen dann zwischen den Getreidefeldern auf der Stichstraße „Stranden" links ab auf das nahe Meer zuhalten.

---

(170) WOMO-Badeplatz: Nörreby Stranden

GPS: N 55°36'20.1" E 10°14'44.4"   **max. WOMOs:** 1-2.
Zufahrt: s. Text; am Meer auf Wiesenpfad 50 m nach rechts/außerorts.

Unser Badeplatz verspricht absolute Ruhe in ländlicher Idylle und einen herrlichen Blick hinüber zur Insel Aebelo. Der richti-

Jesore - Dorfidyll

ge Ort um die Seele baumeln zu lassen.

Aus unserer Sackgasse heraus rollen wir links nach Nörreby. Dort fahren wir geradeaus weiter durch den Ort bis wir nach Gyngstrup kommen, wo wir links abbiegen. Unser nächstes Ziel ist die Landspitze Flyvesandet auf der Halbinsel Agernaes. Zunächst passieren wir das Gut Körup und folgen dann der Beschilderung in Agernaes links ab. In weitgeschwungenen Kurven führt das schmaler werdende Teerband durch einen alten Buchwald, der sich auch prima für ausgedehnte Spaziergänge eignet. Schon bald gelangen wir zu einem Pinienwald in Sichtweite der Dünen und erspähen einen idealen Stellplatz:

(171) WOMO-Badeplatz: Flyvesandet

GPS: N 55°37'15.9" E 10°18'28"   **max. WOMOs:** 1-2.
Ausstattung: Tisch & Bank, Mülleimer im Wald gleich nebenan.
Zufahrt/Lage: Am Ende des Buchenwaldes, der in den Pinienwald übergeht, vor der 90° Linkskurve geradeaus in die Sackgasse mit Wendebucht, dort auf Beton/ außerorts.

Flyvesandet

Nur unweit entfernt befindet sich ein landschaftlich äußerst reizvoll gelegener Campingplatz, der zum längeren Verweilen an diesem wirklich schönen Strandabschnitt einlädt:

(169) WOMO-Campingplatz-Tipp: Flyvesandet Camping

GPS: N 55°37'12.1" E 10°18'59.4"   **Öffnungszeiten:** Saisonal.
Ausstattung: Wiese mit Kiefernbäumen in unmittelbarer Dünen- und Strandnähe.
Zufahrt: Wie oben beschrieben, durch die 90° Linkskurve, dann folgt schon der Campingplatzbereich.

Auch bei den Dänen ist dieses Stück Natur sehr beliebt, und so kann es in der Hocsaison schon mal etwas enger werden. Aber keine Angst, so eng wie an südländischen Campingplätzen und Stränden, wo „Sardinendosenfeeling" aufkommt, wird es hier aber bei weitem nicht.

Über Agernaes fahren wir auf gleichem Wege zurück bis zur Kreuzung beim Gutshof Körup. Die Hauptstraße 162 überqueren wir und gelangen so nach Roerslev. Dort halten wir uns nach links in Richtung Brederslev und fahren in das erfrischende Grün eines Mischwaldes. Bald darauf kommen wir an eine T-Kreuzung, scheren rechts ab, lassen den Wald hinter uns und an der nächsten Kreuzung biegen wir links nach Uggerslev ab. Über die Orte Bastrup und Torup (beide beschildert) gelangen wir schließlich zum Wegweiser „Glavendsteen".

Rechterhand sehen wir immer wieder Hügelgräber mitten in den Getreidefeldern. Uns wird allmählich klar, warum die Insel Fünen auch gern der „Garten Dänemarks" bezeichnet wird. Überall wiegt sich der goldgelbe Weizen im Winde, sind Äcker mit diversen Gemüsesorten besetzt.,

Endlich hat die Kurverei durch zig kleine Örtchen ein Ende und wir erreichen das historische Wikingerwäldchen.

(173) WOMO-Picknickplatz: Glavendruplunden

GPS: N 55°30'32.5"
      E 10°17'50.6"
max. WOMOs: 2-3.
Ausstattung: Tisch & Bank, Mülleimer, WC, Lagerfeuerplatz.
Zufahrt/Lage: s. Text/ außerorts.

Das Glavendruplunden Monument wenige Schritte von unserem Womo entfernt besteht aus einer schiffsförmigen Steinsetzung, an deren

Bug oder Heck (je nach Sichtweise) ein Runenstein aus der **Wikingerzeit** im Boden verankert steht. 210 Zeichen (Buchstaben aus dem „Wikingeralphabet"??!) sind in den mannsgroßen Findling gemeißelt. Das ist die längste Wikingerinschrift in Dänemark.

Warum eigenlicht nicht hierbleiben? Vor der großen Stadtbesichtigung von **Odense** gibt es sowieso keinen Übernachtungsplatz mehr. Und die Picknickbänke, die großen schattenspendenden Bäume, die ganze Umgebung lädt förmlich zum längeren Verweilen ein.

Tagsdarauf fahren wir weiter nach Stensby. An dessen T-Kreuzung rechts ab, an der nächsten T-Kreuzung links und der darauf folgenden T-Kreuzung, die letzte in diesem Trio, der Beschilderung gen Söndersö folgend. So finden wir uns nach diesem etwas komplizierten Abbiegemanövern auf der 311 wieder.

Im äußeren Gürtel Odenses halten wir uns strikt an den Wegweiser „Centrum". 1,6 km nach dem offiziellen Ortsbeginn müssen wir der Beschilderung nach an der Ampelkreuzung rechts abbiegen. Das Schild an der Ampelkreuzung nach 1,3 km weist uns nach links den Weg, und wiederum nach 600 m scheren wir rechts ab. Kurz vor der Unterführung fahren wir rechts die Straße hinauf und sehen schräg links gegenüber den Großparkplatz vor dem Konzerthaus (gebührenpflichtig). Geschafft! Odense, die drittgrößte Stadt des Landes mit rund 145.000 Einwohnern feierte 1988 sein 1000 jähriges Bestehen. Touristisch gesehen steht die Stadt ganz im Zeichen des großen **Literaten H.C. Andersen**, dessen Spuren wir nun folgen wollen. Von unserem Parkplatz aus halten wir uns zu Fuß nach links, wo wir auch schon den Wegweiser erspähen. Gerade einmal 3 Minuten sind wir spaziert und schon biegen wir rechts in die wundervoll renovierte Armenhausgasse ein, in der sich auch nicht weit entfernt das Geburtshaus Andersens befindet.

Zuvor kommen wir noch am Uromager Hus vorbei, dem Mobilehersteller, der in seinem kleinen Laden ausgefallene Urlaubsmitbringsel feil bietet. An dem unscheinbaren gelben Häuschen

Geburtshaus von Andersen

wären wir fast vorbeige-
laufen, hätte uns nicht
die Inschrift an der Fas-
sade gestoppt: „H.C. An-
dersen Hus".
Rund 60 m in Richtung
Hauptstraße befindet
sich der Eingang zum
Museum des Hauses,
das wir nun besuchen
(45 Dkk Erwachsene, 15
Dkk Kinder). Logischer-
weise dreht sich alles um
das vielschichtige Leben
Andersens, der als der
Märchenerzähler in die
Geschichte Dänemarks
eingegangen ist.

Kleider, Bücher, Briefe, ja sogar sein einstiges Zimmer sind
als einzigartige Exponate zu bestaunen.
Apropos Staunen. Das werden Ihre Kinder bestimmt, wenn
Sie mit Ihnen das gegenüberliegende **Kinderkulturzentrum**
„Fyrtöjet" besuchen. Auf zwei Ebenen dreht sich alles um
die Märchenwelt Andersens. Im Erdgeschoss darf sich Ihr
Nachwuchs unter Anleitung geschulter Pädagogen entsprechend verkleiden um anschließend ein ausgesuchtes Märchen
nach- bzw. weiterzuspielen. Im Obergeschoss bringen die Kinder danach mit einer reichlichen Auswahl an Buntstiften ihre
real erlebte Märchenwelt zu Papier. Unser Vorschlag dazu:
wenn Ihr Nachwuchs mutig genug ist, „liefern" Sie Ihn ab und
erkunden Sie mit uns weiter den Stadtkern. Das dauert auch
nicht länger als die Beschäftigung mit Spielen und Malen.
An der Hauptstraße laufen wir linkshaltend ca. 150 m bis zur
Skt. Albani Kirke, die aber noch nicht das Gotteshaus ist, das
wir gleich besuchen werden. Das befindet sich in Sichtweite
zu unserer Rechten.
Die **Skt. Knuds Kirke**, der gotische Dom von Odense, gefällt
uns besonders mit seinem vergoldeten Flügelaltar. Irgendwie
fühlen wir uns an den „etwas" größeren Goldaltar in der Kathedrale zu Sevilla/ Andalusien erinnert.
Wollen Sie einen Heiligen sehen? Dann steigen Sie mit uns
ins Kellergewölbe der Krypta hinab und besuchen die als Re-
liquie verehrten sterblichen Überreste des 1086 ermordeten
Königs Knud. Wissenschaftliche Untersuchungen sollen die
lange angezweifelte Echtheit des Skeletts belegt haben.
Wieder am Tageslicht spazieren wir einige Schritte zurück,

Skulptur „Oceania" am Rathausplatz

schlendern die Treppen hinab und erblicken die photogen gelegene **Bronzestatue** H.C. Andersens. Die angrenzende Gartenanlage, mit einem Ring aus Wasser umgeben, quillt förmlich über an Blütenpracht. Gegenüber der Domkirche bummeln wir über den **Rathausplatz** Flakhaven mit dem Rathaus (Touristeninfobüro), auf dessen Giebel Justitia thront. Die hat zum Glück verbundene Augen, werden sicherlich einige Urlauber spotten, wenn sie auf die ausladende Plastik „**Oceania**" hinunterblickt. Immerhin sorgte der Künstler Svend Wiig Hansen damit für eine optische Spannung zwischen Altem und Modernem. Zwei Caféhäuser laden uns ein, um den Rathausplatz aus einer anderen Perspektive zu genießen.

Meiner Frau schwebt zunächst aber Genuss ganz anderer Art vor: sie kann es wie immer nicht lassen und zieht mich und die Kinder mit, um die Auslagen der Schaufenster in der angrenzenden Fußgängerzone zu inspizieren. Zugegeben, Dänemark hat aber auch wirklich individuelle und schöne Mode und Accessoires für Groß und Klein.

Um Odense zu verlassen, fahren wir ein kurzes Stück auf der gleichen Straße zurück, wie wir gekommen sind und biegen bei der Ampelanlage rechts ab gen Munkebo auf die 165. Bevor wir die Großstadt hinter uns lassen, füllen wir nochmals den Tank mit günstigem Diesel, da dieser ja bekanntlich auf dem Lande deutlich teurer ist.

Kurz weicht die Bebauung wieder den weiten Ackerflächen und dann sehen wir ein Meer an Containern und Industrieanlagen.

Gabet Bucht

Munkebo lebt von seiner Werft, die im Gegensatz zu anderen europäischen Pendants noch floriert. Gehört sie doch zum Imperium des Maersk Konzerns in Seeland. Dessen Container schippern und rollen um die ganze Welt und sind uns wohlbekannt.

Gleich nach Munkebo biegen wir links ab nach **Messinge**. Die Landschaft wird wieder das, was wir uns unter „unserem" Dänemark im Urlaub so vorstellen. Sanft geschwungene Weiden mit Blick auf das Meer. Das macht doch Lust, wieder einige Zeit am Meer zu verbringen:

---

(174) WOMO-Badeplatz: Gabet

GPS: N 55°31'00.9" E 10°34'12.5"   **max. WOMOs:** 2-3.
Ausstattung/Lage: Tisch & Bank, Mülleimer/außerorts.
Zufahrt: In Messinge links ab nach Midskov. Dort links in den Söndre Skovgyde Weg und 1,8 km bis zum Abzweig nach Gabet. Noch 2 km bis zum Meerstellplatz

---

Unser Badeplatz erfreut uns mit einem schönen und interessanten Ausblick. Zwar ist der nicht unbedingt jedermanns Sache, doch wir finden ihn ganz interessant. In der Ferne sehen wir linkerhand die Werft, in der sich gerade ein riesiger Supertanker im Trockendock befindet. So ein Monstrum haben wir noch nie gesehen.

Zur Rechten wieder der malerische Ausblick auf den Leuchtturm der gegenüberliegenden Halbinsel.

Am nächsten Tag kehren wir zurück nach Midskov, biegen im Örtchen links ab und bald darauf schon rechts nach **Dalby**.

---

(175) WOMO-Badeplatz: Dalby Bugt

GPS: N 55°31'02.6" E 10°36'51.2"   **max. WOMOs:** 1-2.
Ausstattung/Lage: keine/Ortsrand.
Zufahrt: Wie beschrieben, in Midskov rechts ab in die Straße „Tuesgyden", geradeaus vor bis zum Meer, in der 90° Rechtskurve geradeaus in den 50m langen Feldweg, der direkt zum Strand führt.
Sonstiges: Wem der Feldweg zu eng und ausgewaschen erscheint, fährt durch die Rechtskurve und wählt nach 300m den kleinen Platz auf Wiese linkerhand.

Die Dalby Bugt verspricht Ruhe und Einsamkeit, wieder genau der richtige Ort, um länger zu verweilen.

Weiter geht die Fahrt in Richtung Dalby bis zur T-Kreuzung, an der wir uns aber nach links halten. In Sichtweite zum Meer kurven wir durch eine abwechslungsreiche und ziemlich naturbelassene Landschaft. Mehrere Stichsträßchen führen immer wieder zum Meer. An der nächsten T-Kreuzung halten wir uns nach rechts, fahren schon bald durch eine Allee und erreichen den Ort **Martofte**. Das hinter den Häusern erscheinende Hügelgrab Marhöj zur Rechten heben wir uns für später auf.

Unser Ziel ist das Ende der Straße, das Vogelschutzgebiet

am **Fyns Hoved**. In der weiten Bucht ist das Betreten des Strandes vom 1. April bis zum 15. Juni aus Gründen des Brutschutzes logischerweise untersagt. Aber ganz am Ende der Bucht befindet sich ein rie-

Vogelschutzgebiet Fyns Hoved

siger Strandbereich, der das ganze Jahr betreten werden darf, und auf dem wir unser Womo in unmittelbarer Nähe parken dürfen. Überflüssig zu erwähnen, dass Übernachten hier absolut tabu ist und streng bestraft wird! Wer dennoch in dieser herrlichen Landschaft länger bleiben möchte, findet einen gut ausgestatteten Campingplatz vor:

(176) WOMO-Campingplatz-Tipp: Fyns Hoved
GPS: N 55°36'25.7" E 10°37'23.5"   **Öffnungszeiten:** Ganzjährig.
Ausstattung: Große Wiese mit Parzellen unter Bäumen; Spielwiese.
Zufahrt: Zu Beginn des Vogelschutzgebietes in Fyns Hoved rechts. beschildert.
Sonstiges: Ornithologische Wanderungen werden angeboten.

Leider ist bei uns jetzt im August nicht mehr viel los an Vogelbeobachtung. Die meisten Tiere haben sich schon auf den langen Weg in den Süden gemacht. Also wenden wir uns jetzt wieder der Kultur zu. Wir wollen das **Hügelgrab Marhöj** besichtigen:

(177) WOMO-Picknickplatz: Marhöj
GPS: N 55°33'24.3" E 10°39'45.5"   **max. WOMOs:** 1-2.
Ausstattung/Lage: Tisch & Bank, Mülleimer/Ortsrand.
Zufahrt: Vor Martofte links, beschildert und in Sichtweite.

Wir stellen unser Womo auf dem Parkplatz ab, nehmen unsere Taschenlampen mit und stapfen über den Wiesenpfad zum nahen Grabhügel. Dann heißt es den Kopf einziehen und auf allen Vieren in den Eingang zu kriechen.

Das Marhöj Grab ist das größte Einkammergrab in Dänemark, ein Sammelgrab aus der Bauernsteinzeit (3000 v. Chr.). 7 m ist der schmale Gang lang, der uns in die mannshohe und rund 10 m messende Aushöhlung des Hügels führt.

Wir sind mal wieder erstaunt und ganz kleinlaut vor der gewaltigen Bauleistung dieser Menschen aus längst vergangenen Zeiten. Wohl kaum zu glauben, dass in unserer schnelllebigen Zeit die Bauwerke und Gräber 5000 Jahre überstehen!? Wie üblich folgt nun der Wechsel von der Kultur wieder zur Natur. Nicht allzuweit entfernt steuern wir einen Strandabschnitt an, an dem das Wasser klar und glitzernd wie die Südsee scheint.

(178) WOMO-Badeplatz: Bögebjerg Strand

GPS: N 55°31'52.5" E 10°42'08"
max. WOMOs: 1-2.
Ausstattung/Lage: keine/außerorts.
Zufahrt: Nach Matofte links ab gen Stubberup, an der Kirche vorbei in weitem Bogen durch Wald zum Meer. Genau dort wo die Straße auf den Strand trifft, links.
Sonstiges: Ideal für Kinder zum Planschen, da sehr flach und viel Sand.

Wer sich in diesen Strandabschnitt verliebt hat und länger bleiben möchte, findet ein paar Kilometer weiter auch einen Campingplatz. Genau dort endet auch die Sicht auf das Meer und

Viby - Postkartenidyll

unsere Straße führt ins Landesinnere nach **Viby**.
Viby ist wieder so ein Ort, bei dem wir meinen, dass die Zeit an ihm vorbeigegangen ist. Wunderschöne Viereckhöfe scharen sich um die Kirche, die den Mittelpunkt des Dorfes bildet. Und um die romantische Ausstrahlung noch zu steigern, stehen allerlei nette Kleinigkeiten vor den Häusern: ein altes Fahrrad, ein Mühlenstein und noch vieles mehr. Wir nehmen uns auf jeden Fall die Zeit und tauchen ein in dieses Kleinod. Auch zur Mühle laufen wir vor und kommen dabei natürlich an weiteren schmucken Gehöften vorbei. Dann setzen wir unsere Reise fort, fahren am **Herrenhaus Hverringe** vorbei und kommen dann zum Fischereistädtchen **Kerteminde**. 1,7 km nach dem Ortsanfangsschild parken wir linkerhand unser Womo auf dem Parkplatz, überqueren die Straße und laufen hügelaufwärts zur Mühle hinauf, die zwischen den Bäumen hindurchspitzelt.

Hier oben hatte der Künstler Johannes Larsen sein Domizil aufgeschlagen. Nachdem wir den günstigen Eintritt für das Museum bezahlt haben, tauchen wir ein in eine Welt aus Pinsel und Ölfarbe.

Johannes Larsen erblickte 1867 in Kerteminde das Licht der Welt. Er war der Älteste der sechsköpfigen Geschwisterschar und zeigte schon bald künstlerisches Talent. 1901 bezog der schon damals anerkannte Maler mit seiner Familie die Villa auf dem Müllerhügel. Der Ort entwickelte sich schnell zu einem Treffpunkt für Künstler und Schriftsteller.
Neben Fritz Syberg, Peter Hansen u.a. zählte Johannes Larsen nun auch zu den sog. „Fünenmalern".
Bis zu seinem Tod im Jahre 1961 war Larsen mit Malen beschäftigt. 1984 verließ die Familie das Anwesen und überließ es dem Land als Museum.

Gut verständlich, warum man hier kreativ sein konnte. Die Villa strahlt gemütliche Geborgenheit aus, und der Ausblick auf das Meer tat wohl sein Übriges...
Unseren Kindern gefällt es auch, denn wie oft in Dänemark so üblich, kommt die Bewirtung mit Tee und Kuchen nicht zu kurz. Wir sind erstaunt, wie weitläufig und groß das Anwesen ist. Aber wir wollen hier nicht zu viel verraten - sehen Sie selbst und lassen Sie sich in die Welt des Fünenmalers entführen...

Walskelett im Fjord&baelt Zentrum

Nochmals steht ein Museum auf dem heutigen Tagesprogramm. Das **Fjord&baelt Zentrum**. Das befindet sich in der Ortsmitte bei der Ampelkreuzung links.
Für angemessene rund 100 DKK pro Erwachse-

nen und je die Hälfte für unsere Kinder, dürfen wir die abwechslungsreiche Welt der Meeressäuger betreten. Gleich steigen wir die Treppen zum Unterwassertunnel hinab und haben einen Einblick in das Hafenbecken, in dem sich Schweinswale und Seehunde tummeln.

Nach ausgiebigem Staunen kehren wir in den Museumsbereich im Erd- und Obergeschoss zurück. Dort erfahren wir allerlei Wissenswertes über Steinriffe, Tangpflanzen u.v.m. Besonders die Walskelette haben es in sich. So haben wir die riesigen Meeressäuger noch nie gesehen.

Wer im Sommer der wunderbaren Welt im Großen Belt noch näher sein möchte, kann eine zweistündige geführte Schnorcheltour mit Neoprenanzug buchen. Weitere Infos erhalten Sie im Museum bzw. unter www.fjord-baelt.dk.

Kerteminde hat aber noch viel mehr zu bieten. Bisher haben wir ja nur die wichtigsten Highlights unter den Museen besucht. Jetzt geht es auf zu einem gemütlichen Bummel

Hinterhof in Kerteminde

in die Langegade, der Fußgängerzone. Wir lassen unser Womo auf dem Museumsparkplatz stehen und laufen über die Ampelkreuzung hinweg geradeaus los. Dann schwenken wir links ein und befinden uns in der Langegade. Viele alte Fachwerkhäuser sind da zu bewundern. Auch ein Blick in die Nebengassen lohnt sich sehr. Das bekannteste Gebäude aber, der Färberhof in der Langegade 8, in dem sich das Heimatmuseum befindet, stammt noch aus dem Jahre 1630!

Am Ende der schönen Flaniermeile treffen wir auf eine Brücke, die die Bucht von Kerteminde verbindet. Die merken wir uns, denn auf der anderen Uferseite beginnt die nächste Tour 11.

Kerteminde Hafen

TOUR 11 (180 km / 4-5 Tage)

Kerteminde - Ladby - Kölstrup - Sönder Naera - Hellerup - Gislev - Egeskov - Svendborg - Hesselager - Nyborg

Freie Übernachtung:	Kölstrup, Ulriksholm, Sönder Naera, Magelund, Trunderup, Egeskov Mölle, Christiansminde, Lundeborg, Hesselagergard, Dammastenen, Holckenhavn, Nyborg
Campingplätze:	Svendborg, Lundeborg, Bösöre
Ver-/Entsorgung:	Trunderup
Baden:	Kölstrup, Christiansminde, Lundeborg, Bösöre, Holckenhavn
Besichtigen:	Ladby Wikingermuseum, Sönder Naera Kirche, Schloss Egeskov, Svendborg
Sport:	Angeln an der Hafenmole von Kerteminde, Svendborg
	Wandern in Magelund und Lykkesholm

Kertemindebucht in Richtung Ladby

Wir überqueren die Bucht von Kerteminde und halten uns ein kurzes Stück geradeaus auf der Staatsstraße 315. Schon bald zweigt rechts die Margaritenroute ab, die der Meeresbucht noch ein kurzes Stück parallel folgt. Nur noch ein paar Kilometer und unser Übernachtungsplatz für heute ist erreicht.

---

(179) WOMO-Stellplatz: Ladby Vikingermuseet

GPS: N 55°26'35.3" E 10°37'00.5"   **max. WOMOs:** 1-2.
Ausstattung/Lage: Mülleimer/Ortsrand.
Zufahrt: In Ladby beim Löschteich rechts, angeschrieben.

Am Morgen sind wir die ersten, die ins Wikingermuseum eingelassen werden. So können wir ganz alleine die Fundstücke aus den Überresten des Grabschiffes von vor rund 1000 Jahren bestaunen. Ein kurzes Wegstück entfernt befindet sich der Grabhügel, unter dem sich das Wikingergefährt einst befand. Dann kehren wir nach **Ladby** zurück und setzen unsere Fahrt auf der Margaritenroute fort. Die Sonne lacht vom Himmel und was liegt da näher, als einen Badeplatz anzusteuern:

---

(180) WOMO-Badeplatz: Kölstrup

GPS: N 55°25'40.4" E 10°35'00.4"   **max. WOMOs:** 2-3.
Ausstattung/Lage: Tisch & Bank, Wiese/außerorts.
Zufahrt: Von Ladby in Richtung Westen der Margaritenroute folgen, durch Kertinge hindurch nach Kölstrup, dort wo die Straße wieder auf den Fjord trifft.

In Sichtweite unseres Badeplatzes liegt schon unser nächstes Besuchsziel, das schlossähnliche **Herrenhaus Ulriksholm**. Dazu laufen wir am Fjord entlang und tauchen nach wenigen Gehminuten in den Schatten einer alten Kastanienallee ein.

(181) WOMO-Stellplatz: Ulriksholm

GPS: N 55°25'21.1" E 10°34'09.1"   **max. WOMOs:** 1-2.
Ausstattung/Lage: keine/außerorts.
Zufahrt: Wie im Text beschrieben. Zufahrt optisch etwas eng, das Womo passt aber hindurch.

Im Schlösschen befindet sich ein Café und von Zeit zu Zeit finden auch Kunstausstellungen hier statt. Den Charme erhält es aber durch seine verwunschen wirkende Gartenanlage mit eingewachsenem Teich, hohen alten Bäumen und dem Fjord im Hintergrund.

Mit dem Womo durchfahren wir noch ein Stück der Allee und biegen dann links ab. Stur folgen wir nun der Margariten-

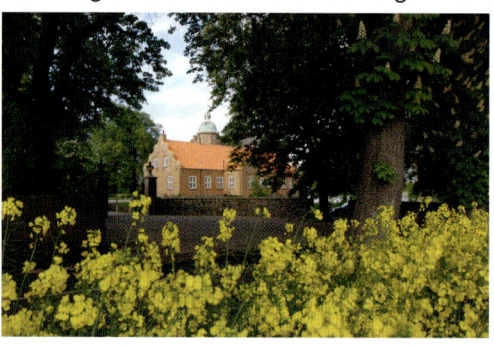

route bis wir zur Hauptstraße 160 gelangen. Der folgen wir nach links bis **Nonnebo**. Im Ort werden wir nach rechts gelotst und folgen wieder der Margarite. Über die Autobahn E20 geht es, vorbei am **Herrenhaus Sanderumgard**, über Tving nach Birkum. Hinter Birkum stoßen wir auf eine T-Kreuzung, an der wir rechts ab gen Arslev abbiegen. Unser Ziel heißt **Sönder Naera**. Wir wollen zur Kirche des Ortes, die mit schönen **romanischen Kalkmalereien** verziert sein soll.

Doch die dunkelbraune Backsteinkirche, mitten im Ort gelegen, glänzt durch absolute Schlichtheit, Innen nichts als weißgekalkte Wände. Etwas verdutzt fragen wir einen Passanten, der schnell des Rätsels Lösung bringt: es gibt noch eine zweite Dorfkirche!

Rückwärtsgang rein, reversieren und der Wegbeschreibung des Dänen folgen. D.h. für Sie: 450 m hinter dem Ortseingangsschild sollten Sie links in Richtung Tarup einscheren.

Und jetzt sehen wir schon die „richtige" Kirche vor uns zur Linken, die „**Sönder Naera Sognekirke**".

---

(182) WOMO-Stellplatz: Sönder Naera Sognekirke

GPS: N 55°18'31.5" E 10°29'26.3"   **max. WOMOs:** 2-3.
Ausstattung/Lage: Mülleimer/im Ort.
Zufahrt: 450 m nach Ortsbeginn links gen Taerup, nach rund 100 m links.

Herrliche romanische Kalkmalereien zieren die Westwand. Leider sind diese nur noch fragmentarisch erhalten und auch nicht einheitlichen Stils. Durch mehrere Umbauten hat sich ein Mix verschiedener Malerein ergeben. Unser Blick wandert aber immer wieder zu einer recht einfachen, ja schon fast naiven Zeichnung an der Decke des rechten Querschiffes: ein Mann und eine Frau. Ist das vielleicht das wohlhabende Ehepaar, das der Gemeinde zum Gotteshaus verhalf, oder verbirgt sich dahinter eine ganz andere Geschichte?

Von jetzt an werden wir ein gutes Stück vermehrt auf einsamen Nebensträßchen reisen. Zwar folgen wir bis Lindeskov der Margeritenroute, doch de-

ren Ausschilderung lässt stellenweise etwas zu Wünschen übrig. Halten Sie sich also ruhig an unsere Beschreibungen um reibungslos und ohne Irrwege voranzukommen. Im Nachbardorf Tarup weist uns die Beschilderung nach 700 m gen Söllinge, in dessen Richtung wir zwar ein Stück fahren, dann aber dem Margeritensymbol links ab nachzuckeln.

Das alte Herrenhaus Hellerup macht den Anfang einer Reihe von adligen und exklusiven Behausungen in dieser Gegend.

alter Wegweiser

Leider sind die meisten dieser Kleinode nur von außen zu bestaunen. Der absolute „Schlossknüller" samt Innenbesichtigung kommt aber bald! Wir folgen weiter der Margeritenroute. Es ist schon traumhaft: zu beiden Seiten unserer Straße goldgelbe Weizenfelder, und wir rollen mitten durch den grünen Tunnel einer alten, knorrigen Lindenbaumallee auf das **Gut Ravnholt** zu. An der T-Kreuzung bestaunen wir kurz den vergessenen Wegweiser aus dem vorletzten Jahrhundert und biegen dann vor der imposanten Schlossfassade links ab.

Nach 1 km zweigen wir rechts ab, rollen an einer riesigen Buchenhecke entlang und kommen dann wieder einmal an eine T-Kreuzung. Dort rechts ab und zum weißen Treppengiebelkirchlein am Hang hinauf. Gegenüber der Kirche halten wir uns nach links gen Lindeskov. Lassen Sie sich nicht verwirren, wenn Sie ungläubig auf die Karte blicken - wir wollen mit Ihnen nun einen kleinen „Rundschlenkerer" fahren. An der T-Kreuzung biegen wir links auf die 323 ein und verlassen diese nach 100 m schon wieder rechts ab. Nochmals rechts ab nach 200 m und dann rollen wir auf womobreiter Straße (problemlos!) in den Wald hinab.

(183) WOMO-Picknickplatz: Magelund

GPS: N 55°14'44.8" E 10°38'01.8"   **max. WOMOs:** 1-2.
Ausstattung/Lage: Tisch & Bank, Mülleimer/außerorts.
Zufahrt: Wie beschrieben.

Von unserem Womoparkplatz laufen wir an der Straße ein paar Meter zurück, vorbei am rotgestrichenen Brückengeländer und tauchen dann auf einem Karrenweg links ein in den Buchenwald. Ein Weidegatter muss geöffnet werden und schon erhebt sich zur Rechten der Hügel, auf dem einst die stolze Burg Magelund aus dem 12. Jahrhundert thronte. Im 15. Jahrhundert aber wurde die bis dahin zum Großgut ausgebaute Wehranlage Richtung Süden verlagert und bekam dann den Namen Lykkesholm, das nach unserer Wanderung zum Besuch ansteht.
Von der einst mächtigen Befestigung zeugen heute nur noch die Wälle. Wer möchte, kann die Weideflächen auf dem Wanderpfad durch den Wald großräumig umwandern und kommt dann direkt zum Womo zurück.

Auf dem schmalen Sträßchen fahren wir weiter und sehen dann bereits den von blühenden Seerosen fast zugewucherten Teich des **Herrensitzes Lykkesholm**. Für uns normalsterbliche Besucher sind die Türen des Hauses verschlossen. H. C. Andersen jedoch war ein gern gesehener Gast, der die Vorzüge hier zu schätzen wusste und es sich in der illustren adligen Gesellschaft gut gehen ließ.

An der T-Kreuzung neben Lykkesholm folgen wir der Margeritenroute in verkehrter Richtung nach rechts bis vor zur 323, in die wir rechts einschwenken. Schon bald erblicken wir linkerhand eine Reihe von **Dolmengräbern**. Hier befindet sich auch das mit 168 m längste Dolmengrab Dänemarks.

Ein Langdolmen umfasst normalerweise 1-3 Kammern. Dieser hier hat aber nicht weniger als 5. Die Dolmen stammen alle aus der jüngeren Steinzeit um 3500 - 3100 v. Chr. Sie waren ursprünglich nur für eine Bestattung vorgesehen, wurden pragmatischerweise aber meist wiederverwendet. Funde in den Dolmen sind leider keine bekannt.

Mit diesem Abstecher in die (bronzezeitliche) Vergangenheit haben wir unseren kleinen Rundkurs abgeschlossen und erreichen schon bald Örbaek, wo wir auf die 8 stoßen. Jetzt ist die Nebenstraßenkurverei zunächst vorbei und wir reisen wieder ohne uns groß Gedanken machen zu müssen in Generalrichtung Faaborg.

Der ansonsten recht unscheinbare Ort **Gislev**, den wir als nächstes erreichen, kann mit einer **reich bemalten Kirche** aufwarten. Die ist nicht nur für Kunstliebhaber einen klitzekleinen Abstecher wert. 600 m nach Ortsbeginn biegen wir rechts ein und schon sehen wir das Kleinod vor uns auftauchen.

Der Chorraum verzaubert uns mit seiner ausladenden Kalkmalerei. Aber auch die handgeschnitzte Kanzel fesselt unsere Blicke. Die überschaubaren Maße, der etwas muffige Holzgeruch, das Votivschiff an der Decke - all das sind Details, die dem Kirchlein seine ureigenste

Gislev Kirke

Schlosskomplex Egeskov

Note verleihen.
Wir setzten unsere Reise fort, umfahren Trunderup auf der neuen Umgehungsstraße und nähern uns einem der Haupttouristenattraktionen auf Fünen: dem riesigen Schlosskomplex Egeskov.

Dazu durchfahren wir den Ort Kvaerndrup und biegen 1,3 km nach Ortsende rechts ab.

Leider ist auf dem großen Schlossparkplatz nun auch das Nächtigen im Womo untersagt. Das macht uns aber nichts, haben wir doch eine hübsche Stellplatzalternative nur einen Steinwurf entfernt gefunden.

Wir laufen zum Kassenhäuschen vor und schlucken erst einmal kräftig, als wir den ziemlich teuren Eintrittspreis sehen: Doch als unser Blick auf den Übersichtsplan wandert und uns klar wird, was auf dem riesigen Areal alles auf uns wartet, zahlen wir den geforderten Obolus. Vorab gleich eine Empfehlung: wie sich schnell herausstellen soll, nimmt der Schlossbesuch samt seinen umliegenden Grünanlage locker einen ganzen Tag in Anspruch.

Egeskov ist mit Fug und Recht eines der schönsten Wasserschlösser der Renaissance in ganz Europa. Eine durchnummerierte Rundtour lotst uns durch die einzelnen Stationen der Anlage: Fuchsiengarten, Kräuterhof, Vogelvoliere, Renaissancegarten, Labyrinth, Ruhegarten, Tiergehege, Duftgarten, Oldtimermuseum, Kaufmannsmuseum, Wassergarten... und das Schloss an sich. Diese Aufzählung nennt gerade einmal die Hälfte der zu besichtigenden Sehenswürdigkeiten. Wir sind der Meinung, dass Egeskov voll und ganz sein Geld wert ist! Da wir schließlich auch einen sehr nahen Stellplatz fast schon vor den Toren des Anwesens haben, beschließen wir, heute nicht mehr weiterzufahren und uns voll und ganz der Kurzweil dieser Besichtigung hinzugeben.

(184) WOMO-Picknickplatz: Egeskov Mölle

GPS: N 55°09'57.7" E 10°28'34.4"
max. WOMOs: 2-3.
Ausstattung/Lage: Tisch & Bank, Mülleimer/im Ort.
Zufahrt: Von Schloss Egeskov nach rechts auf die 8, schon nach wenigen hundert Metern links ab, beschildert, in den Grönnebjergvej.

Am nächsten Morgen kehren wir zum Kreisel von Kvaerndrup zurück und biegen rechts ab auf die 9, die uns schnurstracks nach **Svendborg** bringt. 13,7 km sind wir auf der Staatsstraße 9 gefahren, als uns das erste Schild „Svendborg C" in Richtung Stadtzentrum lotst. Dann folgen wir dem Parkplatzwegweiser „P- Mide" und biegen kurz vor der Fußgängerzone rechts ab in die Voldgade, in der wir nach der Ampelkreuzung

Svendborg

womotaugliche Parkplätze erreichen. Schnell noch ein paar Kronen für den Parkscheinautomaten eingeworfen und los kann´s gehen zum Stadtbummel. Der überschaubare, quadratisch angelegte Stadtkern gefällt uns mit seiner Altstadtidylle. V.a. die Gebäude um den Dom herum gefallen uns ganz besonders. Moderne Läden und Boutiquen haben ihr Auskommen in **historischer Bausubstanz**. Zum Mittagessen spazieren wir vor zum Hafen mit dem Havnepladsen (Hafenplatz), an dem uns eine reichhaltige Auswahl an Restaurants erwartet. Da wir nun schon mal wieder das Meer gesehen haben, keimt in uns der Wunsch nach einem schönen Badeplatz für den Nachmittag. Also auf zum Wohnmobil und ein Stück raus aus der Stadt. Wir fahren der Beschilderung „Havn" bzw. „163 Nyborg" nach und kommen so zur T-Kreuzung am Hafen, an der wir links abbiegen und der Straße gen Thurö folgen. 1,6 km später sehen wir hangabwärts das Meer glitzern und wagen einen Versuch. Volltreffer!

---

(185) WOMO-Badeplatz: Christiansminde

GPS: N 55°03'35" E 10°37'24.3"   max. **WOMOs:** 3-4.
Ausstattung/Lage: Tisch & Bank, WC, Wasserhahn, Kiosk, Gaststätte, Spielplatz/außerorts.
Zufahrt: Wie beschrieben; 300 m hangabwärts.

Sollte dieser Badeplatz in der Hochsaison mit WOMOs einmal zu überfüllt sein, so haben wir für Sie zwei naheliegende Ausweichplätze parat:

---

(186) WOMO-Badeplatz: Skarepöre Sund I + II

GPS: N 55°03'20.4" E 10°39'10.1"   max. **WOMOs:** je 1-2.
Zufahrt: Vom o.g. Badeplatz weiter in Richtung Thurö, beim Kreisel rechts bergab, nach 500 m rechts bzw. 550 m links (vor der Brücke)/außerorts.

Auf der Fahrt zu neuen herrlichen Badeplätzen begeben wir uns zum Kreisel, und folgen der gestrichelt angeschriebenen 163. An der Ampelkreuzung scheren wir rechts ab und befinden uns nun auf der angepeilten Hauptdurchgangsroute. In Oure verlassen wir schon wieder den ausgetretenen Verkehrstrampelpfad und halten uns bei der Kirche (800 m nach Ortsbeginn) rechts ab gen Lundeborg. Kaum haben wir etwas beschleunigt, schon müssen wir nach 600 m links abbiegen und nach 200 m nochmals rechts. Wir rollen an einem **Campingplatz** vorbei und unser Sträßchen schwenkt dann parallel zum Meer ein. Völlig einsam im Wald seht plötzlich zur Linken die Kirche von Lundeborg. Ihr gegenüber ein gähnend leerer Schotterparkplatz am Meeresrand. Hier konnte man bis vor kurzem ruhig nächtigen. Doch leider gefiel das den Lundeborgern weniger, und so prangt nun ein unübersehbares Womoverbotsschild am Platz. Im verschlafenen Lundeborg, das v.a. wegen seines kleinen und romantischen Hafens nicht nur Freizeitskipper anlockt, sind wir direkt vor den schmucken Yachten unerwünscht.

Lundeborg hat leider „Nägel mit Köpfen" gemacht und auf allen unseren früheren Stellplätzen Verbotsschilder angebracht. Einen Platz scheinen die Gemeindeväter jedoch übersehen zu haben. Absicht oder nicht, das wird sich in den nächsten Jahren bald herausstellen.

(187) WOMO-Stellplatz: Lundeborg

GPS: N 55°08'28.7" E 10°46'55.6"   **max. WOMOs:** 1-2.
Ausstattung/Lage: keine/im Ort.
Zufahrt: Vom Hafen aus rechts ab auf die „Hauptstraße" des Ortes, dann zweite links, auf Wiese.

Tagsüber dürfen wir aber am herrlichen Sandstrand neben dem Hafen von Lundeborg stehen und uns dem Badegenuss hingeben. Wer länger an diesem an und für sich schönen Ort verweilen möchte, wählt den Campingplatz am Meer:

(188) WOMO-Campingplatz-Tipp: Lundeborg Ny Camping

Position: N 55°08'27.5" E 10°46'58.5"   **Öffnungszeiten:** Ganzjährig
Ausstattung: Wiese mit Bäumen direkt am Meer, schöner Sandstrand.
Zufahrt: 600 m nach Ortsbeginn rechts.

Über die „Hauptkreuzung" von Lundeborg zuckeln wir gemächlich in Richtung der gestrichelt angeschriebenen 163. Nach 1,2 km notieren wir rechts einen **Bauernhof, der WOMOs aufnimmt**. 100 m später blinken wir nach rechts und scheren wieder auf die Margeritenroute ein, die uns direkt zum nächsten „Edelstein" dieser Gegend bringt. Nur eine kurze Kastanienallee, dann eine scharfe Rechtskurve und wir sehen **Schloss Hesselagergard** hinter hohen Bäumen hervorspitzeln. Leider ist das Anwesen nicht zu besichtigen. 1538 wurde der Backsteinbau errichtet. Schon wenige Jahre später, nämlich 1555 wurde das Schloss dem Geschmack der Zeit angepasst und bekam einen Giebel nach venezianischem Vorbild aufgesetzt. Wenn schon kein Einlass gewährt wird, so können wir doch auf dem nahen Stellplatz im Grünen dieses so anmutig wirkende kleine Schloss auf uns wirken lassen und hier einige Zeit verbringen.

(189) WOMO-Stellplatz: Hesselagergard

GPS: N 55°09'30.5" E 10°45'55.5"   **max. WOMOs:** 2-3.
Ausstattung/Lage: Mülleimer/außerorts.
Zufahrt: Wie beschrieben; am Ende des Anwesens, rechts im Grünen.

Schloss Hesselagergard

So schön der Flecken zum Übernachten auch ist, wir werden heute einen Stellplatz mit ganz anderer Kulisse wählen. Lassen Sie sich überraschen!

Zunächst fahren wir linkshaltend weiter in den Ort Hesselager und kommen auf eine T-Kreuzung zu, vor der sich die weißgekalkte Dorfkirche erhebt. Leider ist jetzt am frühen Abend deren Pforte schon versperrt. Also eben keine Kalkmalereien mehr für heute. Wir halten uns rechts ab und rollen durch den von der Feierabendruhe heimgesuchten Ort. 400 m hinter dem Ortsendeschild weißt uns das Schild „**Dammestenen**" den Weg.

Der **gigantische Findling** mit einem Gewicht von rund 1000 t Granit und einem Umfang von 46 m ist die Hinterlassenschaft eines Gletschers aus der letzten Eiszeit. Dessen wahre Di-

Eiszeitfindling Dammestenen

mensionen kann ich aber erst so richtig begreifen, als meine Frau auf den Gesteinsbrocken klettert und oben angekommen wie ein kleiner Zwerg wirkt - oder noch besser wie die Mücke auf dem Elefanten.
Am nächsten Tag lacht die Sonne wieder von einem azurblauen Himmel und weckt Strandsehnsüchte in uns. Also auf zum nahen Meer. Über das Dorf Vormark biegen wir rechts ab und rollen vor nach Bösöre. Immer wieder zweigen auf der Straße Sackgassen zum Meer ab. Herrliche Liegeflächen samt Sandstrand laden zum Bade ein. Lediglich die Übernachtungsverbotschilder gefallen uns weniger. Macht nichts. Dem Vergnügen tut dies keinen Abbruch und einen Platz für die nächste Nacht kennen wir schon von früheren Reisen her. Wer sich hier länger dem Strandleben hingeben möchte, dem empfehlen wir den Campingplatz direkt am Wasser:

Wir kehren nach unserem Strandbesuch dem Meer den Rük-
ken zu und kehren über Tarup zurück zur 163, in die wir rechts
einbiegen. Noch 6,4 km und das letzte **Renaissanceschloss
Holckenhavn** wartet am Wegrand darauf, von uns eines Blik-
kes gewürdigt zu werden. Irgendwie sind wir aber schon zu
müde, um das Innenleben des Gebäudes zu inspizieren.
Kurz darauf wartet schon der genannte Picknick- und Badeplatz auf uns:

---

(192) WOMO-Badeplatz: Holckenhavn

GPS: N 55°17'49.5" E 10°46'36"   **max. WOMOs:** 2-3.
Ausstattung/Lage: Tisch & Bank, Mülleimer/Ortsrand.
Zufahrt: Auf der 163 wie beschrieben, vor Ortsbeginn Nyborg links.

Unsere Schlössertour im Südteil der Insel Fünen ist nun fast
abgeschlossen. Um auf die E 20 zu gelangen, die uns über

letzter Badeplatz auf Fünen

die „Große Belt Brücke" zur Insel Seeland bringen wird, müssen wir die Stadt Nyborg durchqueren. Dort lädt auch ein netter Stellplatz am Hafen zur Erkundung von **Schloss Nyborg** und dem Ortszentrum mit Fußgängerzone ein.

---

(193) WOMO-Picknickplatz: Nyborg Lystbadehavnen

GPS: N 55°18'13.3'' E 10°47'15.9''   **max. WOMOs:** 2-3.
Ausstattung/Lage: Tisch & Bank, Mülleimer/im Ort.
Zufahrt: 750m nach Ortseingang von Nyborg rechts, dann 200m hinab zum Hafen, beschildert.
Sonstiges: Rund 10 Minuten zu Fuß am Hafen entlang bis zur Fußgängerzone im Stadtzentrum.

Damit endet unser Besuch auf der Insel Fünen. Wir wollen nun rüber nach Seeland. Die Beschilderung lotst uns zielsicher zur Autobahn. Vor unserer Windschutzscheibe breiten sich nun etliche Kilometer spektakulärer **Brückenbaukunst** aus. Hier einige Fakten zum Koloss aus Stahl und Beton:

- 1998 nach zehnjähriger Bauzeit fertiggestellt
- die Fahrbahn der Hängebrücke befindet sich 65 m ü. N.N.
- die weitaus bekanntere „Golden-Gate-Bridge" in San Francisco ist um fast ein Drittel kleiner
- die beiden Brückenpfeiler sind mit 254 m die höchsten Punkte Dänemarks (zum Vergleich: damit sind sie 98 m höher als der Kölner Dom)

Es ist schon ein erhabenes Gefühl, als wir in luftiger Höhe das Meer überqueren, zu den auf Spielzeugmaß geschrumpften Schiffen hinabblicken, und mit den Möven anscheinend schwerelos dahingleiten.
Am Ende der Brücke sehen wir rechterhand im Hafenbecken die arbeitslos gewordene Fähre vor Anker liegen, die nun ein kleines Museum beherbergt.

Zum Abschluss der **Beltüberquerung** rollen wir auf das Kassenhäuschen mit dem Kreditkartensymbol zu und werden automatisch von einem Computersystem vermessen, das den zu bezahlenden Tarif berechnet. Praktisch!
(Vorsicht: Schauen Sie sich Ihren Zahlbeleg sofort und gründlich an. Abgelasteten WOMOs (z.B. von 3,85t auf 3,5t) kann es passieren, dass der nächst höhere Tarif berechnet wird. Dann unbedingt im angrenzenden Bürogebäude mit Fahrzeugschein berichtigen lassen!).

TOUR 12

Rörvig

Havnebyen

Nyköbing

Höjby

207

Sejerö

Hönsinge

206

Egebjerg

21

Bucht

Höve

Asnaes

Farevejle Kirkeby

204

205

Gislinge

225

Havnsö

WC 202

203

Eskebjerg

155

Regstrup

Jyderup

Mörköv

Kalundborg

23

Arby

Ugerlöse

201

Bastrup
Sönderstrand

22

Görlev

Dianalund

277

Höng

Dalby

Kirke
Helsinge

200

Mullerup

Drosselbjerg

199

E 20

WC 198

Kongsmark

Kelstrup

22

197

Hejninge

Slagelse

196

277

12 km

Frölunde

WC 195

194

Svenstrup

Korsör

TOUR 12 (155 km / 3-4 Tage)

Korsör - Görlev - Kalundborg - Dragsholm - Höve - Höjby - Rörvig

Freie Übernachtung:	Svenstrup, Trelleborg, Kelstrup, Mullerup, Bastrup, Havnsö, Dragsholm, Höve
Campingplätze:	Bildsö, Dragsholm, Höve
Ver-/Entsorgung:	Svenstrup, Kongsmark, Versterlyng
Baden:	Svenstrup Strand, Kelstrup Strand, Kongsmark Strand, Mullerup Strand, Bastrup Strand, Vesterlyng Strand, Havensö Strand, Höve Strand
Besichtigen:	Trelleborg, Kalundborg, Höve Museum
Sport:	Strandwanderungen; Schnorcheln am Höve Strand
Essen:	Hafenimbiss in Rörvig

Auf **Seeland** verlassen wir die E 20 mit der Ausfahrt 42 , kommen am Fuße des Autobahnkleeblattes auf eine T-Kreuzung und biegen dort rechts ab. Für **eilige Schweden- und Norwegenfahrer** bietet sich der nächste Stellplatz an:

(194) WOMO-Stellplatz: Korsör

GPS: N 55°21'38" E 11°08'11.7"   **max. WOMOs:** 2-3.
Ausstattung/Lage: Spazierweg zum Meer/außerorts.
Zufahrt: am Bahnhof vorbei, auf der Straße gen Svenstrup nach 400 m links und gleich wieder links.

Von nun an werden wir Sie vor die Qual der Wahl stellen. An der Küste Westseelands warten eine ganze Reihe **herrlich einsamer (Traum) Sandbadestrände** auf Ihre Entdeckung. Der erste Strand dieser Sorte befindet sich bereits in Svenstrup:

(195) WOMO-Badeplatz: Svenstrup Strand I

GPS: N 55°22'18.0" E 11°09'48.6"   **max. WOMOs:** 2.
Ausstattung/Lage: WC, Mülleimer, Beach-Volleyballnetz, Tisch & Bank, Grillplatz/außerorts.
Zufahrt: 600 m nach Ortsbeginn Svenstrup links. 900 m zum Meer vor, dort links.

WOMO-Badeplatz: Svenstrup Strand II

GPS: N 55° 22´36.8" E 11´ 10´23.2"   **max. WOMOs:** 2
Ausstattung/Lage: Mülleimer/außerorts.
Zufahrt: Wie Svenstrup I, aber rechts parallel zum Meer fahren; Straße schwenkt in 90 Grad Kurve wieder landeinwärts, dort links.

Svenstrupstrand

Damit wir aber des Meeres nicht überdrüssig werden, steht nun ein Besuch der **Wikingerfestung Trelleborg** auf dem Programm.

Vom Meer weg halten wir uns wieder landeinwärts und kommen nach Frölunde, das nahtlos an Svenstrup angrenzt. Von dort rollen wir in einem weitgeschwungenen Bogen vor zur Staatsstraße 277, in die wir nach links einbiegen. Einige Kilometer geht es im höchsten Gang dahin, bis wir das Ortsschild von Naesby Strand erreichen und sowieso auf Tempo 50 abbremsen müssen. Gleich setzen wir den Blinker nach rechts und verlassen 50 m später die Durchgangsroute.

(196) WOMO-Stellplatz: Trelleborg

GPS: N 55°23'40.4" E 11°16'22.5" **max. WOMOs:** 3-4.
Ausstattung/Lage: Mülleimer/außerorts.
Zufahrt: 50 m nach Naesby Strand rechts, 3,9 km bis Heininge, durch den Ort, dann rechts halten. 700 m später Beschilderung rechts ab.

Trelleborgimpressionen

Die Wikingerburg Trelleborg wurde zu Ende des 10. Jahrhunderts von König Harald Blauzahn in Auftrag gegeben. Zusammen mit der uns schon bekannten Burg Fyrkat in Jütland, Nonnebakken auf Fünen und der gleichnamigen Trelleborg in Schweden sehen wir hier das damalige Zentrum der militärischen Macht. In der Trelleborg fanden bis zu 500 Menschen Platz. In der Hauptsache junge Krieger, aber auch Frauen und Kinder, wie Funde belegen.

Im Wikingerdorf darf jeder Besucher, wenn er denn will, in historischer Kluft am gesellschaftlichen Leben der Gemeinde teilnehmen. Von der Viehhaltung bis zum Waffenschmied ist so ziemlich alles vertreten, was eben zum reibungslosen Gelingen einer Wikingersiedlung notwendig ist.

Am nächsten Morgen kehren wir auf gleichem Wege zurück zur 277, biegen in sie rechts ein und 1,2 km später zweigt auch schon die Straße nach links zum Meer ab.

(197) WOMO-Badeplatz: Kelstrup Strand

GPS: N 55°24'53.7" E 11°11'56.4" **max. WOMOs:** 1-2.
Ausstattung/Lage: Mülleimer/außerorts.
Zufahrt: 1,2 km nach Naesby Strand links, ab Ortsschild „Kelstrup Strand" 600 m links; kleine Parkbucht zwischen Sträuchern direkt am Meer.

Von unserem kleinen aber feinen Badeplatz schweift der Blick über das Meer und bleibt voller Erstaunen in südwestlicher Richtung hängen: vor uns am Horizont steht die „Große Belt Brücke", die aber ihrer Türme beraubt zu sein scheint. Wolken und Morgendunst haben die beiden mächtigen über 200 m hohen Pfeiler verschluckt. Jetzt wird uns etwas überheblichen Bayern (was Höhenangaben betrifft) klar, dass 254 m doch recht hoch sind. Nach und nach schaffen es aber Sonne und Wind mit vereinten Kräften, das ganze Bauwerk sichtbar werden zu lassen.

Zwei weitere Badeplätze mit weit größeren Sandstränden befinden sich nur ein paar Minuten Fahrt entfernt:

(198) WOMO-Badeplatz: Kongsmark Strand I

GPS: N 55°25'44.4" E 11°12'06.3"
max. WOMOs: 2-3.
Ausstattung/Lage: WC, Mülleimer/Ortsrand.
Zufahrt: 1,4 km nach Ortsschild rechts.

WOMO-Badeplatz: Kongsmark Strand II

GPS: N 55°25'54.3" E 11°12'10.9" **max. WOMOs:** 2-3.
Ausstattung/Lage: Mülleimer/Ortsrand.
Zufahrt: 1,6 km nach Ortsschild rechts; großer Parkplatz auf Schotter.

Mit Liege, Strandtuch, Sonnenschirm, Verpflegung, einem guten Buch und Sandelzeug für unsere Kinder - mit diesen „Ausrüstungsgegenständen" lässt sich am feinsandigen Kongsmark Strand ein herrlicher Tag zum Entspannen verbringen. Für uns steht jetzt schon fest: dieser Küstenabschnitt ist die „Adria" Nordwestseelands.

Weiter geht die Reise durch Stillinge Strand, einer typischen Ferienhaussiedlung, wobei die Formulierung „typisch" ungerechtfertigterweise negativ klingt. Dem ist aber bei weitem nicht so. Viele nette kleine Holzhäuschen, oft sogar mit begrünten Dächern, liegen idyllisch im lockeren Mischwald eingebettet. Am Ende der Ferienhausbebauung schließt sich linkerhand ein Campingplatz an, der ebenso schön im Grünen liegt:

(199) WOMO-Campingplatz-Tipp: Bildsö Camping

GPS: N 55°27'18.1" E 11°12'37.4"   **Öffnungszeiten:** Saisonal .
Ausstattung: Idyllisch im Wald gelegen, mit eigenem Strand.
Zufahrt: 600 m nach Ortsende Bildsö links.

Wir fahren geradeaus weiter gen Mullerup und stoßen nach dem Weiler Drosselbjerg wieder auf die 277, der wir ein kurzes Stück in Richtung **Kalundborg** folgen. Doch gleich schon zu Ortsbeginn von Mullerup scheren wir links ab und rollen vor zum Hafen.

(200) WOMO-Badeplatz: Mullerup Havn

GPS: N 55°29'31.8" E 11°10'30.2"   **max. WOMOs:** 2-3.
Ausstattung/Lage: Mülleimer, Spielplatz/im Ort.
Zufahrt: Gleich zu Ortsbeginn „Mullerup Havn" links ab, am Restaurant vorbei und dann links.

WOMO-Badeplatz: Mullerup Strand

GPS: N 55°29'46.1" E 11°10'34.5"   **max. WOMOs:** 2-3.
Ausstattung/Lage: Mülleimer/Ortsrand.
Zufahrt: 150 m nach Ortsbeginn rechts auf großer Wiese; 50 m zu Fuß zum Strand.

Eigentlich ein nicht zu verschmähender Übernachtungsplatz mit idealen Bedingungen für ausgelassenes Badevergnügen. Uns lockt aber ein noch weit einsamerer Platz am Meer. Dazu setzen wir unsere Fahrt linkshaltend in Richtung Dalby fort. An der T-Kreuzung des Ortes halten wir uns nach rechts, kommen dann an einem Hügelgrab in Sichtweite der Straße vorbei und erreichen schließlich die 277. Über Kirke Helsinge gelangen wir auf der Hauptroute gen Görlev, an dessen Kreisel wir auf die 22 in Richtung Kalundborg wechseln. Nun darf unser Womo ein gutes Stück geradeaus dahinschnurren, bis wir hinter dem Ort Ugerlöse wieder das vertraute Margeritensymbol erblicken, das uns den Weg nach links weist. In Arby rollen wir 900 m durch den Ort und biegen dann links ab nach Bastrup.

Anscheinend sind wir für diese Straße etwas zu schnell unterwegs. Auf den unscheinbaren Bodenwellen schaukelt sich unser Gefährt zu wahren Bocksprüngen auf. Also langsamer hier! In Bastrup folgen wir der Margeritenroute an der T-Kreuzung nach links gen Östrup. Unser **Robinsonstrand** für diese Nacht ist nahe:

(201) WOMO-Badeplatz: Bastrup Sönderstrand

GPS: N 55°37'59.4"
E 11°05'02.7"
max. WOMOs: 1-2.
Ausstattung/Lage: WC, Mülleimer/außerorts
Zufahrt: Nach Bastrup T-Kreuzung, links, nach 1,5 km links ab auf womobreitem Asphaltband bis zum Kiesstrand vor (rund 700 m).

Zwar finden wir an diesem Strandabschnitt nur wenig Sand, dafür gefällt der Blick in die Jammerland Bucht um so mehr und unser Womo parkt nur 3m von der Brandung entfernt. Auf den Kiesstränden unternehmen wir in der untergehenden Sonne einen ausgedehnten Strandspaziergang und Paula sammelt fleißig Steine für unseren Garten.

Allerhöchste Zeit, wieder ein bisschen Kultur und etwas Stadtleben in unsere Reise einzuschieben.

Schloss Lerchenborg liegt sozusagen gleich um die Ecke. Auch die Stadt Kalundborg liegt hübsch eingebettet am Ende des Kalundborg Fjordes. Die Silhouette könnte so malerisch und verträumt sein, wäre da nicht das hässliche Kraftwerk mit seinen Schloten zu unserer Linken. Also stur nach vorne den Blick gerichtet. Auf der jungen Lindenallee fahren wir in den Großparkplatz der Schlossanlage ein. Als Naturliebhaber freuen wir uns besonders auf die über 20000 Rosen im Garten des Barockschlosses aus dem 18. Jahrhundert. Daraus wird leider nichts, denn der Komplex ist heute für Besucher nicht zugänglich. Schade!

So durchqueren wir mit unserem Womo das angrenzende Raffinerieviertel und folgen der Beschilderung ins Zentrum (die 22 / 23 sind „gestrichelt" angeschrieben). An der Ampelkreuzung halten wir uns links ab und sehen bald schon das Wahrzeichen der kleinen Stadt: die **fünftürmige Frue Kirke**. Darauf halten wir nun zu und landen genau am Torvet, auf dem wir unser Womo abstellen können. Zwei Straßen führen direkt zum Gotteshaus. Wir wählen die Praestegade (Pfarrersgasse) zur linken und schlendern vorbei an z.T. windschiefen alten Fachwerkhäusern. Lediglich die vor den Gebäuden ab-

Der Landsoldat

gestellten Autos stören uns etwas. Sonst würden wir uns glatt wie ins Mittelalter versetzt fühlen. So ist es auch nicht verwunderlich, dass gerade hier, gegenüber der Kirche, das älteste Haus(ehem. Pfarrhaus) Nordeuropas aus dem 15. Jahrhundert steht.

Begeistert blicken wir in die zahlreichen Fenster, mit individuellem Schmuck aus Vasen, Skulpturen, Trödel und Blumen ausgeschmückt ist.

Die von außen mächtig erscheinende Kirche wirkt innen ziemlich gedrungen. Besonders ihr herrlich geschnitzter Altar zieht unsere Blicke auf sich.

Zurück in Richtung Womo laufen wir an der Denkmalskulptur

für den Landsoldaten vorbei und werfen, wieder am Torvet angelangt, einen Blick zur linken: Am gelbgestrichenen ehemaligen Kaufmannshof, vor dem die zwei Bäume stehen, weist uns eine Bronzetafel darauf hin, dass hier am 20. Mai 1882 die spätere **Literatur-Nobelpreisträgerin Sigrid Undset** geboren wurde. Etwas irritiert sind wir schon. Auf unserem kurzen Rundgang sind uns gerade einmal drei Menschen begegnet. Das eigentliche Leben spielt

Altarschnitzerei in der Frue Kirke

sich im Kalundborg der Gegenwart in der nur wenige Spazierminuten entfernten (gen Osten) Fußgängerzone ab.

Wir fahren wieder auf gleichem Wege ein Stück zurück und überqueren die Ampelkreuzung geradeaus in Richtung der Staatsstraße „23 Kopenhavn". Bald schon lassen wir die Stadt hinter uns, durchfahren einen Kreisel und biegen 3,5 km später der Margeritenroute folgend links ab.

Am Straßenrand wartet hinter hohen Bäumen versteckt das **Herrenhaus Asmindrup** mit einem Landmuseum auf Besucher. Das schenken wir uns heute und durchqueren weiter die von Marschwiesen und Äckern geprägte Landschaft.

In Eskebjerg scheren wir 100 m nach Ortsbeginn links ab und tauchen wenig später in ein lilablühendes **Heidegebiet** ein. Darin befinden sich auf markierten Pfaden mehrere **Dolmen** und **Steinsetzungen**. Das beste in dieser urwüchsigen und unbesiedelten Natur ist der sehr lange Sandbadestrand mit mehreren Stellmöglichkeiten:

---

(202) WOMO-Badeplatz: Vesterlyng Strand I - VI

GPS: N 55°44'41.3" E 11°17'33.3"   **max. WOMOs:** je 2-3.
Ausstattung/Lage: Mülleimer, WC/außerorts.
Zufahrt: I: 2,0 km nach Eskebjerg links (Stichstraße);
                 II-IV: 500 m nach Vesterlyng I links ab, bzw. Verbindungsstr.
                 V-VI: 400 m nach Vesterlyng II links ab.
Wandertipp: Bei der Zufahrt zu Vesterlyng I befindet sich linkerhand des Weges ein ca. 6000 Jahre alter Dolmen aus der Bauernsteinzeit.

Wir können unser Glück gar nicht fassen. Diesen wunderschönen Sandstrand müssen wir auf weiter Flur gerade einmal mit

Vesterlyng Strand

ein paar Familien teilen. Da kann ein schadenfrohes Grinsen nicht unterbleiben, als ich an meinen Arbeitskollegen in Italien denken muss...

Wem diese Naturidylle zu einsam oder abseits menschlicher Behausungen liegt, fährt noch ein Stück weiter durch die idyllische Moor- und Heidelandschaft und findet nicht weit entfernt einen weiteren Badeplatz im Ort Havnsö mit dörflicher Infrastruktur:

(203) WOMO-Badeplatz: Havnsö

GPS: N 55°45'12.4" E 11°19'28.4"   **max. WOMOs:** 2-3.
Ausstattung/Lage: Mülleimer/außerorts.
Zufahrt: 1,2 km nach Ortsbeginn Havnsö links, am Hafen.

WOMO-Badeplatz: Havnsö Strand

GPS: N 55°45'14.6" E 11°20'18.1"   **max. WOMOs:** 2-3.
Zufahrt: In Havnsö nach der T-Kreuzung links, dann nach 350 m zwei Parkmöglichkeiten.

Auf den nächsten Kilometern lassen wir das Meer im wahrsten Sinne des Wortes einmal links liegen und begeben uns auf die Durchgangsroute 225.

Kurz vor dem gut ausgeschilderten Abzweig (nach rechts) zum Schloss Dragsholm notieren wir links neben der Straße, direkt am Meer, einen schöngelegenen und großen **Campingplatz**.

(204) WOMO-Campingplatz-Tipp: Sanddobberne Camp.

Position: N 55°46'29.6" E 11°22'48.9" **Öffnungszeiten:** Ganzjährig.
Ausstattung: Unter Bäumen, direkt am Meer mit Sandstrand.
Zufahrt: Wie im Text beschrieben.

GPS: N 55°46'21.7" E 11°23'25.5"   **max. WOMOs:** 2-3.
Ausstattung/Lage: Mülleimer/außerorts.
Zufahrt: 3,4 km nach Havensö rechts, beschildert.

Dragsholm beherbergt heute ein **Schlosshotel** mit gehobe-ner Küche. Sollten Sie etwas feudaler Speisen wollen, hier ergibt sich die richtige Gelegenheit.

Früher war im Keller des Schlosses ein Staatsgefängnis un-tergebracht, in dem Lord Bothwell, Mary Stuarts letzter Gatte einsaß. Angeblich soll seine Lordschaft zur  Geisterstunde durch die Gänge spuken.... Vielleicht klopft er ja des Nachts an Ihr Womo, wenn Sie sich entschließen sollten, hier im Grünen zu übernachten.

Wie dem auch sei, ein Besuch der schö-nen Gartenanlage ist kostenlos. Von dort haben wir auch fotogene Blicke auf das weiße Schlosshotel. Familientauglich ist die ausgedehnte Rasenfläche auch: zwei Kinder spielen mit ihrer Mutter Verstecken, wozu uns Paula natürlich auch gleich an-hält.

All zu lange halten wir uns auf Dragsholm nicht auf, denn die Zeit drängt. Schließlich wollen wir heute Nachmittag noch nach Höve. Dort wartet ein ganz besonderer frühzeitlicher Lecker-bissen auf uns (und ein Strand der absoluten Spitzenklasse).

Gleich zu Beginn von **Höve** parken wir unser Womo vor dem terracottaroten Touristeninfogebäude.

An dessen Eingangstüre vorbei besteigen wir den vor uns lie-genden **bronzezeitlichen Grabhügel** mit dem Esterhöj Stein.

Der Gedenkstein auf der Spitze des Esterhöjs erinnert an die Wiederver-einigung zwischen Nordschleswig und dem Rest Dänemarks nach dem ersten Weltkrieg. 1920 wurde beschlossen, den sagenumwobenen Trollst-

ein, der auf dem Strand von Höve lag, auf den Hügel zu transportieren und mit einer Inschrift zu versehen. So wurde der über 20 Tonnen schwere Gesteinsbrocken nur von Menschenhand und Pferden auf den 89 m hohen Berg gebracht.

Gewaltig ist die Aussicht vom Esterhöj! Ein Rundumpanorama wie es schöner nicht sein könnte. Besonders sticht uns aber die langgezogene und sichelförmige Sejerö Bucht mit ihrem ausgedehnten Kiefernwald und blendendweißem Sandstrand ins Auge. Dort unten kennen wir den bereits angedeuteten Badeplatz. Zunächst aber genießen wir noch den Blick in die Ferne, inspizieren den eigentlichen Grabhügel hinter dem Gedenkstein und steigen dann wieder zum Womo hinab. Das darf aber noch eine Zeit lang weiter ausruhen. Wir spazieren zum nahen „**Odsherred Museum**", dem Heimatmuseum von Höve. Der frühzeitliche, kulturhistorische Leckerbissen, den wir bereits angedeutet haben, wartet dort in Form des Sonnenwagens auf uns.

Der Sonnenwagen wurde im Jahre 1902 beim Pflügen im Trundholm-Moor gefunden. Er stammt aus der Mitte des älteren Bronzezeitalters, ca. 1400 v. Chr. Hergestellt wurde der Fund aus Bronze und einer goldbelegten Sonnenscheibe, die von einem Pferd auf einem sechsrädrigen Wagen gezogen wird. Dies ist der klare Beweis für einen Sonnenkult, der normal im nordischen Bronzealter war.

Leider sehen wir in Höve nur eine Kopie des Sonnenwagens. Das Original werden wir aber noch im Nationalmuseum in Kopenhagen zu Gesicht bekommen. Eine weitere Kopie steht sogar im UNO Gebäude in New York.

So goldgelb wie die Sonnenscheibe auf dem Sonnenwagen strahlt der Sand in unserer Traumbucht, in der wir auch die Nacht verbringen werden. Schließlich ist dies der letzte Bade platz in dieser Tour. Weiter nördlich warten (auf dieser Tour)

Höve Bugt Traumstrand

nur noch Verbotsschilder auf uns Womourlauber. Also Badehose und Schwimmflügelchen raus und ab ins klare Nass.

---

(206) WOMO-Badeplatz: Höve Strand

GPS: N 55°50'42.8" E 11°29'05.3"   **max. WOMOs:** 2-3.
Ausstattung/Lage: Mülleimer/außerorts.
Zufahrt: 900 m nach Höve links, am Campingplatz vorbei und am Ende
der Stichstraße Waldparkplatz unter Kiefern.

Kieferduft, Grillen zirpen, ein azurblaues, glasklares Meer und
viel Sonne. Ein Idyll wie am Mittelmeer - mit dem kleinen Un-
terschied, dass unser Strand fast menschenleer ist.

Auch am nächsten Tag faulenzen wir noch lange an unserem
Badeplatz und backen unzählige Sandkuchen, bevor wir uns
mal wieder schweren Herzens auf die Socken machen, um
neue Ufer zu erkunden. Die liegen auf der anderen Seite des
Isefjordes, den wir per Fähre überqueren werden. Dazu kehren wir auf die 225 zurück und halten uns nach links gen Höjby. Am Wegesrand vor Hönsinge erblicken wir seit längerer
Zeit wieder einmal eine große Windmühle des alten Schlags.
Dann überqueren wir auf einer Ampelkreuzung die 21 und
kommen zwei Kilometer danach (linkerhand) an einem **übernachtungstauglichen Picknickplatz (Nr. 207 N 55° 52' 25.7"
E 11° 35' 22.5")** neben der Straße vorbei. Unaufhaltsam nähern wir uns dem Ende der 225 am **Fährhafen von Rörvig**.
Unseren Blicken entschwindet gerade die Fähre, d.h. locker
über eine Stunde Wartezeit. Die lässt sich aber leicht überbrücken. Zunächst einmal parken wir unser Womo in der War-
teschlange, kaufen einen
Fahrschein im Billethäuschen,
und setzen uns dann an den
schmalen Sandstrand in die
Sonne. Geleitet von verführe-
rischem Essensduft wandert
unser Blick nach rechts: eine
Fischimbissbude. Kurzentschlossen bestellen wir für
wenig Geld frisch frittierten
Fisch mit Pommes. Wir müssen wirklich kämpfen, um die
uns aufgetischten Riesenpor-
tionen verspeisen zu können.
Dann kommt auch schon die
Fähre angetuckert und wir
nehmen wieder im Wohnmo-
bil Platz.

Fährkapitän bei der Arbeit

Map labels

Helsingör

Kopenhagen

Rungsted

Humblebaek

Niva

218

202

209

Hörsholm

E 47/55

152

Alsgarde

217

Hornbaek

216

Dronningmölle

227

237

251

Graested

Helsinge

Gilleleje

214

213

212

Rageleje

Smidstrup Strand

WC

Tisvilde

237

267

211

Tisvilde Hegn

Esrum Sö

Hilleröd

Alleröd

Fureso

Slangerup

Arresö

Frederiksvaerk

16

205

16

Hundested

302

210

209

12 km

N

TOUR 13 (125 km / 3-4 Tage)

Hundested - Frederiksvaerk - Gilleleje - Helsingör - Humlebaek - Rungsted - Kobenhagen

Freie Übernachtung:	Hundested, Tibirke, Rageleje, Smidstrup, Gilleleje, Hornbaek, Alsgarde, Niva
Campingplätze:	Hundested, Dronningmölle
Ver-/Entsorgung:	Rageleje
Baden:	Hundested Havn, Rageleje Strand, Smidstrup Strand, Alsgarde
Besichtigen:	Knud Rasmussen Haus, Schloss Helsingör, Louisiania Kunstmuseum, Landsitz Rungstedlund
Sport:	Strandwanderung in Gilleleje
Essen:	Gilleleje am Hafen; Restaurant „Oliva" in Hornbaek

Rund eine halbe Stunde tuckert die vollbesetzte Fähre gemütlich durch die Meerenge des **Isefjordes** und entlässt uns dann in den Hafen des kleinen Städtchens Hundested.
Hier wartet gleich ein Zweckstellplatz gepaart mit einem tollen **Sandstrandbadeplatz** in unmittelbarer Nähe:

(208) WOMO-Badeplatz: Hundested Hafen

GPS: N 55°57'58.6" E 11°50'46.8"   max. WOMOs: 2-3.
Ausstattung/Lage: Mülleimer/Ortsrand.
Zufahrt: Gleich nach der Fähre links (Photo S.176)
Sonstiges: Beliebtes Angelrevier an der Mole.

100 m nach der Fähre zweigt links die Straße zum Knud Rasmussen Haus ab, das wir uns gerne ansehen wollen.

(209) WOMO-Picknickplatz: Knud Rasmussen Haus

GPS: N 55°58'24.8" E 11°51'14.0"   max. WOMOs: 2.
Ausstattung/Lage: Tisch & Bank, Mülleimer/Ortsrand.
Zufahrt: Wie beschrieben, nach 800 m links im Grünen (ausgeschildert).

Ein kurzer Spazierweg führt uns zum reetgedeckten Haus des weithin bekannten **Polarforschers**. Das Anwesen diente ihm jedoch nur als Arbeitsstätte. Wir spüren förmlich, wie das Gemäuer und die weitestgehend unberührt gelassenen Einrichtungsgegenstände den Geist Rasmussens atmen. Überall hängen Bilder und Erinnerungsstücke seiner zahlreichen Polarexpeditionen, wovon die Grönlandexpedition mit Hundeschlitten 3 Jahre und 1 Monat dauerte.

Vom Knud Rasmussens Arbeitshaus führt ein Spazierpfad hinauf zum Spodsbjerg Leuchtturm. Auf dem Weg dorthin kommen wir an Picknickbänken vorbei, die mit einem großartigen Ausblick in die Ferne zu einer Rast einladen. Leider kann der rot-weiß gestrichene Leuchtturm nicht bestiegen werden. Nicht weit davon entfernt sehen wir an einer landschaftlich äußerst reizvollen Stelle die Knud Rasmussen Gedächtnissäule, die 1936 hier errichtet wurde. Die Steine, die die mächtige Säule verzieren, stammen alle von verschiedenen Orten Grönlands.

Zum Übernachten fahren wir nur noch ein paar hundert Meter weiter zu einem ruhigen und idyllischen Plätzchen.

(210) WOMO-Wanderparkplatz: Spodsbjerg

GPS: N 55°58'32.7" E 11°51'26.1"   **max. WOMOs:** 1-2.
Zufahrt/Lage: Vom Parkplatz (199) noch 300m weiter bergauf, dann links in den Schotterweg bis zu dessen Ende/Ortsrand.

Am nächsten Tag brechen wir auf in Richtung Kattegatküste.
2,7 km hinter dem Ortsende von Hundested zweigt in Amager Huse rechts eine Straße zum Meer mit einem schöngelegenen **Campingplatz** ab. Durch leicht hügelige Landschaft reisen wir weiter bis zum Kreisel vor Frederiksvaerk. Dann wechseln wir nach links auf die 205 über.
Bald nach Vinderöd beginnt der Wald des Tisvilde Hegn. Wer aber meint, dass hier nur Grün dominiert, hat sich gewaltig geirrt. Zwischen den Bäumen und Sträuchern wimmelt es nur so von Ferienhäuschen, die aber harmonisch in die Natur integriert sind. Hier lassen sich bestimmt auch schöne Tage verbringen.
Überhaupt werden Sie bald feststellen, dass sich der „Ferienhauswurm" ununterbrochen von hier bis nach Hornbaek schlängelt.
Nordseeland ist **das** Ferienhausdomizil auf Seeland! In jeder Ortschaft erblicken wir dann auch die entsprechenden Agen-

turen wie Novasol, Dancenter, Dansommer und wie sie sonst noch alle heißen.

Aber keine Bange! Es bleiben noch genügend freie Plätze für uns Womofahrer übrig, an denen wir Strand und Natur in vollen Zügen genießen können.

In unserem Ferienhäuserwald kommen wir dann an eine riesige rotumrandete weiße Tafel die uns links den Weg nach „Tibirke/ Tisvilde" weist. Da die Moorgegend unter Naturschutz steht, weicht die Bebauung. Zu unserer linken erheben sich die 60 m hohen Dünen der **Tibirke Bakker**, die wunderschön mit blühender Heide und Wacholderbüschen überzogen sind. Ein ideales Wanderrefugium.

Wir rollen noch ein kleines Stück weiter bis zur Kirche.

---

(211) WOMO-Picknick-/Wanderparkplatz: Tibirke Kirke
GPS: N 56°02'31.4" E 12°06'30.6"   **max. WOMOs:** 1-2.
Ausstattung/Lage: Tisch & Bank, Mülleimer/außerorts. **Zufahrt:** s. Text.

Hier stellen wir unser Womo ab und brechen zu zwei **Wanderungen** auf.

Die erste Wanderung führt uns ins Ellemosen Moor. Wie der Name schon anklingen lässt, kann unser Pfad etwas feucht werden. Dafür warten aber Frösche und zahllose Wildvögel am nahen See auf den Wanderer. Also unbedingt Gummi- oder (wasserdichte) Wanderstiefel anziehen. Wir laufen entlang der Straße 350 m zurück und schwenken beim Holzschild „Oldtisvejen" nach links ein. Uns erwartet nach rund 20 - 30 Minuten Gehzeit ein 150 m langes gepflastertes Wegstück aus der Eisenzeit. Je nach Lust, Laune und Kondition lässt sich diese Wanderung beliebig ausbauen. Da wir aber noch eine zweite Tour anstreben, kehren wir zum Parkplatz zurück und laufen dann von dort über den schmalen Pfad (am oberen Ende) zur Kirche. Kurz darauf passieren wir leicht abwärts wandernd ein reetgedecktes Cottage und laufen dann auf den Schotterweg nach rechts. Schon 50m später schwenken wir links in den Waldweg ein und folgen dem Schild „udsigten", von wo aus es nun sachte bergan geht. Wir halten uns schräg rechts und marschieren dann immer am

Waldrand entlang weiter. Schon bald sind wir mitten in der romantischen Heidelandschaft und folgen den Wegweisern bergan. Rund 1h später stehen wir auf dem „Gipfel" und genießen eine phantastische Rundumsicht. Zurück geht es auf dem gleichen Weg, der für Kinder und Kinderwagen völlig problemlos ist.

In **Tibirke** biegen wir rechts ab, erreichen gleich darauf die 267, in die wir nach links einbiegen. An der darauffolgenden T-Kreuzung blinken wir rechts und kommen so auf der 237 nach Vejby. Im Ort führt die Hauptroute plötzlich nach links in Richtung Rageleje.

Kaum zu glauben, aber in dieser dichtbesiedelten Gegend warten einige der schönsten Strände auf uns.

(212) WOMO-Badeplatz: Rageleje I

GPS: N 56°06'21.5" E 12°10'36.1"
max. WOMOs: 3.
Ausstattung/Lage: WC, Mülleimer/im Ort.
Zufahrt: 400 m nach Ortsbeginn rechts, großer Parkplatz.

WOMO-Badeplatz: Rageleje II

GPS: N 56°05'50.7"   E 12°09'37.1"
max. WOMOs: 2-3.
Zufahrt/Lage: 1,1 km nach Ortsende Rageleje, rechts/außerorts.

(213) WOMO-Badeplatz: Smidstrup Strand

tagsüber (**GPS:** N 56°07'11.9" E 12°14'14")

max. WOMOs: > 10.   **Ausstattung/Lage:** Mülleimer/außerorts.
Zufahrt: 800 m nach Ortsbeginn von Smidstrup Strand links; auf Stichstraße zum Meer hinab.

bei Nacht (**GPS:** N 56°06'56.4" E 12°14'16.6")

max. WOMOs: 2-3.   **Ausstattung/Lage:** Mülleimer, Kiosk; Ortsrand.
Zufahrt: 800 m nach Ortsbeginn rechts, großer Parkplatz.

Nach unserem letzten Womobadeplatz wartet die nördlichste Stadt Seelands **Gilleleje** nun auf unseren Besuch.

(214) WOMO-Stellplatz: Gilleleje

GPS: N 56°07'24.6" E 12°18'15"   **max. WOMOs:** 1-2
Zufahrt/Lage: In Gilleleje beim Bahnhof rechts, über die Gleise; dann schräg links auf Schotter vor einer Wiese. Direkt beim Bahnhofsparkplatz weitere 4-5 Plätze/im Ort.
Sonstiges: Ca. 5 Min. zu Fuß zum Zentrum / Hafen / Strand.

Das **kleine und sympathische Hafenstädtchen** ist u.a. etwas für zeitige Aufsteher, wenn nämlich am frühen Morgen die fischbeladenen Kutter ihren Fang löschen. Die beste Gelegenheit frischeste Meeresfrüchte zu ergattern und dem Entladespektakel beizuwohnen.

Aber auch tagsüber bieten die Fischläden und Imbissbuden am Hafen die Speisen des Meeres in allen leckeren Variationen an.

Uns gefällt auch die kleine und ruhige Fußgängerzone, die sich nur wenige Schritte vom Hafenbecken landeinwärts befindet. Fast schon dörfliche Beschaulichkeit und Ruhe empfinden wir beim Bummel entlang der Geschäfte. Noch mehr Ruhe finden wir bei den **Klippen des Gilbjerg Hoved**.

Ein schmaler Spazierweg führt vom Nordwesten der Stadt, (am Ende der Einkaufsstraße) schräg rechts hinauf zur Steilküste, von wo aus wir unsere Blicke über den Kattegat bis ans sichtbare schwedische Öresundufer gleiten lassen können. Immer wieder führen Treppen hinab an traumhafte Badebuchten. Wer hier seine Badesachen vergessen hat ist selber schuld oder hüpft im „Adams - bzw Evakostüm" ins kristallklare Wasser... Nicht nur uns gefällt es hier ausnehmend gut.

Schon der Philosoph Sören Kierkegaard wusste diesen Flecken Natur zu schätzen. Ein Gedenkstein an seinem Lieblingsplatz erinnert nach rund 1,5 km zurückgelegten Weges daran.

Natürlich kann man in Gilleleje auch baden. Linkerhand des Hafenareals beginnen die Sand- und Kieselstrände.
Auch bei den **Petrijüngern** ist der Ort heiß begehrt. An der äußersten Spitze der Ostmole stehen die Chancen auf einen guten Fang nicht schlecht. Unsere Fahrt geht auf der 237 weiter, parallel zum Meer.

Immer wieder sehen wir zwischen der dichten Bebauung auf Schweden hinüber. Entlang der Straße laden mehrere Stichsträßchen zu Badeplätzen am Meer ein. Doch sind all diese Plätze für uns des Nachts tabu.

In **Hornbaek**, das in seinem Hafen eine gewisse ursprüngliche Romantik bewahren hat können, bietet uns Mitten im Ort ein Parkplatz die Möglichkeit des längeren Verweilens und Badens an:

Tipp: Wenn Sie an einem der schönen feinsandigen Hornbaekstände den Tag verbracht haben, so könnten sie romantisch im **Restaurant „Oliva"** (Hauptstraße / Ecke Hafenabfahrt) den Abend verbringen. Lassen Sie sich überraschen. Schon von außen versprüht das Restaurant mediterranen Charme.

In Alsgarde wartet der letzte Badeplatz dieser Tour auf uns:

Bald hinter Alsgarde sehen wir das mächtige **Schloss Kronborg** hin und wieder hervorspitzen. Dort wollen wir als nächstes hin.

In Helsingör fahren wir auf der Ringstraße O1 linkshaltend zum Hafen. Direkt vor der Festung wartet reichlich Parkraum auf uns (Übernachtungsverbot). Nicht nur Schlossbesucher stellen hier ihr Gefährt ab, sondern auch die zahlreichen Hobbyangler. Frühmorgens brechen die Kutter mit den **Fischtouristen** zu halb- und ganztägigen Fangfahrten in den Öresund

Schloss Kronborg

auf. Apropos Öresund. Bevor wir das Kassenhäuschen im Inneren der Wallanlage erreichen, betreten wir die Kanonenbalustrade und blicken über die Meerenge nach Schweden hinüber. Früher wie heute kam kein Schiff ungesehen durch diese Wasserstraße. Klar, dass die Dänen dies zu nutzen wussten und passierende Segler bis ins 18. Jahrhundert hinein den „Sundzoll" bezahlen mussten. Der Staatssäckel wurde gefüllt, die Stadt Helsingör wurde wohlhabend und wuchs zusehends. Einen kleinen Einblick in diesen Reichtum und diese Epoche bekommen wir in den königlichen Gemächern. Je nachdem wie die Touristen ihre Urlaubskasse belasten wollen, stehen drei Besuchsvarianten im Schloss zur Wahl. Wir entscheiden uns wegen unserer kleinen Tochter für die günstigste und kürzeste Lösung, die uns trotzdem herrliche Einblicke nicht nur in die „royal appartements", die königlichen Gemächer gewährt. Besonders beeindruckt uns der langgezogene, mit Marmorfußboden versehene Festsaal.

Zur Stadterkundung stellen wir unser Womo auf einen kostenlosen Parkplatz um, der auch übernachtungstauglich ist. Dazu rollen wir bis zur Ampelkreuzung zurück, biegen nach links in die Allegade ab und kommen wenig später am Bahnhof vorbei. Ein Stück noch entlang der Gleise und dann scheren wir nach links in das riesige **Parkplatzareal** ein, in dessen hinterem Teil man einen ruhigen Platz für die Nacht ergattern kann. Zu Fuß spazieren wir zurück in Richtung Bahnhof und befin-

den uns damit schon in der schachbrettartig angelegten Fußgängerzone der Stadt. An der Bramstraede können wir uns im Infobüro mit Broschüren zu Helsingör und Umgebung versorgen.

Helsingör

Dann spazieren wir

rechts in die Strandgade und nur wenige Schritte später links in die urige Gammel Fraergestrade. An deren Ende stoßen wir direkt auf das älteste Gebäude der Stadt, die **Skt. Olai Kirke**. Teile des Gotteshauses stammen noch aus der ersten Hälfte des 13. Jahrhunderts. Wer noch mehr Kultur und Museen braucht, spaziert in der Sct. Annae Gade zum Karmelitenkloster vor, wo ihn das Helsingör Bymuseum und die Skt. Mariae Kirke erwarten. Wir verzichten auf diesen Schlenker, denn die Sonne hat sich zwischenzeitlich etwas rar gemacht und in der Ferne ist lauter werdendes Donnergrollen zu vernehmen. Gerade noch erreichen wir unser Womo und haben das Gefühl, als wären wir an Bord der Arche Noah gelandet. Es schüttet wie zum Weltuntergang. Eine viertel Stunde später ist der Spuk schon wieder vorbei und wir können auf regennasser Fahrbahn zu neuen Ufern aufbrechen. Auf der Küstenstraße 152 fahren wir durch mondän anmutende Ortschaften bis wir nach **Tibberup** gelangen. Jetzt heißt es aufpassen. Schon bald kündigt ein Schild das **Kunstmuseum „Louisiana"** an.

Es soll in Europa das **bedeutendste seiner Art** sein. Das testen wir gleich. Abstrakte Fotos und Skulpturen u.a. wollen dann bestaunt werden. Faszinierend ist ebenso der in das Museum integrierte Garten, in dem sich moderne Kunst mit Natur zu einem harmonisch Ganzen vereint. Picknickbänke laden zum Verweilen ein, und ein wunderschöner Blick aufs Meer rundet das Ganze noch ab. Schnell vergessen wir hier die Zeit. Sogar Paula stiefelt angeregt umher und will gar nicht mehr zum Womo zurück.

Kunst ganz anderer Art erwartet uns in **Rungsted**. Auf der Fahrt zu diesem Küstenort kommen wir durch Niva:

(218) WOMO-Badeplatz: Niva Havn
GPS: N 55°56'18.8" E 12°31'36.4"
max. WOMOs: 2-3. **Ausstattung/Lage:** Mülleimer, Dusche, WC, Wasserhahn, Surfbrettver-
leih, Restaurant, Imbissbude/Ortsrand.
Zufahrt: In Niva an der Ampel links, nach 250
m links auf den großen Schotterparkplatz bzw.
direkt am Meer an der Parkbucht.

Rungsted scheint etwas für reichere Leute zu sein. Noble Häuser und Villen säumen den Straßenrand. Wohl die Adresse an der Öresundküste für den Jetset. Gleich am Ende gegenüber dem Jachthafen befindet sich die Einfahrt zum Haus „**Rungstedlund**".

Es war die Heimat **Karen Dinesens**. Besser bekannt unter ihren Pseudonymen Karen Blixen und Tania Blixen.

1885 wurde Blixen auf Rungstedlund geboren und wuchs unter der sie bedrückenden bürgerlichen Enge auf. Im Alter von 28 Jahren konnte sie diesem Zwang durch die Zweckehe mit Baron Bror Blixen-Finecke end-lich entkommen und wanderte mit ihm nach Kenia aus. Das Leben auf ihrer Kaffeefarm gehörte für sie zu den prägenden Jahren ihres Lebens. Betrogen durch ihren untreuen Ehemann ließ sich Blixen bald scheiden und begann ein leidenschaftliches Verhältnis mit ihrer wahren Liebe Denys Finch-Hatton. Das Glück währte aber nicht lange. Die Kaffee-plantage musste wegen Unrentabilität verkauft werden und ihr Geliebter fand durch einen Flugzeugabsturz den Tod. Geknickt kehrte sie nach Rungstedlund zurück und verschrieb sich fortan der Schreiberei. Ihr au-tobiographischer Roman „Afrika, dunkel lockende Welt" wurde 1985 unter dem Titel „Jenseits von Afrika" verfilmt. 1962 starb die Autorin im Alter von 77 Jahren in ihrem Haus mit der verbitterten Einsicht, dass das Glück eines normalen Frauenlebens ihr nicht vergönnt war.

Die Räumlichkeiten des zu einem **Museum** umgestalteten Hauses der Baronin gewähren uns einen kleinen Einblick in ihr Leben. Der eingewachsene Garten des Anwesens, der auch kostenlos außerhalb der Besuchszeiten betreten werden kann, strahlt Ruhe und Geborgenheit aus. Dies wusste Karen Bli-xen über ihren Tod hinaus zu schätzen.

Sie fand hier ihre letzte Ruhe unter einer mächtigen Buche. Um dorthin zu gelan-gen, spazieren wir schräg rechtshaltend 300 m auf dem Waldpfad durch üppiges Grün.

Bewegt von den Impressionen Rungsted-lunds kehren wir nach links zur Ampel-kreuzung zurück. Dort folgen wir der 207 links bergauf und gelangen dann über die 229 zur Autobahn E 47/55. **Kopenhagen** wir kommen!

TOUR 14 (2-3 Tage)

Kopenhagen

Stell-/Campingplätze: DCU-Absalon Camping, Charlottenlund Fort
Camping, City Camp, Mitchellsgade

Baden: Camping Charlottenlund Fort

Essen: Pizza „all you can eat" in der Ströget

Restaurants am Gråbrödretorv

Fischrestaurant „Krogs" am Gammel Strand

Vor uns liegt die südlichste **Kapitale des Nordens**. Zwar fehlen der charmanten Großstadt mit ihren knapp 500.000 Einwohnern noch viele Bewohner, um wirklich von einer großen Metropole sprechen zu können, doch besitzt sie alle Attribute um doch in die höchsten Ränge aufgenommen werden zu können:

Sie ist seit 1417 Stadt der Monarchen, alle drei Staatsgewalten residieren in Kopenhagen, es gibt eine U-Bahn, herausragende Museen von Weltruf, weit über die Grenzen des Landes bekannte Baudenkmäler, allerorts gern getrunkenes Carlsberg- und Tuborg-Bier, eine ewig lange Fußgängerzone, Pubs, Restaurants, einen Freizeitpark mitten im Kern... und schließlich die das Herz der Besucher erobernde kleine Meerjungfrau. Gehen Sie mit uns auf eine überschaubare **Erkundungs-tour** und besichtigen Sie mit uns die Glanzpunkte dieser reizvollen Metropole. Wer schlecht zu Fuß ist, kann beim Rathaus in einen der Sight-Seeing-Busse steigen oder uns **per pedales** folgen!

Noch eine kurzer Hinweis am Rande: Klar lässt sich Kopenhagen auch an einem Tag „abhaken" - aber gesehen haben Sie dann nur einen unwirklichen Bruchteil, und den Charakter, das was diese Stadt wirklich ausmacht, haben Sie nicht erlebt. Also nehmen Sie sich unbedingt genügend Zeit. Sie werden es sicherlich nicht bereuen!

Bevor wir uns aber zu unserer Stadterkundung aufmachen können, muss selbstverständlich erst die Übernachtungsfrage geklärt werden. Der offizielle Stellplatz für WOMOs (1,8 km südwestlich des Tivoli) bietet alle Annehmlichkeiten eines Campingplatzes und liegt einigermaßen zentral. Noch näher am Tivoli (500 m) ist nur unser „Geheimplatz" **(219a)** in der Mitchellsgade.

---

(219) WOMO-Stellplatz: City Camp

GPS: N 55°39'39.4" E 12°33'32"   **max. WOMOs:** 100.
Ausstattung/Lage: Wie Campingplatz/im Zentrum.
Zufahrt: Auf der E 20, Ausfahrt 22, dann auf die 4-spurige Ringstraße „O2" Richtung Zentrum. Beim Heizkraftwerk und vor dem neuen Einkaufscenter „Fisketorv" rechts. Ganz in der Nähe des Hauptbahnhofes und Tivolis.
Sonstiges: Teuer, dafür sehr zentral gelegen. Nur von Juni bis Ende August zugänglich. Email: Info@citycamp.dk
219a [N 55° 40' 11" E 12° 34' 18"]: Recht ruhig gelegener Parkstreifen in der Mitchellsgade, Sa 17 - Mo 8 Uhr kostenlos.

Etwas günstiger und in der Nebensaison leider fast schon ein Muss sind die Campingplätze.

---

(220) WOMO-Campingplatz-Tipp: DCU Camping Absalon

GPS: N 55°40'16.1" E 12°26'01.8"   **Öffnungszeiten:** Ganzjährig.
Ausstattung: Großes Wiesengelände durch Bäume und Hecken unterteilt mit allem Komfort; günstig.
Zufahrt: E 47/55, Ausfahrt 24 beschildert.
Sonstiges: Zuganbindung ins Zentrum, auch mit dem Rad machbar.

---

(221) WOMO-Campingplatz-Tipp: Charlottenlund Fort

GPS: N 55°44'46.7" E 12°35'12.5"   **Öffnungszeiten:** 9.5. - 15.9.
Ausstattung: Ebene Wiese auf dem Gelände des ehemaligen Forts. Über eine Brücke zum Meeresstrand.
Zufahrt: Über die Staatsstraße 152, beschildert.

Kopenhagen hat eines der vorbildlichsten Radwegenetze in der City angelegt, an dem sich deutsche Stadtväter eine Scheibe abschneiden können. Das Rad ist auch bei Autofahrern ein anerkanntes und respektiertes Verkehrsmittel. Leute in Anzug und Krawatte auf dem Stahlross sind keine Seltenheit. Deswegen schließen wir uns diesem Trend an und „erstrampeln" uns die Stadt. Mieträder gibt es relativ günstig beim Bahnhof. Dazu gehen Sie an den Bahnsteigen 11/12 vorbei, verlassen das Bahnhofsgebäude und halten sich dem Fahrradverleihschildchen nach links. Überall wimmelt es nur so von zweirädrigen Gefährten. Rund 50 m später steigt man die Treppen zum Keller hinab und steht im Reich

 der **Mieträder**. Tandems , 3 - 7 Gänge Citybikes, Mountainbikes, Kindersitze, Anhänger, Fahrradkörbe, alles kann hier gemietet werden. Für die Stadterkundung sind unseres Erachtens die 3 gängigen Modelle völlig ausreichend. Dass sich die Räder in einem tadellosen Zustand befinden und ständig gewartet und geputzt sind, muss eigentlich kaum erwähnt werden. Anders sieht es da bei der kostenlosen Alternative aus: Für 20 Dkk Pfand (sonst nichts! - wie beim Einkaufswagen Münze einstecken) können Sie an vielen Radständern der Stadt die sog. Byckler entleihen. Die sind zum Einen heiß begehrt und zum Andern ohne Gangschaltung und oft in einem bedauerlichen Zustand. Auch das Absperren ist nicht möglich - nur Rückgabe.

Wenn Sie aber unserer Stadterkundung per pedales nichts abgewinnen können, so bietet sich für Sie auch die Alternative der „hopp on - hopp off Sightseeingbusse" an. Das sind die von London her in aller Welt bekannten roten Doppeldeckerbusse, die aber als Cabrioversion durch die Stadt touren. Einmal bezahlt, und Sie werden mit Audioführung (Kopfhörer) in Ihrer Sprache fachkundig von Sehenswürdigkeit zu Sehenswürdigkeit kutschiert. Unterbrechen der Fahrt ist dabei kein Problem.

Folgen Sie uns nun aber zu den schönsten Punkten der Stadt und erfahren Sie (im wahrsten Sinne des Wortes) unvergessliche Eindrücke.

1. Tag - Rundgang 1:

Zuerst besorgen wir uns in der **Bernstorffgade 1** (Bahnhofseite des Tivoli) einen kostenlosen Stadtplan von Kopenhagen und radeln dann durch die gleich nebenan befindliche Vesterbrogade (vorbei am Haupteingang des Freizeitsparks) vor zum **Rathausplatz**. Wir glauben uns fast in der toskanischen Stadt Siena, denn die stand mit dem Palazzo Pubblico Pate für den architektonischen Entwurf hier im Norden. Nun gehen wir auf den Strich (nicht wie Sie meinen!) - auf die Einkaufsmeile **Ströget** und Fußgängerzone Kopenhagens. Da es vor 10.00 Uhr ist, wirkt alles noch recht verschlafen. So stört es auch keinen, dass wir bis zum Kongens Nytorv, dem nächsten Platz vorradeln und unsere Räder dort abstellen. Über die **Östergade** (Teil des Ströget) laufen wir zurück in Richtung Rathaus und erreichen als nächstes den **Amagertorv**, den zentralen Platz des Ströget. Besonders sticht der schöne Granitplattenbelag hervor, aus dem sich in der Mitte der Storchenbrunnen erhebt. Ganz nobel sind unter dem Platz auch die öffentlichen Jugendstiltoiletten. Geradeaus weiter sehen wir zu unserer rechten die Helligands Kirke, vor der die ersten Musikanten des Tages gerade ihr Utensilien auspacken. Und schon wieder kommen wir an einen Platz, den **Gammeltorv / Nytorv**. Der hübsche **Caritasbrunnen** zieht unsere Blicke an. Wir halten uns rechts ab und gelangen über die Nörregade zur Frue Kirke, der Domkirche. Gleich daneben befindet sich im klassischen Stil die Alte Universität. Zwischen den beiden Gebäuden laufen wir hindurch, biegen dann rechts ab und kurz nach dem Gotteshaus auf die Skindergade, in die wir links einschwenken. Im Gegensatz zum Ströget wirkt dieses Viertel richtig angenehm ruhig. Als wir dann den **Grobrödretorv**

erreichen (rechts), kommt uns das passende Wort fast gleichzeitig über die Lippen: hyggelig.

Hier beschließen wir unter den schattenspendenden Bäumen in eines der **Restaurants** einzukehren und die Szene auf uns

Gråbrödretorv

wirken zu lassen. Apropos Mittagessen. Günstiger lässt es sich schräg gegenüber der Helligands Kirke im Ströget essen. Dort bietet „Manhattanpizza" für 49 Dkk (z.Z.) pro Person ein „all you can eat" Pizzabuffet incl. Salat an. Nicht nur etwas für extrem Hungrige, sondern auch für Ihre Kinder, die beim Wort Pizza bestimmt große Augen bekommen. Sollten Sie noch Lust auf einen Café verspüren, so heben Sie sich diesen Wunsch

noch etwas auf - lassen Sie sich überraschen...

Wir kehren zur Skindergade zurück, halten uns rechts ab und kommen auf die überaus belebte Flaniermeile der **Köbmagergade**. Zu unserer linken sehen wir schon den **Rundetarn**, den wir nun besteigen wollen. Erstaunt stellen wir fest, dass statt der üblichen Treppen eine breite Auffahrt himmelwärts führt. Schließlich wollte der Adel nicht auf seine gemütliche Kutsche verzichten. Die Aussicht ist grandios und reicht bei guter Sicht sogar bis zur Öre-

Bischof Absalon am Höjbro Plads

sundbrücke hinüber. Nach dem Rundumblick bummeln wir an den zahllosen Geschäften vorbei, inspizieren mal mehr mal weniger die Schaufensterauslagen und kommen so vor zum Amagertorv.

Über den Amagertorv erreichen wir den **Höjbro Plads**, auf dem erhobenen Rosses und mit Schwert bewaffnet der Stadt-

gründer Bischof Absalon thront. Hier können wir nun unseren (Eis)cafe auf Liegestühlen vor wunderbarer Kulisse zu uns nehmen und wieder etwas entspannen. Wer wie Paula Lust auf ein großes Eis verspürt, wird hier ebenso verwöhnt.

Blick auf den Höjbro Plads

Der um die Ecke befindliche Gammelstrand ist nicht nur ein weiterer Platz, der zum Essen einlädt (**Fischrestaurant Krog**), sondern von dem aus eine **Hafenrundfahrt** startet. In der Ferne sehen wir bereits die herrliche Gebäudefront der Börse, die wir uns aber erst Morgen in Tour 3 näher anschauen werden.

Über die beschauliche Lille Kongensgade kehren wir zum Kongens Nytorv und unseren Rädern zurück.

Rundgang 2:

Jetzt wird „aufgesattelt". Wir radeln 270 Grad im Kreis des riesigen Platzes und verlassen ihn über die Gothersgade stadtauswärts. Einige Häuserblocks später treten wir am Park von **Schloss Rosenborg** vorbei, überqueren noch die Öster Vold-

ausgedehnte Grünanlage um Schloss Rosenborg

gade und sperren unsere Räder am Eingang des kostenlosen **Botanischen Gartens** ab. Schnell haben wir das Großstadtgewimmel hinter uns gelassen und tauchen in einen Ort der Ruhe und Blütenfülle aus aller Herren Länder ein. Besonders sehenswert ist das **Palmenhaus** aus Glas und Stahl im viktorianischen Stil.

Als nächstes steht die **Nationalgalerie** an. Wir gelangen dorthin mit unseren Drahteseln über die Öster Voldgade, entlang des Botanischen Gartens. Malerei und Bildhauerei vom 15. Jahrhundert bis zur Gegenwartskunst präsentiert sich dem Interessierten. Da der Eintritt mit unserer Kopenhagen Card kostenlos ist, lassen wir uns ein bisschen Bildung in dieser Richtung nicht entgehen. Dann tauchen wir schräg gegenüber dem Museum in die **Gartenanlage** des Schlosses Rosenborg ein, die zum Ausruhen auf sattgrünem Rasen und unter schattenspendenden Bäumen einlädt .Im Schloss selbst befinden sich die Insignien der Macht, die **Kronjuwelen** ihrer Majestät Margrethe II. Uns Normalsterblichen ist es gegönnt, einen Blick auf diese Kostbarkeiten werfen zu dürfen. Übrigens: wer Kostbarkeiten ähnlicher Art sucht, findet auf dem Trödelmarkt am Israels Plads jeden Samstag (Parallel zur Gothersgade auf Höhe Bot. Garten) allerlei Krimskrams und Antiquitäten.

Quer durch den Park gelangen wir zurück zur Gothersgade und schließen den Nachmittag und damit auch den ersten Erkundungstag für heute ab.

2. Tag- Rundgang 3:

Wir beginnen unsere Rundtour am Rathausplatz, an dessen rechter Ecke H.C. Andersen als **Bronzestatue** verewigt wurde. Ihm zu Ehren wurde die angrenzende Straße auch H.C. Andersen Boulevard genannt. Gleich gegenüber dem Märchenerzähler auf der anderen Straßenseite wartet das „**Lou-**

Besuch der Glyptotek...

...oder des Designmuseums?!

is Tussauds Wax Museum" auf uns. Hier kann die gesamte königliche Familie aus nächster Nähe bestaunt werden. Logisch, dass Andersen seine eigene Abteilung erhielt.

Dann radeln wir auf dem Radweg am H.C. Andersens Boulevard entlang des Tivolis und stoßen an der Kreuzung zur Tietgensgade auf die **Ny Carlsberg Glyptotek**. Im Inneren empfängt uns eine Tropenhalle im viktorianischen Stil. In den angrenzenden Hallen verbergen sich die wahren Schätze des Museums: eine prachtvolle Sammlung antiker Skulpturen, die in einem Tempelnachbau gipfelt. Wer sich eher für Gegenwartskunst interessiert, findet nur einen Steinwurf entfernt am Boulevard das Dänische Designmuseum.

Mit unseren Rädern überqueren wir die Ampelkreuzung, fahren über den Dantes Plads und befinden uns dann vor dem Eingang zum **Nationalmuseum** in der Ny Vestergade. Können Sie sich noch an den Sonnenwagen aus Tour 12 erinnern? Hier ist das Original untergebracht. Sogar eine eigene Museumsabteilung für Kinder wurde eingerichtet.

Weiter geradeaus, über die Brücke und wir sind auf der Schlossinsel mit **Schloss Christiansborg**, das Sitz des dänischen Parlaments „**Folketing**" ist. Hier befand sich auch die erste Burg Bischof Absalons, dessen Fundamente im Keller des Schlosses der Öffentlichkeit zugänglich gemacht sind.

Wir verlassen das Schlossareal wieder und radeln langsam über das Kopfsteinpflaster am Kanal in Richtung Sydhavnen. Auf der Straße Christians Brygge halten wir uns links und unser Blick wird vom „**Schwarzen Diamanten**" gefangengenommen. Das schwarze Glasmonument verbindet die altehrwürdigen Gemäuer der Königlichen Bibliothek mit der Moderne. Darunter strampeln wir hindurch, tragen vor der Unterführung unsere Räder die paar Stufen zur Knippels Brücke hinauf und

„Schwarzer Diamant"

wechseln auf ihr zur anderen Uferseite hinüber. In der Ferne sehen wir schon den spiralförmigen Turm der **Erlöserkirche** (Vor Frelsers Kirke), von dessen schräger Empore schöne Blicke über die Stadt und auf Christiania geworfen werden können.

Über die Prinsessegade tauchen wir nun in die Stadt in der Stadt ein: die „**Freistadt Christiania**". Ein von den Behörden

zähneknirschend geduldetes 34 ha großes Areal, auf dem eine sich selbst verwaltende Gesellschaft aus Hippies, Junkies, Aussteigern und Alternativen wohnt. Verblüfft sehen wir, wie nicht nur Jugendliche an den Marktständen völlig ungeniert weiche Drogen einkaufen. Harte dürften wohl bei genauerer Nachfrage auch kein Problem sein. Eine überaus interessante und schräge Gegend, doch wir fühlen uns etwas unwohl und flüchten in das bürgerliche Kopenhagen. Über die Knippels Bro radeln wir und stehen dann vor der 1640 fertiggestellten **Börsenfront**, die zu recht als eine der schönsten Renaissancebauten Kopenhagens gilt. Gleich am Ende des Prachtbaus schwenken wir am Christiansborg Slotsplads nach rechts in die Töjhusgade ein, in der sich ein kleiner Durchgang zum

Bibliotheksgarten befindet. Noch waren wir gerade von Lärm umgeben, jetzt empfängt uns ein Ort der Ruhe. Wir setzten uns auf eine der freien Bänke, genießen die Stille und erfreuen uns an der üppigen Blütenpracht.

Börsenfront

Am Nationalmuseum vorbei kehren wir in Richtung Bahnhof zurück und beenden den Tag für heute.

3. Tag - Rundgang 4:
Vom Bahnhof aus radeln wir über den noch ruhigen Ströget vor zum **Kongens Nytorv.** Auf dem Paradeplatz stechen das Großkaufhaus „Magasin du Nord", das „Hotel d´Angleterre" und das Staatstheater sofort ins Auge. Neben dem Theater befindet sich der vom Volksmund verächtlich genannte „Starenkasten", einer der wenigen Art-deco-Bauten der Stadt.
Nur wenige Pedaltrapper daneben und wir stehen am Anfang des **Nyhavn**. Das entlang des Kanals erbaute Kneipen und Cafehausviertel gefällt uns sofort mit seinen bunten Häusern

Nyhavn

und den vielen Segelschiffen, die fest vertäut am Kai liegen. Einige von ihnen, wie das alte Feuerschiff, sind zu Restaurants umgebaut worden. Erst zu Mittag hin erwacht hier das Leben.
Auf halber Kanalhöhe biegen wir links ein in die Toldbodgade, radeln an der nächsten Straßenkreuzung nach rechts und gleich darauf wieder links ab. Der Kvaesthusgraven Kai ist die

Oslo - Fähre

Anlegestelle der großen Oslofähren. Gerade schiebt sich einer der mächtigen Pötte rückwärts die Hafeneinfahrt herein und fährt nur wenige Zentimeter an unseren beeindruckten Gesichtern vorbei. Links werfen wir einen ersten Blick über den Springbrunnen hinweg zu **Schloss Amalienborg**, dem Amtssitz der Königin. Zuerst aber radeln wir geradeaus weiter in nördliche Richtung und stoppen vor der Davidskopie des ital. Bildhauers Michelangelo. Der steht vor dem ehemaligen Westindischen Dockgebäude, das heute „**Den Kongelige Afstöbningssamling**", ein Museum mit über 2300 Gipskopien berühmter Skulpturen und Relief aus mehreren Jahrtausenden der Kunstgeschichte beherbergt. Wir sind zutiefst beeindruckt, was hier für eine einzigartige Abgusssammlung zusammengetragen wurde. Nach dem Museumsbesuch strampeln wir weiter entlang des Kais bis wir links in die Straße „Esplanaden" einschwenken.

Nochmals biegen wir links ab in die Amaliegade, die in den Churchill Parken hinüberführt. Schon sehen wir den neurestaurierten **Gefionsbrunnen**.

Gefionsbrunnen

Es geht nun ein Stück weit am Hafenbecken entlang - und da sitzt sie plötzlich auf einem Stein und verzaubert durch ihre Schönheit die Besucher: die **kleine Meerjungfrau**. Wahrscheinlich gibt es in Kopenhagen kaum ein Motiv, das so von Fotografen umlagert wird. Nicht umsonst wurde das Fabelwesen zum Wahrzeichen einer ganzen Nation. Über eine weitgestreckte 90 Grad Linkskurve gelangen wir in das innere des **Kastells**, das von 1662 - 63 im Barockstil erbaute Festungswerk. Auf der anderen Seite schieben wir unsere Räder durch die Grünanlage, steigen bei der Straße Esplanaden wieder in den Sattel und biegen links ein in die Bredgade. Doch Achtung: Es handelt sich um eine Einbahnstraße. Da wir in falscher Richtung unterwegs sind, müssen wir wohl oder übel ein kleines Stück auf dem Fußweg schieben. Das macht nichts, denn sonst könnten wir nicht ungestraft den Blick schräg zum

Marmorkirche

Himmel erheben. Drei goldglänzende Zwiebeltürme der russisch-orthodoxen **Alexander Newsky Kirche** strahlen im Sonnenlicht. Die wirken aber richtig zierlich im Vergleich zur bald folgenden **Marmorkirche**, deren Erbauer die Ambition hatte, sie zum höchsten Kuppelbau Europas werden zu lassen. Daraus wurde aber nichts. Immerhin ist das Gotteshaus auch so noch gewaltig und imposant genug. Von der Pforte der Marmorkirche reicht unser Blick hinüber zum Schloss Amalienborg. Unser Timing war perfekt, als um 12.00 Uhr die **Wachablösungssoldaten** touristengerecht in Relh' und Glied einmarschieren. Danach radeln wir zum Nyhavn vor, ergattern gerade noch einen freien Tisch und genießen zum Mittagessen dieses „Freilichtmuseum". Gestärkt brechen wir zur Fußgängerzone auf und ge-

1001 Nacht im Tivoli

ben uns dem Einkaufsvergnügen hin. Wem dänisches Design gefällt, findet ein wahre (wenn auch nicht gerade günstige) Fundgrube im Kaufhaus „Illums Bolighus" am Amagertorv 10 (beim Storchenbrunnen).

Zum krönenden Abschluss unseres Kopenhagenaufenthaltes besuchen wir noch das **Tivoli**. Am Abend erwacht der Amusementpark erst aus seinem Dornröschenschlaf. Zigtausende Glühlampen verwandeln den orientalischen Palast oder die chinesische Pagode in ein verzauberndes Lichtermeer. Livebands spielen Jazz und Swing, auf den Bühnen werden Shows geboten und die Achterbahn entreißt dem Publikum schrille Rufe der Entzückung. Das Tivoli ist Treffpunkt der Kopenhagener, die hier den Abend beschwingt ausklingen lassen. Viele Paare laufen in Jacket und Abendkleid dorthin, um in einem der Restaurants zu speisen. An diesem lauen Sommerabend ein Vergnügen für alle!

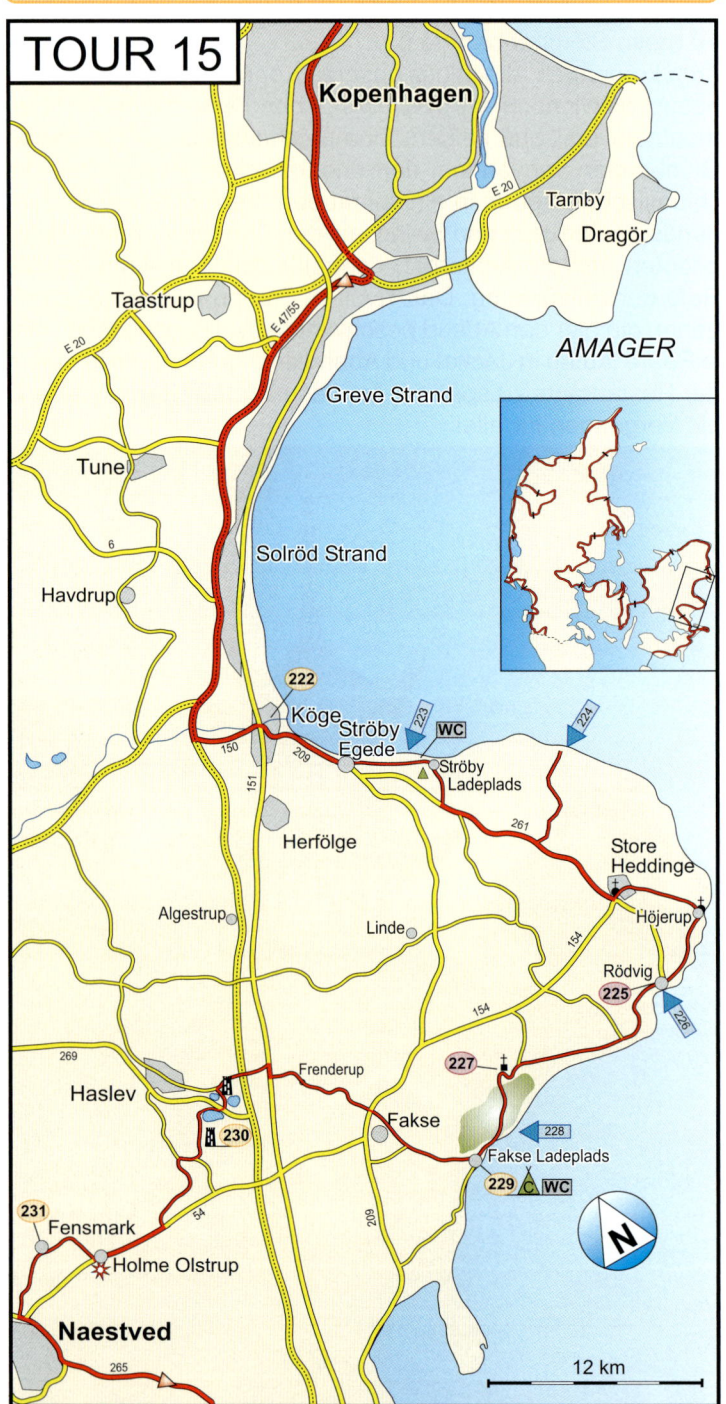

TOUR 15

Kopenhagen

Tarnby

Dragör

Taastrup

E 20

E 47/55

E 20

AMAGER

Greve Strand

Tune

Solröd Strand

6

Havdrup

222

Köge

Ströby
Egede

223

WC

224

Ströby
Ladeplads

150

209

261

Herfölge

151

Store
Heddinge

Algestrup

Linde

Höjerup

154

Rödvig

225

226

154

227

269

Frenderup

Haslev

230

Fakse

228

Fakse Ladeplads

229

WC

231

54

Fensmark

209

Holme Olstrup

Naestved

265

N

12 km

Kopenhagen - Köge - Store Heddinge - Rödvig - Fakse - Fensmark

Freie Übernachtung:	Köge, Ströby Egede, Rödvig, Fakse Ladeplads, Gisselfeld, Holmegaards Glasvaerk
Campingplätze:	Rödvig, Ströby Ladeplads, Fakse Ladeplads, Sölforup Sö
Ver-/Entsorgung:	Rödvig
Baden:	Ströby Ladeplads, Rödvig Havn, Fakse Ladeplads Sölforup Sö
Besichtigen:	Store Heddinge Kirke, Höjerup gamle Kirke, Gisselfeld, Ravnstrup Bon-Bon-Land, Holmegaard Glasfabrik
Sport:	Wandern an den Stevns Klint Klippen
	Steineklopfen und geologischer Pfad in Fakse Ladeplads.
	Radeln bei Fakse Ladeplads u.a.

Kopenhagen verlassen wir am bequemsten über die Autobahn E 47/55, auf der wir bis zur Ausfahrt 33 „**Köge**" bleiben.

> Noch ein Tipp am Rande: Wer mit uns nicht das Wikingerschiff bei Frederikshavn besucht hat, findet in den „Vikingeskibshallen" in Roskilde nochmals eine sehr gute Gelegenheit, ein derartiges Gefährt aus nächster Nähe zu bestaunen (Autobahn E 21/23, dann über die Staatsstraße 6 nach Köge).

700 m nach dem Ortsbeginn des Städtchens scheren wir rechts ab auf die 151 und nach weiteren 700 m links in Richtung Fakse auf die 209. Bereits 900 m später blinken wir links und machen einen kleinen Abstecher in den Ort.

---

(222) WOMO-Stellplatz: Köge Havn

GPS: N 55°27'17.0" E 12°11'11.6"   **max. WOMOs:** 2-3.
Ausstattung/Lage: Mülleimer/im Ort.
Zufahrt: Auf der 209 nach 900 m links und 800 m später rechts am Wasser.

Vom Parkplatz aus überqueren wir die Straße, laufen gen Westen und sind auch schon in der verkehrsberuhigten Fußgängerzone mit ihren alten **Fachwerkhäusern**. Nach Kopenhagen fällt uns die Beschaulichkeit Köges erst so richtig auf. Der **Marktplatz** (Torvet) ist ziemlich ausladend und wird in der Mitte von der Statue Frederiks VII bestimmt. Einige Cafés laden zum Verweilen ein.

Wir haben die Wettervorhersage mitbekommen, die schlechteres Wetter mit Regenschauern angekündigt hat. Der nahe

Herbst kündigt sich an. Deswegen beschließen wir, nochmals dem Badevergnügen zu frönen. Dazu kehren wir zur 209 zurück, fahren links weiter gen **Fakse** und wechseln nach 3,5 km an der Ampelkreuzung auf die 261 über.

Durch Ströby Egede fahren wir 1,3 km hindurch und biegen dann links ab, um uns weiter parallel zum Meer zu halten.

---

(223) WOMO-Badeplatz: Ströby Ladeplads

GPS: N 55°24'55.2" E 12°15'18.8"   **max. WOMOs:** 2-3.
Ausstattung/Lage: Tisch & Bank, Mülleimer/Ortsrand.
Zufahrt: Wie beschrieben, 700 m nach dem Abzweig von der 261, links
Sonstiges: Spielplatz, WC 1,4 km weiter.

Zwar sind hier Sandstrände Fehlanzeige, doch dafür haben wir ja eine Liegewiese. Das Wasser ist heute so ruhig wie in einem See und ist damit zum Schwimmen geradezu ideal.

Im Ferienort **Ströby Ladeplads** mit seinen zwei **Campingplätzen** scheren wir rechts ab in Richtung Ströby und stoßen dort wieder auf die 261. Wenn Ihnen der Sinn nach einem herrlich einsamen Sandstrand steht, so sind Sie mit dem bald folgenden Badeplatz bestens beraten:

---

(224) WOMO-Badeplatz: Koge Sönakke

GPS: N 55°23'50.8" E 12°20'36.4"   **max. WOMOs:** 2-3.
Ausstattung/Lage: Mülleimer/außerorts.   **Sonstiges:** Mit Badesteg.
Zufahrt: Von der 261 links ab nach Magleby, im Ort links, dann 2km bis zu einer T-Kreuzung am beginnenden Wald, dort links und gleich wieder rechts, auf guter Schotterstraße 1,6 km durch den Wald.

Store Heddinge Kirke

Geradeaus geht es nun weiter bis zum Kreisel von Store Heddinge, an dem auch schon die **Klippen „Stevns Klint"** angeschrieben stehen. Wir fahren aber erst einmal links ab in den Ortskern hinein, langsam durch die Fußgängerzone hindurch, bis an deren Ende rechts die Kirche samt Parkplatz vor uns auftaucht. Hier stellen wir unser Womo ab und brechen zur Kircheninspektion auf. Zum ersten Mal in unserem Dänemarkurlaub treffen wir auf eine **achteckige Kirchen-**

schiffskonstruktion, die im Inneren eine dementsprechend gestaltete Holzdecke besitzt, die wirklich sehenswert ist.

Wieder im Womo kehren wir zum Kreisverkehr zurück, sehen vor uns eine Aldi- Filiale, und biegen links ab zu den Klippen. Das verschlafene Dorf Höjerup wird durchquert und dann stoßen wir an dessen Ende auf einen großen Parkplatz, der gebührenpflichtig ist (Automat - mit dem Geld unterstützen Sie den Unterhalt der alten Kirche, deren Fresken u.a. dringender Sanierung bedürfen.)

Schade, dass das Übernachten untersagt ist, denn die angrenzende riesige Picknickwiese samt Fußball- und Spielplatz würden zum längeren Verweilen einladen. Aber auch so lässt sich hier prima ein ganzer Tag verbringen.

Vor uns steht einsam und verlassen am äußersten Klippenrand die **Höjerup gamle Kirke**.

Das Kirchlein soll im Jahre 1250 als Dank von einem aus Seenot erretteten Schiffer errichtet worden sein. Am 16. März 1928 stürzte ein Teil der Kreideklippen samt Chorbau und Friedhof ins Meer. Aber bereits seit 1910 wusste man, dass ein Absturz bevorstand und deswegen wurde die Kirche auch vorsorglich gesperrt. Es hält sich aber die Sage, dass jedes Jahr zu Weihnachten der Gottesbau ein Stück landeinwärts rückt. Leider spricht die Realität da eine ganz andere Sprache.

Sehen Sie, was fehlt?

Unsere Wanderstiefel werden geschnürt und wir steigen rechts neben der Kirche vorsichtig die steilen Holztreppen zum Meer hinab. Von dort unten genießen wir einen extravaganten Blick auf das restliche Gotteshaus, das mit moderner Stahlbetontechnik vor dem 40 m tiefen Absturz bewahrt wird.

Von nun an folgen wir wieder der Margeritenroute. Die lotst

uns in Höjerup nach links gen Rödvig. An der T-Kreuzung rollen wir links in Richtung Meer zum Hafen hinab:

---

(225) WOMO-Picknickplatz: Rödvig

GPS: N 55°15'17.9" E 12°22'46.1"   **max. WOMOs:** 2-3.
Ausstattung/Lage: Mülleimer, Spielplatz, Tisch & Bank/im Ort.
Zufahrt: 600 m nach Ortsbeginn T-Kreuzung, links ab und nach 400 m rechts im Grünen (neben dem Gasthof).

Stevens Klint von Rödvig aus gesehen

Nur 200m weiter lädt ein schöner ausladender Sandstrand zum Baden ein. Der kleine sympathische Fischerort verführt auch so zum längeren Verweilen.

---

(226) WOMO-Badeplatz: Rödvig Havn

GPS: N 55°15'10.9" E 12°22'41.7"   **max. WOMOs:** 2-3.
Ausstattung/Lage: Mülleimer/im Ort.
Zufahrt: 600 m nach Ortsbeginn T-Kreuzung, links ab, 600 m zum Meer hinab, beim Flintofen.

Der eigenwillige Turm, der an unserem Stellplatz wie ein gekappter Leuchtturm aussieht, ist in Wirklichkeit ein sog. **Flintofen**, der zum Brennen von Feuerstein als Glasurrohstoff für die Steinguterstellung diente.

Von hier startet auch ein geologischer Lehrpfad entlang der Kreideklippen. Vergessen Sie nicht Hammer und Meißel mitzunehmen. Mit etwas Glück und einem geübten Auge lässt sich versteinertes Meeresgetier im Fels finden.
Wer möchte, kann von Rödvig in rund 1,5 h die 6,5 km lange Wanderstrecke zur Höjerup gamle Kirke auf einsamen Küstenpfaden zurücklegen. Eine Schautafel informiert Sie beim Strand über das Wegenetz.

Flintofen in Rödvig mit Stellplatz

Am nächsten Morgen lauschen wir den nichts Gutes verhei-
ßenden Geräuschen auf unser Womodach: ein stetes „Tropf
Tropf" kündet vom Regen.
Hustend springt der Womodiesel an und rappelt sich mit uns
die Dorfstraße hinauf, wo wir links wieder auf die Margeritenroute einschwenken. Zu ruhigen Radioklängen kurven wir gemächlich durch eine abwechslungsreiche Felder-, Wiesen- und
Waldlandschaft. Plötzlich kündet eine Allee wieder von der nahen Existenz eines Gutshofes: in diesem Falle ist es das Kloster Vemmetofte.
Wir folgen weiterhin der eindeutigen Margeritenbeschilderung.

---

(227) WOMO-Picknickplatz: Vemmetofte
GPS: N 55°14'13.2" E 12°12'52.4"   max. WOMOs: 2-3.
Ausstattung/Lage: Tisch & Bank, Mülleimer/außerorts.
Zufahrt: Nach dem Vemmetofte Kloster am Waldbeginn links.

Die Straße führt uns durch dichten Buchenlaubwald bis ans
Meer hinab. Genau in der fast spitzwinkligen Kurve befindet
sich links neben der Straße ein ruhiger Badeplatz direkt am
Wasser:

---

(228) WOMO-Badeplatz: Vemmetofte Strand
Position: N 55°10'33.3" E 13°11'52.5"   max. WOMOs: 3-4.
Ausstattung/Lage: Mülleimer/außerorts.
Zufahrt: Im Wald nach dem Vemmetofte Kloster bei der Rechtskurve,
direkt am Meer unter Bäumen.

300m nach dem Ortseingang von Fakse Ladeplads kommen
wir rechts an einem Campingplatz vorbei.

Das örtliche Museum in Fakse stellt die schönsten Versteinerungen aus, die von den Stevns Klint Klippen stammen. Ein
geeigneter Parkplatz für einen kleinen Bummel samt Museumsbesuch liegt direkt auf unserer Reiseroute:

(229) WOMO-Stellplatz: Fakse Ladeplads

GPS: N 55°13'07.8" E 12°10'08.7"   **max. WOMOs:** 2-3.
Ausstattung/Lage: Mülleimer, WC/außerorts.
Zufahrt: 1,1 km nach Ortseingang rechts

Nach dem Bahnübergang biegen wir rechts ab und kommen
schon bald in die Kleinstadt Fakse. Wir fahren vorbei an der
weißgestreiften Backsteinkirche und halten uns in Richtung
der Zentrumsschilder. Zur Linken sehen wir die **Fakse Brauerei**, die mit dem bodenständigen Werbespruch ihr Bier an den
Mann und natürlich auch an die Frau bringt: „Lieferant des
Dänischen Volkes". Das Königshaus hat Pech und muss sich
mit dem „Carlsberggebräu" zufriedengeben.
Gleich am Ende der Brauerei biegen wir rechts ab und sehen
die uns leitende Margeritenblume auf dem braunen Schild.
Doch zuvor folgen wir der Beschilderung und fahren zum nahen Kalkbruch mit angeschlossenem Museum. Durch den
Kalkabbau wurden zahlreiche Versteinerungen freigelegt. In
gekonnter Art und Weise wird uns im Museum Urweltwissen
näher gebracht. Da staunen auch unsere Kinder nicht schlecht.
In einigen Kilometern Entfernung wollen wir nun ein paar hübschen Herrenhäusern einen Besuch abstatten. Die Ampelkreuzung an der 209 überqueren wir geradeaus und halten uns in

Fakse Kalkbruch

Kalkbruchmuseum

Richtung Frenderup. Wenige Meter nach der Großgärtnerei und Baumschule von Frenderup zweigt links ab unsere Route und wir treffen nach dem Weiler Rode auf die Durchgangsstraße 151. Auf der fahren wir rechtsabbiegend 700 m weit und verlassen sie schon wieder nach links. Nachdem wir die

Autobahn unterquert haben, tauchen wir in eine typische **Herrenhausgegend** ein. So rollen wir sanft bergab durch eine alte Lindenalle und erreichen das malerisch gelegene Schloss **Bregentved** aus dem späten 19. Jahrhundert. Entlang der weißen Gemäuer halten wir uns links ab gen Ulse, queren bald darauf die 269 und fahren zum See hinab. Nach 300 m lockt eine kleine Bucht am Rande der Straße, das Womo abzustellen und ins Wasser zu springen. Wenn Sie Fahrer eines VW-Busses oder eines heckgetriebenen WOMOs sind, dürfen sie die kurze aber steile Abfahrt zu dem lauschigen **Badeplatz** (Übernachtungsplatz) wagen. Allen anderen raten wir dringend vor gefährlichen Experimenten ab, da die Traktion der „Fronttriebler" nicht ausreichen dürfte, um wieder (aus eigener Kraft) die Straße zu erreichen. Am Seeende biegen wir an der T-Kreuzung links ab und kommen zum nächsten Schloss: **Gisselfeld**.

(230) WOMO-Stellplatz: Gisselfeld
GPS: N 55°17'30.1" E 11°58'10.8"   **max. WOMOs:** 2-3.
Ausstattung/Lage: Mülleimer/außerorts.
Zufahrt: wie beschrieben, zu Ortsbeginn rechts (gegenüber dem Schloss), im Grünen.

Hier bleiben wir. Zum Ausklang des Tages schlendern wir noch durch die herrliche Parkanlage vor dem **Renaissanceschloss**.

Schloss Gisselfeld mit ausgedehnter Parkanlage

Die Gartengestaltung trägt unverkennbar die Handschrift des englischen Stils.

Petrus meint es zum ersten Mal in diesem Urlaub nicht wirklich gut mit uns. Simultan zu unserem Diesel startet die „Wassermusik". Wir schlagen dem Wetter kurzerhand ein Schnippchen und wählen ein Besichtigungsziel im Trocknen. Dazu folgen wir der Margeritenroute rechts durch reizvolle geschwungene Landschaft. Am Gut Hesede biegen wir an der T-Kreuzung links ab, fahren durch ein schönes Waldgebiet und stoßen dann auf die Hauptstraße 54, in die wir rechts einfädeln.

Zu Beginn der Ortschaft Holme Olstrup wirbt ein Clown für das knallbunte Kinderparadies **„Bon Bon Land"**. Hier haben Kinder bis zu 90 cm Körpergröße freien Eintritt. Logisch aber, dass dafür die Erwachsenen rund 200 Dkk Eintrittsgeld pro Nase für den Vergnügungspark berappen müssen.

Eigentlich hatten wir uns gemäß dem Namen des Freizeitparks nach eine Vergnügungsstätte für Kinder vorgestellt. Doch was wir dann zu Gesicht bekommen und auch erfahren, verschlägt mir im wahrsten Sinne des Wortes den Atem: Das „Wildschwein" zum Beispiel ist Dänemarks wildeste Achter-

bahn. Sie beginnt gleich mit einem freien Fall und saust dann mit rund 70 km/h in einen Looping hinein. Auch im „Pendel", einer weiteren Fahrattraktion geht es mit nun 115 km/h zur Sache. Da dürfen unsere Kinder nur noch staunend zuschauen, wie ihre Eltern durchgeschüttelt werden und mit veränderter Gesichts-farbe die Attraktion ver-lassen. Natürlich wird auch an die Kleinen ge-dacht. Auf dem Seeräu-berpfad und im Cowboy-land ist ausgelassenes Treiben angesagt. Zum Schluss dürfen die Kinder noch in der Bonbonwerk-statt eigene Süßigkeiten herstellen.

Passend zum tristen Wet-ter erspähen wir 600 m nach dem Rummelgelän-de einen Weihnachts-mann auf dem Dach ei-nes Wohnhauses. Der

Spaß im Bon Bon Land

soll Reisende dazu verleiten, im Parterre den Laden zu besu-chen und Christbaumschmuck zu erwerben. Wir wollen Schmuck ganz anderer Art in seinem Entstehungsprozess be-staunen und erwerben: nach weiteren 1,2 km zweigt rechts die Straße mit dem Hinweisschild „**Holmegaards Glasvaerk**" ab. In Fensmark nochmals am Kreisel rechts und schon kurz darauf sehen wir die großen Industriegebäude der Glasfabrik.

---

(231) WOMO-Stellplatz: Holmegaards Glasvaerk

GPS: N 55°17'06" E 11°49'02"   max. WOMOs: 5.
Ausstattung/Lage: Mülleimer/Ortsrand.
Zufahrt: 1 km nach dem Kreisel von Fensmark, links, im Grünen; mit Picknickbänken am Rande.

Doch die Enttäuschung ist riesengroß. Das einst so blühende Unternehmen ist insolvent und hat seit einem Jahr seine Tore geschlossen. Ein weiteres Opfer der weltweiten Wirtschaftskri-se. Wir hoffen, dass sich bald ein Retter findet, der dem Glas-werk wieder auf die Beine hilft. Immerhin können wir den Park-platz als Übernachtungsmöglichkeit weiter nutzen, bietet er sich doch nach einem langen Tag im Bonbon-Land geradezu an. Am nächsten Tag kehren wir zum Kreisverkehr zurück, fahren dort geradeaus gen Naestved, überqueren nochmals einen Kreisel und halten uns beim dritten seiner Art links ab. An der darauffolgenden Ampel rechts und bei der nächsten Ampel links. 3,1 km später biegen wir links ab auf die 265, die uns zu unserer letzten (Abschieds-)Tour bringt.

TOUR 16 (250 km / 4-5 Tage)

Praestö - Stege - Mön - Farö - Stubbeköbing - Hesnaes - Nyköbing - Nysted - Rödgbyhavn

Freie Übernachtung:	Even Bro, Sandvig, Stege, Keldby, Praesto, Lille Klint, Klintholm Havn, Klekkendehöj, Farö, Hesnaes, Halskov, Mellem Skov, Fuglsang, Rödby
Campingplätze:	Stege, Ulvshale, Lille Klint, Nysted, Rödby
Ver-/Entsorgung:	Sandvig Havn, Fuglsang, Klintholm Havn
Baden:	Balle Strand, Ulvshale, Klintholm, Haesnes, Mellem Skov
Besichtigen:	Elmelunde Kirchen, Wachszieherei Keldby, Motormuseum in Stubbeköbing, Automuseum in Nysted
Essen:	Cafe Laika in Stege, Klintholm Räucherei und Restaurant

Allmählich bekommt unser Urlaub den faden Beigeschmack des Abschieds. Doch bis es in einigen Tagen so weit ist, wollen wir auf den restlichen Kilometern durch Dänemark nochmals eine der schönsten Landschaften Seelands genauer erkunden.

Zunächst einmal verlassen wir die 265 und biegen bei Blangslev links ab auf die ausgeschilderte Margeritenroute. Gleich zu Beginn von Snesere bewundern wir bei der Kirche wieder eine der wundervoll geschnitzten **Baumskulpturen**. Auch hier haben begnadete Hände einem einstmals toten Baumstamm „Leben eingeschnitzt".

Bald darauf unterqueren wir die Autobahn, fahren geradeaus über die 151 und kommen schließlich zu einer T-Kreuzung, an der wir rechts in die Küstenstraße 209 einscheren. Schon 200 m später verlassen wir unsere Hauptroute nach rechts und folgen dem Schild „Oldtisvej". Es geht vorbei an hübschen kleinen reetgedeckten Anwesen, die ein schönes Bild in der leicht gewellten Landschaft abgeben. Nach 1,3 km verbreitert sich das Sträßchen ein wenig. Hier parken wir unser Womo am Wegesrand und brechen auf, um auf den Spuren alter **Urwege** zu wandeln:

Auf dem klar erkennbaren Wiesenpfad wandern wir an der Hecke entlang und erreichen schon nach gut 10 Minuten eine Picknickbank. Hier liegen uns die Reste der alten Steinwege zu Füßen.
Im Altertum und im Mittelalter wurden nicht viele Straßen gebaut. Nur

dort wo es sumpfig und unwegsam war, wurden Straßen und Brücken aus Stein und Holz angelegt. Der Oldtisvej zeigt eine dieser erhaltengebliebenen Urwege. Die tieferliegende Straße stammt aus der Zeit um 300 - 400 n. Chr. und zeichnet sich durch solide verbaute und genau zueinander passende Steine aus. Der obere Weg ist viel jünger und wird dem Mittelalter zugeordnet. Auf der anderen Seite des Baches, im Wald vor uns, laufen die Straßen in sechs Hohlwegen weiter und schneiden sich dort durch den Hang.

Um unser Womo einfach wenden zu können, rollen wir noch 50 m weiter und benutzen dann die Hofeinfahrt eines Bauernhofes. Zurück auf der 209 halten wir uns nach rechts gen Praesto und kommen gleich an einem **Rastplatz (Nr. 232 GPS: N 55° 08'43.3" E 12°00'25.9" übernachtungstauglich) mit WC** vorbei. Auch in Praesto würde ein schöner Stellplatz am Hafen auf uns warten:

(233) WOMO-Picknickplatz: Praesto Hafen
GPS: 55°07'24.9" E 12°02'56.6"   **max. WOMOs:** 2-3.
Ausstattung/Lage: Mülleimer, Tisch & Bank im Grünen/Ortsrand.
Zufahrt: In Praesto Richtung „Praesto Havn" folgen.

An der T-Kreuzung biegen wir links auf die 265 ein. Es geht durch goldgelb wogende Getreidefelder, zwischen denen sich einzelne strohgedeckte Gehöfte befinden. Ein Bild des Friedens und der Ruhe - erinnert uns irgendwie an ein Gemälde von Carl Spitzweg.
900 m nach Ortsbeginn von Rekkende halten wir uns links ab nach Kragevig. Kurz bevor wir in den Wald eintauchen, stehen wieder in Reih' und Glied beiderseits der Straße frisch etikettierte Tannenbäumchen für das kommende Weihnachtsfest.
Dann fahren wir rechts ab in Richtung Sandvig durch urige dänische Landschaft, kommen an eine T-Kreuzung, biegen links ab und rollen in den Ort hinab.

(234) WOMO-Picknickplatz: Sandvig Havn
GPS: N 55°03'35.9" E 12°07'23.9"   **max. WOMOs:** 2-3.
Ausstattung/Lage: WC, Mülleimer/Ortsrand.
Zufahrt: Wie beschrieben, auf Beton mit angrenzender Liegewiese.

Der fehlende Sandstrand an unserem Picknickplatz wird durch die schöne Liegewiese wettgemacht.
Am nächsten Morgen biegen wir im Ort Sandvig links ab gen Kindvig und Sageby. Hinter Sageby an der T- Kreuzung links und es wartet nochmals ein **hyggeliger Badeplatz** auf uns:

(235) WOMO-Badeplatz: Balle Strand

GPS: N 55°02'01.8'' E 12°08'32.8''   **max. WOMOs:** 2-3.
Ausstattung/Lage: Mülleimer/Ortsrand.
Zufahrt: Wie beschrieben über Sageby nach Balle Strand

Über den Ort Viemose kommen wir zurück auf die 265, die uns schnurstracks durch „Kalvehave" auf die 59 leitet. Über die weitausladende Brücke des Ulvsunds erreichen wir die Insel Mön, fahren wenig später an einem **Campingplatz** vorbei und visieren unser nächstes Ziel, die Stadt Stege an. Brauchen Sie noch Lebensmittel? Am Ortsbeginn von Stege wartet rechterhand eine Aldi-Filiale auf Ihren Einkauf.

(236) WOMO-Stellplatz: Stege

GPS: N 54° 59' 0.4'' E 12° 17' 12.5''   **max. WOMOs:** 2-3.
Ausstattung/Lage: Mülleimer, Spielplatz/im Ort.
Zufahrt: Über die Brücke in den Ort hinein, gegenüber der Kirche rechts in die Rosengårdsstraede zum beschilderten Parkplatz.
Sonstiges: Guter Ausgangspunkt zum Stadtbummel. Im Grünen.

(236a) WOMO-Stellplatz: Stege Bugt

GPS: N 54°59'19.7'' E 12°16'48.5''   **max. WOMOs:** 2-3.
Ausstattung/Lage: Mülleimer/im Ort.
Zufahrt: Nach der Brücke links, dann 400 m links; direkt am Wasser.
Sonstiges: Gute Angelmöglichkeit.

Wir bummeln durch das beschauliche Stadtinnere mit seinen netten Läden und genießen das Flair. Zum Abschluss des Rundganges kehren wir bei der Brücke über den Stege Nor in das mediterran angehauchte Café Laika ein. Dort sitzen wir einer Plattform im Wasser und trinken Cappuccino bzw. heiße Schokolade für Paula. Am Abend können Sie hier auch in stilvoller

Cafe Laika vor den Toren Steges

Atmosphäre Ihren Cocktail schlürfen. Wer möchte, kann sich nebenan sogar ein Kanu mieten und Stege vom Wasser aus erkunden. Wir fahren weiter zur Landzunge von Ulvshale mit seinem tollen, ausgedehnten Sandstrand und dem wirklich empfehlenswerten Campingplatz, der sein Geld wert ist:

(237) WOMO-Campingplatz-Tipp: Ulvshale

GPS: N 55°02'18'' E 12°16'48''   **Öffnungszeiten:** April-Sept.
Ausstattung: Herrliches Wiesengelände zwischen Pinien mit Grillplatz und VE; großer Sandstrand mit flachem Wasser, ideal für Kinder; Brötchenservice.
Zufahrt: Von Stege beschildert; 1,6 km nach Ortsbeginn Hegnede rechts.

Nach zwei Tagen faulenzen, baden, sandeln und grillen auf dem Campingplatz brechen wir wieder auf nach Keldby, das nicht nur mit einem kunsthistorischem Schatz auf uns wartet.

Keldby Kirke, Elmelunde Kirke und die Fanefjord Kirche sind drei Kirchen mit einmaligen, wunderbaren Kalkmalereien. Diese Kirchenausschmük-kungen gehen auf den **mittelalterlichen Elmelunde Meister** (15. Jahr-

hundert) zurück. Kennzeichen seiner Malkunst sind die Vermischung biblischer Motive mit Szenen aus der Alltagswelt, sowie die Darstellung biblischer Figuren in der Kleidung der Kirchgänger.

Seit dem Gotteshaus in Mögeltönder aus Tour 1 haben wir kein solch **prächtig verziertes Kirchenschiff** mehr gesehen. Das ganze Gewölbe ist in den orange - braunfarbenen Tönen bemalt.

Nur einen Steinwurf von der Kirche entfernt, wartet eine Attraktion ganz anderer Art auf uns: die **Ympe-lys Kerzenzieherei** der Familie von Erik Jeppesen.

Der demonstriert uns sogleich, wie nach althergebrachter Weise die Kerzen noch mühsam von Hand gezogen werden. Diesen Handwerksberuf können Ihre Kinder in der Besucherwerkstatt selbst einmal ausprobieren und die eigene Kerze ziehen. Im Verkaufsladen animieren uns große, kleine, dicke, dünne und in allen Farben schillernde Wachslichter ein Andenken der besonderen Art zu erwerben. Sicherlich denken wir dann im Kerzenlicht der Adventstage noch gerne an unseren Urlaub zurück.

Noch sind wir aber im Sommerurlaub. Wir fahren weiter nach Elmelunde und stellen unser Womo vor der Kirche ab. Auch hier sind wir vom prächtig bemalten Kirchenschiff ganz hingerissen. **Sakrale Kalkmalerei in Reinformat**!

Vorerst sind wir gesättigt von mittelalterlicher Kunst und wenden uns nun der Natur Möns zu.

In Ny Borre folgen wir der Margeritenroute nach links zum **Schloss Liselund**. Leider empfängt uns dort ein unmissverständliches Blechschild: Übernachten im Womo untersagt. Es wäre sonst zu schön gewesen, hier unter hohen Bäumen am Rande der romantischen Parkanlage über Nacht zu parken.

Wir fahren weiter und beinahe kommt es zu einem Zusammenstoß. Nur um Haaresbreite verfehlt ein aufgeschrecktes Rebhuhn unsere Windschutzscheibe. Immer wieder laufen auch Fasane völlig unbekümmert über die Fahrbahn und geben uns zu verstehen, wer hier das Hausrecht besitzt...

Kurvig geht es durch die hügelige Gegend dahin und wir erreichen einen kleinen Parkplatz gegenüber eines **Gestüts**:

---

(238) WOMO-Wanderparkplatz: Lille Klint

GPS: N 54°58'53.7" E 12°31'30.6"   **max. WOMOs:** 1-2.
Zufahrt/Lage: 2,1 km nach Liselund, gegenüber dem Reiterhof (Reitmöglichkeit)/außerorts.
Sonstiges: Etwas schräg, am rechten Rand aber gerade.

Ein einsamer Wanderpfad führt uns durch eine von seltenen Orchideen durchzogene Wald- und Wiesenlandschaft hin zu den dramatischen Steilabbrüchen der Möns Klint. Diese sind vor gut 75 Millionen Jahren durch die Kalkschalenablagerungen mikroskopisch kleiner Tiere entstanden. Seitdem bearbeitet die Natur mit Eis, Wind und Regen die einzigartige Kreideformation.

Ein **Campingplatz** wenig später ist der ideale Stützpunkt für sportlich ambitionierte Mountainbiker und Wanderer, die sich nicht nur mit einem Tag an den Möns Klint zufrieden geben.

Unsere Straße wird plötzlich zur planierten Sand- und Schotterpiste, die sich durch den Buchenwald hangaufwärts schraubt.

Unvermittelt tauchen beiderseits des Weges durchgehende Straßenbegrenzungsbalken auf. Das kann nichts Gutes be-

deuten. Und kurz darauf wird der Besucher gebeten, den gebührenpflichtigen Parkplatz (notgedrungen) anzusteuern. Damit auch wirklich bezahlt werden muss, versperrt eine Schranke das Areal. Dem beugen wir uns nicht, schließlich kennen wir eine kostenlose Alternative, um die schönste Stelle der **Möns Klint** kennenzulernen. Also rollen wir schadenfroh lächelnd bergab, biegen an der folgenden T-Kreuzung links ab und haben wieder Teerbelag unter den Rädern. Wir halten nun kerzengerade auf das Meer zu und fahren dann linkshaltend zum **Leuchtturm** vor. Dort [N54°56'50" E12° 32'20"] parken wir unser Womo. Die Wanderstiefel werden geschnürt, Proviant in den Rucksack gepackt, die Kinderkraxe für den Sohnemann wird geschultert und schon kann es losgehen.

Einige hundert Meter wandern wir auf dem Feldweg am ungesicherten Klippenrand entlang und erreichen dann den Abstieg zum Meer. Nun stiefeln wir am Fuße der mächtigen Kalkklippen von würziger Seeluft umweht zum 2,5 km entfernten Dronningestolen und Store Klint, der gut sichtbaren Touristenattraktion. (Achtung: in den Winter- und Frühjahrsmonaten kann dieser Weg auf Grund herabstürzender Klippenteile lebensgefährlich werden - vorher beim Leuchtturm nachfragen!)
Den Rückweg treten wir eine Etage höher an, in dem wir auf markiertem Weg bergauf steigen und am Klippenkamm oben zurück zum Womo wandern.

Möns Klint Klippenweg

Erschöpft aber mit Gott und der Welt zufrieden setzen wir uns in unser rollendes Heim und steuern den nächsten Schlafplatz an:

---

(239) WOMO-Bade- und Picknickplatz: Klintholm

GPS: N 54°57'10.2" E 12°28'18.5"   **max. WOMOs:** 2-3.
Ausstattung/Lage: Mülleimer/im Ort.
Zufahrt: Im Ort zum Meer hinab, an der T-Kreuzung links und nach rund 100m rechts.
Sonstiges: Ein kurzer schmaler Pfad führt durch Dünengelände zum herrlichen Sandstrand.

(239a) WOMO-Badeplatz: Klintholm Havn

GPS: N 54° 57' 19.0" E 12° 27' 47.0"   **max. WOMOs:** 10
Ausstattung: Tisch & Bank, VE, Sauna, Duschen.
Zufahrt/Lage: Wie oben zur T-Kreuzung, dort aber rechts bis zum Ende der Straße am Yachthafen/Ortsrand.
Sonstiges: Gebühr p. Nacht, zu bezahlen beim Hafenkontor.

Sommer, Sonne, Meer - so stellen wir uns den Urlaub vor und so ist es auch hier wie aus dem Katalog herausgeschnitten. Zum krönenden Abschluss des Tages laufen wir von unserem

Klintholm Strand

Stellplatz (Klintholm) noch in den Ortskern und kommen dann zur „**Klintholm Rögeri**", dem Fischrestaurant mit angeschlossener Räucherei. Die Familie Jensen bietet dort täglich ein günstiges Buffet an, das wirklich keine Wünsche offen lässt!
Wer lieber auf den Italiener steht, findet sogar eine gute Pizzeria im Ort (große Pizzen, mit Freisitz). Von

Klintholm starten in der Hochsaison auch täglich Seetouren zu den nahen Möns-Klippen. (www.sejlkutteren-discovery.dk) Über Busemarke setzen wir unsere Tour auf der in diesem Abschnitt gut markierten Margeritenroute fort, der wir aber nur ein kurzes Stück folgen und halten dann auf die 287 zu. Noch einmal durchqueren wir Stege, bleiben auf der 59 und verlassen diese Durchgangsroute 200 m hinter dem Ortsbeginn von Koster nach links.

Wir rollen am Löschteich des Weilers vorbei und kommen 1,8 km danach an eine Kreuzung, an der wir rechts abbiegen. Schon kurz nach den drei Windkraftanlagen sehen wir rechterhand vor uns den **Grabhügel Asgers Höj** am Straßenrand auftauchen.

Da kein Parkplatz vorhanden ist, stellen wir unser Womo notgedrungen auf den schmalen Wiesenstreifen, schnappen uns

Grabhügel Asgers Höj

die Taschenlampe und werden zu Entdecker der 10 m langen Grabkammer. Wir sind beeindruckt von den Dimensionen dieser Urstätte. Eine Steigerung frühzeitlicher Baukunst stellt unser nächstes Ziel, die **Doppelgrabkammer Klekkendehöj** ein paar Kilometer weiter südlich dar.

An der T-Kreuzung halten wir uns links ab und kommen in den kleinen Ort Sprove. Rechtshaltend setzen wir unsere Reise über Röddinge in Richtung Tostenaes fort.

---

(240) WOMO-Stellplatz: Klekkendehöj

GPS: N 54°56'17.5'' E 12°09'57.8'' **max. WOMOs:** 2-3.
Ausstattung/Lage: Mülleimer/außerorts.
Zufahrt: 700 m hinter Röddinge links; Stichstraße.
Sonstiges: Durch einen kurzen Ackerpfad zum Grabhügel. Auf halbem Weg Picknickbank an einem Weiher im Grünen.

Für unsere Kinder zählen nur noch die Pferde, Hühner und

der „Kiki" (Hahn) neben unserem Stellplatz. Nur unter großem Protest lassen sie sich bewegen, mit uns zum Hügelgrab aufzubrechen. Dort ist der Protest aber gleich vergessen - die Neugierde siegt. Während wir fast auf allen Vieren durch das Hügelgrab kriechen, stolziert der Nachwuchs selbstbewusst und freudestrahlend umher. Taschenlampen sind hier ausnahmsweise nicht von Nöten, denn wie durch Geisterhand gehen in der Grabkammer plötzlich Lichter an und illuminieren die Totenstätte.

Kurz hinter Tostenaes überqueren wir die 287 und fahren in den Ort Damme hinein. Dort treffen wir auf eine T-Kreuzung, an der wir uns nach links und nach wenigen Metern darauf nach rechts halten. Auf dem Fanefjord Kirkevej nähern wir uns der letzten der drei Elmelundemeister Kirchen. Das weiße Gottes-

teshaus mit seinem Treppengiebelturm am Rande des Fjordes gelegen ergibt ein schönes Bild. Gegenüber der Kirche zweigt rechts die Margeritenroute ab, der wir gleich in Richtung Bogö folgen werden. Zuvor aber unternehmen wir noch einen kurzen Abstecher geradeaus gen Harbölle. Bereits nach wenigen hundert Metern parken wir rechts unser Womo und laufen die 50m zu Dänemarks größtem Langkammergrab mit sage und schreibe 100m Länge und 10m Breite. Fanefjord Kirke

Eigentlich ließe sich der Schlenker über die Autobahn auf die andere Seite des Grönsunds nach Stubbeköbing mit Hilfe einer Fähre umgehen. Dies hieße aber warten und zahlen. Wir überqueren den Grönsund lieber auf der architektonisch reizvollen Brücke und verlassen die E 47 / 55 bereits wieder bei der nächsten Ausfahrt 43. Nur wenige Kilometer auf der 293 und wir sind in **Stubbeköbing**. Bald nach dem Ortseingang sehen wir vor der „DK-Tankstelle" das **Motormuseum** mit seinen mehr als 150 alten Motorrädern. Es ist das größte Museum seiner Art in Nordeuropa. Alle Zweiräder wurden liebevoll restauriert und strahlen nun um die Wette. Ein toller Anblick, der nicht nur Männerherzen höher schlagen lässt (?)
Wir bleiben auf unserer Fahrt weiter auf der 293 und verlassen den Ort gen **Hesnaes**. Nach Naesgard bekommt die Mar-

geritenroute wieder Nebenstraßencharakter und schlängelt sich malerisch durch Felder auf den Wald zu.
Fällt Ihnen das Besondere an den Häusern in Hesnaes auf? Nicht nur die Dächer sind reetgedeckt, sondern auch die Hauswände. Mit den Blumen vor den Anwesen ein idyllischer Flecken an der Küste von Falster. Apropos Küste: Ab jetzt folgt ein schöner Sandstrand nach dem anderen. Da wird die Wahl zur Qual...

Nun stehen nochmals bronzezeitliche Relikte auf dem Programm. Am Ende der Strandpromenade und damit auch am Ortsausgang des „Strohdorfes" biegen wir links ab in Richtung Pomlenakke und fahren durch ein größeres Waldgebiet parallel zum Meer.
Eine 90° Rechtskurve beendet die Fahrt durch den Wald und es geht ein kurzes Stück an Feldern vorbei. Nach 3, 8 km (seit Hesnaes) biegen wir links in den womobreiten Fahrweg ein.

Unser Sträßchen führt uns nun bergab durch dichtes Grün und wir kommen an einen absolut ruhigen und einsamen Strandabschnitt mit idyllischen Badeplätzen. Dann endet theoretisch die Weiterfahrt. Ein klitzekleines Verbotsschild an einem offenen Gatter untersagt Motorfahrzeugen die Benutzung des feingeschotterten Weges. Uns kommt aber ein dänisches Auto entgegen, Reifenspuren sprechen eine deutliche Sprache. Wir wagen die Durchfahrt. Problemlos gelangen wir auf der ordentlich breiten Piste nach 2 km wieder auf den „legalen" Teil der Straße.

Sollte Ihnen die Passage aus welchen Gründen auch immer versagt bleiben, so müssen Sie, um Anschluss an unsere Tour und den Badeplätzen zu bekommen, den Umweg über die Dörfer Bregninge und Meelse nehmen. In Tunderup folgen sie dann der Margerite nach links zum Meer hinab.

Vor uns taucht schon das nächste Schotterband auf. Doch unser Weg führt uns rechtzeitig auf dem Teerbelag rechts ab. Um das Herrenhaus Korselitse fahren wir herum, durchqueren eine knorrige Lindenallee , folgen der Margeritenroute rechts nach Sönder Kirkeby und kommen an einem **Rastplatz mit WC** vorbei. Den Kreisel vor Nyköbing verlassen wir nach rechts und halten uns an die Beschilderung zur E 55 / Kopenhagen. Nachdem wir die Bahnunterführung hinter uns gelassen haben, blinken wir links und folgen auf der Hauptstraße 9 den Schildern in Richtung Maribo. Am Ende der vierspurig ausgebauten Schnellstraße wechseln wir nach links auf die 297 über. Auf dem letzten Stück der Margeritenroute in diesem Urlaub besuchen wir noch den netten **Hafenort Nysted**.

(245) WOMO-Stellplatz: Nysted

GPS: N 54°40'07.4" E 11°43'45.6"   **max. WOMOs:** 3.
Zufahrt/Lage: An der T-Kreuzung links auf die 283, gleich darauf wieder links in die Stadt zum öffentlichen Parkplatz links in die Gasse Bagergangen - gegenüber dem Laden Töj Til/im Ort.
Sonstiges: Zu Fuß zum Alholm Automobil Museum über den Hafen.

Waren in Stubbeköbing die Motorräder Ausstellungsthema, so sind es hier die 175 automobilen Oldtimer, die vornehmlich aus der Zeit vor dem Ersten Weltkrieg stammen. Schon deswegen ist der Besuch des **Alholm Automobil Museums** den Abstecher wert. Aber auch so gefällt uns der ruhige und typisch dänische Fischerort sehr.

So, und jetzt neigt sich der Tag und auch unser Urlaub dem Ende zu. Über die 283 gelangen wir zur 297, auf der wir in Richtung Autobahn gelangen. Diese wird überquert, dann biegen wir links ab und rollen auf der 153 nach Rödby.

(246) WOMO-Campingplatz-Tipp: Rödby Camping

GPS: N 54°41'55.4" E 11°23'31.5"   **Öffnungszeiten:** Ganzjährig.
Ausstattung: Große Wiese, umgeben von hohen Bäumen; Hütten zu vermieten; einfache Sanitäreinrichtungen; günstig.
Zufahrt: Auf der 153 am Ortsbeginn von Rödby rechts, beschildert.

Romantisch kann man den letzten Picknickplatz auf dieser Tour zwar nicht nennen, dafür bietet er aber bei Nacht immerhin ein relativ ruhiges Abschlussdomizil für unseren Dänemarkurlaub.

(247) WOMO-Picknickplatz: Rödby

GPS: N 54°40'08.5" E 11°22'25.7"   **max. WOMOs:** 2-3.
Ausstattung/Lage: Tisch & Bank, Mülleimer/Ortsrand.
Zufahrt: 600 m nach Ortsende Rödby, links; kurz vor der Einfahrt zum Fährenterminal.

Am nächsten Tag rollen wir die letzten paar Meter zum Fährschalter von „**Scandlines**" vor und ordern dort schnell und problemlos unser Fährticket. Schon 5 Minuten später sind wir an Bord des modernen Schiffes und sehen Dänemark allmählich im Dunst verschwinden. Ein hyggeliger Urlaub liegt hinter uns und wie die Dänen sagen wir: *„Farvel" - wir kommen wieder!*

Reisetipps von A bis Z

Adressen

Dänisches Fremdenverkehrsamt
Glockengießerwall 2
20095 Hamburg
Tel. 040 / 32 02 10
Fax: 040 / 32 02 11 11
www.visitdenmark.com

Königlich Dänische Botschaft in der Bundesrepublik Deutschland
Rauchstr.1
10787 Berlin
Tel. 030 / 50 50 20 00
Fax: 030 / 50 50 20 50
www.daenemark.org.

Botschaft der Bundesrepublik Deutschland in Dänemark
Stockholmsgade 57
Postboks 2712
2100 Kopengagen Ø
Tel. 35 45 99 00
Notfalltel. 40 17 24 90
Fax: 35 26 71 05
tyskeamba@email.dk

Autohilfsdienst / Panne / Unfall

Um den Urlaub wirklich sorgenfrei genießen zu können, haben wir den **Euro-Schutzbrief**.
Wir sind beim ADAC, der im Notfall (vom Unfall bis zum Diebstahl) über Handy oder Festnetz eine 24 h Notrufnummer in Dänemark und Deutschland unterhält. So kann dem Hilfesuchenden mit Rat und Tat zur Seite gestanden werden. Andere Versicherungen bieten diesen Service ebenso an. Bei einem Unfall mit Personenschaden oder unklarem Verschulden, unbedingt die Polizei unter der Notrufnummer 112 verständigen.

ADAC - Auslandsnotrufnummer in Dänemark: 79 42 42 85
ADAC - Notruf Deutschland / München: 0049 89 22 22 22

Campingplätze / Bauernhöfe

Um auf den zahlreichen Campingplätzen des Landes überhaupt aufgenommen zu werden, benötigt man einen dänischen oder internationalen Campingpass. Das hört sich zunächst komplizierter an, als es in Wirklichkeit ist. Wir haben uns rechtzeitig über das Internet die kostenlose „Camping Card Scandinavia" schicken lassen.
www.camping.se (auf die dt. Flagge klicken und bestellen) oder unter

SCR
Box 255
S-451 17 Uddevalla
Fax 0046- 522-64 24 30
Email: ck@scr.se

Wenn Sie nun auf dem ersten Campingplatz einchecken, müssen Sie nur noch für 80 DKK eine Marke (gültig für ein Jahr und die ganze Familie) erwerben. Jetzt stehen Ihnen Tür und Tor sämtlicher Plätze offen. Die Preise bewegen sich, verglichen mit südeuropäischen Plätzen, auf günstigem bis durchschnittlichem Niveau. Oft muss nur pro Person bezahlt werden. In diesem Preis ist dann das Wohnmobil schon mitinbegriffen. Strom und Hund kosten extra.

--> *Warum Campingplätze, wenn hier im Buch doch auch freie Stellplätze genannt werden?*

Gefällt es uns in einer Gegend so gut, dass wir mehrere Tage dort bleiben wollen, dann suchen wir den Campingplatz auf. Zum Einen ist längeres Verweilen auf einem Stellplatz untersagt, zum Anderen wollen wir schließlich auch Camping machen, will heißen, Tische, Stühle und Grill aufstellen (vgl. Freies Übernachten).

Ein Kompromiss sind die immer zahlreicher werdenden **Bauernhofstellplätze**. Meist schon für 50 DKK pro Nacht (incl. aller Personen und Frischwasser) kann man sich häuslich niederlassen und campen.

Der „Camper Guide" des Dans Autocamper Forening (DACF) gibt Ihnen in seiner jährlich neu erscheinenden Broschüre eine Übersicht sämtlicher Bauernhofstellplätze (u.a.). Derzeit für 5 Euro zu beziehen unter:

www.dacf.dk / email: dacf@vip.cybercity.dk

Eine andere Alternative sind auch die „**QuickStop**" Plätze auf vielen Campingplätzen. Für eine Pauschale von rund 100 DKK kann man dort von 20.00 Uhr bis 10.00 Uhr am nächsten Tag verweilen. (www.dk-camp.dk)

Gas

Für einen „durchschnittlichen" Dänemarkurlaub von 3 Wochen reicht in der Regel eine volle 11 kg Gasflasche für Herd, Dusche und Kühlschrank locker aus. Wir haben zur Sicherheit immer eine zweite gefüllte Ersatzgasflasche an Bord. Skandinavienreisende, die länger als 6 Wochen im Norden verweilen möchten, kaufen bzw. leihen dann am besten Gasflaschen vor Ort und beim Campingfachhandel einen Adapter für das deutsche Druckminderventil.

Einreiseformalitäten

Dänemark ist Mitglied der EU und hat das „Schengener Abkommen" unterzeichnet. D.h. es finden i.d.R. keine Grenzkontrollen mehr statt, was uns aber nicht von der Pflicht entbindet, einen gültigen Personalausweis mitzuführen. Kinder bis zu 15 Jahren können bei ihren Eltern im Reisepass miteingetragen sein (statt Kinderausweis).

Warenbeschränkungen für die Dinge des persönlichen Gebrauchs gibt es nicht. Lediglich bei Alkohol über 22 Vol% darf der Urlauber nur 1,5 l nach Dänemark mitbringen. Auch der blaue Qualm ist limitiert: 300 Zigaretten, oder 75 Zigarren, oder 400 g Tabak.

Elektrizität

Die Stromspannung beträgt 220 V. Mit dem blauen Eurostecker funktioniert die Bordversorgung des Wohnmobils wie gewohnt.

Auch die Steckdosen auf dänischen Campingplätzen (in den Sanitärräumen für Rasierapparat und Fön) nehmen ohne Probleme die deutschen Stecker auf.

Eintritte

Die meisten Sehenswürdigkeiten, Museen und Attraktionen müssen entsprechend bezahlt werden. Die Preise sind aber im Gegensatz zu anderen europäischen Ländern wirklich noch angemessen. Leider gibt es im Vergleich zu anderen Staaten, wie z.B. England oder dem mustergültigen Island, den Familienrabatt seltener.

Essen / Versorgung / Lebensmittel

Großsupermärkte wie z.B. in England oder Frankreich findet man in Dänemark kaum. In vielen Ortschaften gibt es aber noch den „Tante-Emma-Laden", der von der Wurst bis zur Seife alles in den Regalen stehen hat.

Aber auch der bei uns so beliebte Discounter „Aldi" ist mit gewohntem deutschen Warensortiment des öfteren in größeren Städten vertreten.

Frisches Obst und Gemüse der Saison kann man günstig entlang der Nebenstraßen erstehen. Dort bieten die Bauern auf Selbstbedienungstischchen ihr Geerntetes an. Das Geld wird einfach in ein bereitgestelltes Gefäß gelegt. Ehrlichkeit und Vertrauen ist dabei in Skandinavien selbstverständlich! Das Preisniveau ist etwas über dem deutschen.

Fähre / Brücke

Die kleineren und größeren Inseln des Landes sind z.T. mit Brücken erschlossen. Jütland ist durch die „Kleine Belt Brücke" (kostenlos) mit der Insel Fünen verbunden. Diese wiederum ist durch die „Große Belt Brücke" seit 1998 an Seeland angeschlossen. Wer weiter nach Schweden oder Norwegen reisen möchte, fährt über Kopenhagen auf die moderne Øresundbrücke. Diese beiden Brücken sind aber mautpflichtig.

Bezahlt werden kann in Euro, DKK, Maestro (EC) Karte und allen gängigen Kreditkarten. Die aktuellsten Preise erhalten Sie auch auf einem kostenlosen Infoblatt bei Ihrer nächsten ADAC-Filiale oder unter www.oeresundbruecke.de bzw. www.storebaelt.dk/deutsch. Denken Sie unbedingt auch daran, Ihren Fahrzeugschein bei der Bezahlung griffbereit zu haben, denn sonst kann Ihnen z.B. bei abgelasteten WOMOs der höhere Tarif berechnet werden.

Auf unserer Heimreise haben wir die „**Vogelfluglinie**" gewählt, d.h. mit der Fähre der **Reederei Scandlines** von Rödby auf die deutsche Seite nach Puttgarden. Die großen, modernen und sehr sicheren Fähren befördern im **Halbstundentakt** das Wohnmobil zu attraktiven Preisen (günstiger als die Brückenmaut).

Vorteile dieser Variante sind:
- kostensparend
- zeitsparend
- Erholung (weg vom Lenkrad, kleine Seereise)
- Restaurant mit Seeblick
- eigene Kinderecke

Wer Dänemark nur „Transit" besuchen möchte, also auf dem Weg nach Schweden und / oder Norwegen ist, der kann bei Scandlines ein **Kombitikket** erwerben:
Entweder von Puttgarden mit der Fähre nach Rödby oder von Rostock nach Gedser incl. anschließendem Fährticket Helsingör - Helsingborg (Schweden). Dabei werden dann Tour 13, 14, 15 und 16 dieses Buches in umgekehrter Reihenfolge abgefahren.

Nähere Infos:
- im Internet: www.scandlines.de
- per Telefon: 01805 - 722 635 46 37 (0,12 Euro die Minute bundesweit)
- oder einfach in einem Reisebüro nachfragen.

Reservierungen sind auch in der Hauptsaison nicht nötig (aber möglich). Ihr Ticket erwerben Sie direkt am Fährhafen. Und das geht, wie wir aus eigener Erfahrung schon mehrfach getestet haben, völlig unkompliziert und ruck zuck über die Bühne!

Freies Übernachten / Übernachtungsplätze

Eigentlich kein Problem, wenn einige _wichtige_ Punkte beachtet werden. Wildes Campen ist in Dänemark streng verboten und wird auch dementsprechend bestraft. Wir aber campen schließlich nicht, sondern **parken**

lediglich unser Wohnmobil auf einem entsprechenden Platz - und das ist ausdrücklich erlaubt!!!
Laut Polizei und dem dänischen Verkehrsministerium ist eine **einzelne** Übernachtung in Verbindung mit Parken nicht verboten, falls keine Schilder oder andere Ortsbestimmungen dies untersagen.
Parken wird vom DACF also wie folgt definiert:

> „*Parken ist das Abstellen des Fahrzeugs auf vier Rädern und allem Aufenthalt innerhalb des Wagens.*"

D.h. im Klartext: Sobald Sie Ihren Campingtisch samt Stühlen vor das Womo stellen, Ihre Markise ausfahren oder sonstige campingähnliche Aktivitäten entwickeln (z.B. Klappfenster weit ausstellen), riskieren Sie ein saftiges **Bußgeld**, das dann aber auch wirklich ohne mit der Wimper zu zucken von den Ordnungshütern verhängt wird. Wer auf den Grill und seine Klappstühle nicht verzichten möchte, benutzt im eigenen Interesse und im Interesse der korrekten Womofahrer besser den Campingplatz bzw. den Bauernhofstellplatz (vgl. Campingplätze).
Wir haben in unseren Dänemarkurlauben, da wir uns an die o.g. „Spielregeln" halten, noch nie Probleme mit der Polizei bekommen oder sind von

unseren Stellplätzen verscheucht worden. Auch sind die Campingsachen bei vielen der Stellplätze gar nicht nötig, da meist ein oder mehrere Picknicktische schon vor Ort fest installiert sind. Sie werden überrascht sein! Noch ein Wort zu den angeführten Ortsbestimmungen und Verbotsschildern. Im Süden des Landes sind sehr viele Parkplätze mit Campingverbotsschildern versehen. Diese schließen leider **eindeutig** auch die „Parkversion" mit ein und sind somit als Stellplatz **absolut tabu**! Eine neue „Masche" der Städte ist das Zonenschild, das das Parken entweder auf 6 Stunden limitiert oder noch rigoroser das Parken von 21.00- 7.00 verbietet - wohlgemerkt im ganzen Stadtgebiet! Hier werden klipp und klar die zahlreichen Wohnmobile angesprochen.

Wir führen für Sie in diesem Reiseführer nur Stellplätze auf, bei denen bis jetzt *keine Verbotsschilder* aufgestellt waren. Befinden sich auf dem von Ihnen angesteuerten Stellplatz schon mehr Wohnmobile als dieser eigentlich vertragen kann, dann fahren Sie bitte in unser allem Interesse zum nächsten Platz weiter. Es hängt ganz entscheidend vom Verhalten eines **jeden** mobilen Gastes ab, wie sich Dänemark in Zukunft Wohnmobilurlaubern gegenüber verhält, und ob weitere unliebsame Schilder folgen werden. Deswegen auch die dringende Bitte: Hinterlassen sie den Platz so sauber, wie sie ihn angetroffen haben, oder werfen Sie doch auch einmal kurzerhand den Müll der weniger vorbildlichen Womourlauber in den vor Ort befindlichen Mülleimer.

Geld

Obwohl das Land Mitglied der EU ist, hat die Bevölkerung so ihre Zweifel mit dem Euro. In Folge dessen wurde die europäische Einheitswährung per Volksentscheid am 30. September 2000 abgelehnt und somit gilt weiterhin die Dänische Krone (Dkk). 1 Dkk = 100 Øre

> *1 Euro = 7,47 Dkk*
> *1 Dkk = 0,13 Euro*

Für Dänemarkurlauber heißt das also, dass der Euro zwar überall akzeptiert wird, aber das Wechselgeld in Kronen ausbezahlt wird. Wir machen es wie früher und wechseln vor dem Urlaub einen entsprechenden Betrag bei unserer Hausbank um. Problemlos lässt sich aber auch von den zahlreichen Geldautomaten vor Ort ein entsprechender Betrag von Ihrem Konto abheben.

Vergessen Sie aber nicht Ihre persönliche Geheimzahl (PIN) für die Maestrocard bzw. Kreditkarte. Automatenabhebungen wenn möglich nur mit der EC-Karte vornehmen. Bei Kreditkarten wird Ihnen ein hoher (!) Bearbeitungsbetrag in Rechnung gestellt (es gibt Ausnahmen, wie z. B. die Visa-Karte der diba).

Haustiere

Im Gegensatz zu den skandinavischen Nachbarländern Schweden und Norwegen erfordert die Mitnahme von Haustieren, speziell Hunden und Katzen nur wenig Vorbereitungszeit. Sie benötigen lediglich einen EU - Heimtierauswies (ersetzt den internationalen Impfpass) mit bestätigter tierärztlicher Tollwutimpfung. Diese muss mindestens 30 Tage alt sein, aber auch nicht länger als ein Jahr zurückliegen.

Kampfhunderassen wie Pit-Bull-Terrier und Tosa bzw. deren Kreuzungen dürfen nicht eingeführt werden.

Sinnvoll ist es auch, seinen Hund mit einem unter die Haut injizierten Minichip zu versehen. Damit kann er bei Verlust leicht identifiziert werden.

Historie / Kunst / Bauwerke

Bei der dänischen Geschichte sind v.a. drei Zeitabschnitte für den Urlauber von wissenswerter Bedeutung:

- Die **Bronzezeit:**
Mächtige Grabhügel, Dolmen, Steinsetzungen und Relikte aus der Zeit um 1800 - 1000 v. Chr. sind zahlreich im ganzen Lande zu finden, zu begehen und zu bestaunen.

- Die **Wikingerzeit**:
Grob gesagt um die Zeit von 700 - 1000 n. Chr. Die nicht nur raubenden und plündernden Nordmänner gingen mit ihren eleganten Schiffen auch als Händler und Siedler in die Geschichte ein. Immer wieder begegnen uns im Urlaub ihre beeindruckenden Spuren. z.B. die Wikingerburgen in Trelleborg, Aggersborg und Fyrkat oder die Museumsschiffe in Roskilde und Bangsbo (Frederikshavn). Auch haben viele Museen eine Wikingerabteilung mit Fundstücken u.ä.
- Die Zeit der **deutschen Besatzung im Zweiten Weltkrieg**:
Von April 1940 - Mai 1945. Stumme Zeugen dieser schrecklichen Vergangenheit begegnen uns an den Stränden der Nordsee auf Schritt und Tritt. Die zahllosen Bunkeranlagen, die zur Errichtung des „Atlantikwalls" in fast unzerstörbarem meterdicken Stahlbeton errichtet worden. Ziel war es, feindliche Schiffe im Skagerak unter Beschuss nehmen zu können.
Kunstliebhaber, allen voran die der modernen Kunst kommen in Dänemark voll und ganz auf ihre Kosten. Schon von Kindesbeinen an fördert der Staat die Kreativität seiner Bürger. So ist es kein Wunder, wenn man so gut wie in jedem Haus, Dorf, Stadt oder in weiter Flur herrlich (z.T. abstrakte) Plastiken usw. findet. Besonders die Städte Skagen, Odense, Helsingör („Louisiania" Tour 13) und Kopenhagen bieten eine reichhaltige Auswahl an Kunstobjekten in und außerhalb von Museen.
Noch ein Wort zum Thema „sakrale Kunst": Zahlreiche romanische Kirchenbauten erfreuen den Besucher mit wundervollen Kalkmalereien an Wänden und Decken. Auch die Schnitzkunst an den oft reich verzierten und vergoldeten Altären und Kanzeln ist sehens- und erwähnenswert.

Kartenmaterial

Für Ihre Reise durch Dänemark ist ordentliches Kartenmaterial wichtig. Nichts gegen die Tourenkarten des ADAC für seine Mitglieder. Zur Groborientierung ist derartiges Kartenmaterial durchaus geeignet.
Zum Fahren und Lotsen vor Ort benutzen wir aber folgende Karten:
- Kümmerley+Frey, Dänemark, 1:300.000 (gibt's beim WOMO-Verlag)
- Marco Polo, Dänemark, 2 Karten (Nord + Süd), je 1:200.000

Kinder

Wir haben noch nie so viele Kinder und junge Menschen in einem unserer Urlaubsländer gesehen wie in Dänemark. Überall gibt es schön eingerichtete Kinderspielplätze, in Restaurants das Kindermenü und der bereitgestellte Hochstuhl u.v.m. Man kann mit Fug und Recht behaupten, dass das Land als der Inbegriff des Familienurlaubs angesehen werden kann.
Vor allem aber die riesigen Sandstrände haben es (nicht nur) Kindern angetan. Auch mehrere Freizeitparks, allen voran das weltberühmte Legoland buhlen um die Gunst der kleinen Besucher. Und was für die Kleinen gut ist, das kann den „Alten" schließlich nicht schaden. So sieht man in diversen Parks sehr oft auch viele ältere und alte Menschen.

Kleidung

Wie in den meisten nördlichen Urlaubsländern empfehlen wir das „Zwiebel-schalenprinzip": Wind- und wasserdichte Jacke, Hemd, Shirt und Zipp-Hose. Damit reagieren wir auf jede Laune der Natur. Und da eigentlich immer ein Wind weht, ist schlechtes Wetter selten von langer Dauer (vgl. Wetter). Somit kommen das T-Shirt und die Badehose oft genug zu ihrem Recht.

Literatur

Neben unserem Reiseführer „Mit dem Wohnmobil nach Dänemark" geben wir Ihnen hier noch ein paar sehr gute Bücher zum Informieren und Schmö-kern zur Hand:

Reiseführer

Baedeker Allianz Reiseführer: „Dänemark"
Hans Klüche: „Dänemark", DuMont Richtig Reisen
Hans Klüche: „Dänemark Nordseeküste", DuMont Reisetaschenbuch
Richard Lütticken: „Angeln in Dänemark", Jahr
Christoph Schumann: „Dänemark Handbuch", Reise Know-How
Anita van Saan: „Dänemark für Kinder" (Spiel, Spaß, Wissen), Moses
Kauderwelsch Sprechführer Dänisch (gibt's beim WOMO-Verlag)

Romane

Hans Christian Adersen, N. Heidelbach „ Hans Christian Andersens Mär-chen"
Tania Blixen, „Afrika dunkel lockende Welt", Manesse
Tania Blixen, „Die unsterbliche Geschichte", Manesse
Georg Precht, „Das Schiff im Noor", Goldmann
Michael Ib, „Prinz", Berliner Taschenbuch Verlag

Margeritenroute

Die mit einer Margerite gekennzeichnete 3540 km lange Route führt meist auf Nebenstraßen durch landschaftlich reizvolle Gebiete und vorbei an den Hauptsehenswürdigkeiten des Lan-des.

Notfall / ärztliche Versorgung

Polizei, Feuerwehr und Notarzt erreichen Sie über die landesweit einheitli-che **Notrufnummer 112**. Ebenso über das Handy. Aus öffentlichen Telefon-zellen auch ohne Münzeinwurf möglich.
Bei nicht akuten ärztlichen Notfällen wendet man sich am besten an das nächste Krankenhaus. Gesetzlich Versicherte können vor Abreise bei Ihrer Krankenkasse eine Europäische Krankenversicherungskarte (EHIC) bean-tragen. Diese Karte im Scheckkartenformat hat den bisherigen Auslands-krankenschein E 111 abgelöst. Doch damit sind leider nicht immer alle Ko-sten gedeckt. Um optimal abgesichert zu sein, auch für den schlimmsten Fall, empfehlen wir den Abschluss einer Auslandsreisekrankenversicherung (z.B. vom ADAC als günstige Familienversicherung).

Öffnungszeiten

Die Öffnungszeiten sind typisch skandinavisch. Um es ein wenig ironischer zu formulieren: Es wird spät geöffnet, dafür schon wieder früh geschlossen. So öffnen Geschäfte und Museen meist erst um 10.00 Uhr und schließen ihre Pforten gegen 17.00 Uhr. In der Hochsaison verlängern sich diese Zeiten etwas. Insgesamt aber sind die Ladenöffnungszeiten liberaler als bei uns, was meist bedeutet, dass auch Sonntags viele Lebensmittelmärkte geöffnet sind.

Polizei

--> vgl. Notruf
Das „Auge des Gesetzes" genießt in Dänemark mehr Respekt und Ansehen als bei uns in Deutschland. D.h. aber auch, wenn Ihnen ein Polizist einen Strafzettel ausstellen will, dann wird meist kein wenn und aber mehr akzeptiert. Dafür können Sie Ihre Buße gleich vor Ort mit Kreditkarte begleichen.

Parken

--> vgl. freies Übernachten
Park- und Stellplätze sind meist immer kostenlos und reichlich vorhanden. Wie bereits erwähnt, neigen v.a. die Städte im südlichen Dänemark dazu, das Parken zeitlich zu begrenzen. Wollen Sie dann ihr Womo zu einem Museumsbesuch o.ä. abstellen, dann benötigen Sie eine Parkscheibe.

Sicherheit

Dänemark zählt zu den sehr sicheren Reiseländern, in dem man sein Fahrzeug ohne Bedenken unbeaufsichtigt auf einem Parkplatz, ob auf dem Lande oder in der Stadt, abstellen kann. Einige Dänen behaupten sogar, dass Sie ihr Gefährt offen mit sichtbaren Wertgegenständen parken könnten, ohne dass irgendetwas abhanden käme. Wir würden das aber besser nicht ausprobieren... Aber immerhin spricht diese Aussage für sich.
Von Einheimischen wird aber vor gewissen „Strandrummelplätzen", wie z.B. Henne Strand, gewarnt. Hier sollen sich in letzter Zeit Autoaufbrüche von ausländischen Dieben (!) ereignet haben.
Eine Alarmanlage oder noch besser der eigene Hund im Fahrzeug können da sicherlich den einen oder anderen Langfinger verscheuchen (vgl. Womo-Knackerschreck und Allgemeines Wohnmobil Handbuch am Ende dieses Buches).

Sprache / Verständigung

Keine Angst, Sie müssen nicht dänisch für Ihren Urlaub lernen, um über die Runden zu kommen. Die meisten Dänen beherrschen die deutsche Sprache. Noch viel besser sprechen sie aber Englisch. Wir sind immer wieder verblüfft, wie perfekt alle Skandinavier diese Sprache können.
Trotzdem freut es Einheimische immer wieder, wenn Sie mit einigen Höflichkeitsfloskeln auftrumpfen können. Als die da wären:

Guten Tag	-	*god dag („goh däh")*
Hallo	-	*hej („hei")*
Entschuldigung	-	*undskyld (onnsküll)*

Auf Wiedersehen	-	farvel („fahrwäll")
Danke	-	tak („tack")
Bitte	-	vær så god („wärs´goh")
Ja	-	ja („ja")
Nein	-	nej („nei")

Bei den Dänen existiert übrigens die Anredeform „Sie" nicht. Deswegen werden Sie auch oft mit „Du" angesprochen, was also nicht unhöflich gemeint ist. Andererseits würden wir aber auch nicht so einfach jeden Dänen mit „Du" ansprechen, denn unsere „Sie"-Form kennen die Skandinavier aus ihrem Deutschlandurlaub...

Sport

Wie könnte es bei über 7000 km Küste anders sein, ergeben sich daraus sehr viele Sport- und Freizeitaktivitäten, die mit Strand und Wasser zusammenhängen:
- **Baden**: Im Sommer sind Nord- und Ostsee warm genug, um ausgiebig planschen zu können. Besonders Familien mit Kleinkindern bietet die Ostsee ruhigeres Badegewässer mit ebenso tollen Sandstränden.
- **Drachensteigen**: Oder was der Sache noch näher kommt „kiten" . Schließlich sieht man an Dänemarks Megasandstränden kaum „normale" Kinderdrachen, sondern ausgewachsene Kunstflugobjekte am Himmel. Da macht sogar das bloße Zuschauen richtig Freude.
- **Kitesurfen** mit dem Drachen/ Segel und einem Buggy. Auf Rømø z.B. werden am Havsand bei Sønderby ganztägige Kurse mit der dazugehörigen Ausrüstung angeboten.
- **Surfen**: Die Nordsee, speziell um Klitmøller herum, bietet ein Eldorado für ambitionierte Surfer und Wellenreiter. Nicht umsonst wird dieses Gebiet auch Hawaii II genannt. Wer weniger geübt ist und kein kleiner Robby Nash sein will, findet an den ruhigen Fjorden (v.a. Ringkøbingfjord) ideale Bedingungen.
- **Tauchen**: Zwar nur für wirklich geübte und erfahrene Taucher. Doch die finden an der von Sandbänken gespickten Nordseeküste zahlreiche interessante Wracks vor.
- **Angeln**: Für das Angeln am Meer benötigt man einen Angelschein, der relativ günstig auf den Post- bzw. Touristenämtern zu erstehen ist. Wer sich genauer informieren möchte, auch in Bezug auf das Angeln an Bächen, Flüssen und Seen, kauft sich am besten das mit sehr guten Karten, Tipps, tollen Fotos u.v.m. versehene Buch aus der Blinkerreihe (vgl. Literatur)
- **Paddeln**: Wenn nicht gerade stärkerer Wind bläst, bieten sich viele der wunderschönen Flussläufe zum Paddeln an. Sie können Ihren eigenen Canadier benutzen, oder sich einen Alucanadier vor Ort mieten.
- **Wandern**: Viele ausgeschilderte Wanderwege erschließen die Heiden und Waldgebiete des Landes.
- **Radeln**: Hier ist Dänemark wahrer Weltmeister, was das ausgeschilderte Fahrradwegenetz betrifft. Eigentlich überall stößt man auf mehrere Routenvorschläge.
- **Reiten**: Immer wieder sieht man Hinweisschilder am Wegesrand, die einen zum Reiten einladen.

Baden

Dänemark ist der Konkurrent Italiens in Sachen Badestrände. Zwar erreichen Nord- und Ostsee nicht die Badewannentemperatur der Adria, doch für sommerliches Planschen reicht es allemal.

Wo aber sämtliche Strände Südeuropas kapitulieren müssen, sind die Ausmaße der dänischen Strände: Superbreit, ellenlang - und in einigen Fällen sogar mit dem Womo befahrbar! Da schlägt nicht nur das Herz der Kinder höher.

Tanken

Vergleich lohnt sich auch in Dänemark. Das Tankstellennetz ist relativ eng gestrickt, aber nicht immer mit Personal besetzt. Das ist aber überhaupt kein Problem, denn so gut wie jede Tankstelle hat einen Automaten, der Ihre EC - oder Kreditkarte akzeptiert. Für **beide** Kartenarten benötigen Sie aber Ihre PIN (Geheimzahl)!
Selbst wenn das Kassenhäuschen besetzt ist, haben sie oft die Möglichkeit, am Automaten zu tanken und dadurch bis zu 20 Øre je Liter zu sparen!
Das Tanken am Automaten funktioniert eigentlich ganz einfach:
1.) Karte einführen
2.) PIN eintippen und mit grüner Taste bestätigen
3.) Zapfsäulennummer (meist eigenes Eingabefeld) eintippen
4.) Karte entnehmen
5.) Tanken
6.) Karte nochmals einführen, damit der Automat die Quittung drucken kann

Folgende Kraftstoffsorten stehen zur Auswahl:

Diesel	=	Diesel
92	=	Benzin bleifrei
95	=	Super bleifrei
98	=	Super Plus bleifrei

Anzumerken ist noch, dass manche Tankstellen bei der Benutzung der Maestro (EC) Karte eine Kaution von 999 Kronen ihrem Konto belasten, die aber bei Eingang des Geldes wertmäßig wieder ohne Ihr Dazutun automatisch rückgebucht wird.

Telefon

Öffentliche Telefonzellen gibt es in Dänemark in ländlichen Regionen nur sehr wenige. Besser sieht es in den Städten aus. Die überwiegende Mehrzahl der Apparate kann immer noch ausschließlich mit Münzen gefüttert werden.
(Vorwahl nach Deutschland 0049 + Ortsvorwahl ohne die erste 0 + Rufnummer). Von 1 Kronenstück bis zur 10 Kronenmünze kann jedes Geldstück eingeworfen werden. Um ein vernünftiges Gespräch mit der Heimat führen zu können, empfehlen wir Ihnen 10 Dkk Minimum zu investieren.
Unabhängig vom Telefonzellenangebot sind Sie natürlich mit dem Handy, das auch in den entlegensten Regionen meist problemlos sendet und empfängt.
Ländervorwahl von Deutschland, Österreich oder der Schweiz nach Dänemark --> 0045 + achtstellige Rufnummer (keine Ortsvorwahl in Dänemark)

Verkehr

Wohnmobilfahren in Dänemark ist viel stressfreier als in Deutschland und anderen südlicheren (Urlaubs-)Ländern. Die Verkehrsdichte ist entsprechend gering und es wird aufeinander viel Rücksicht genommen. Deutsche Ungeduld und Drängelei ist hier fehl am Platze.

Es gilt: Tempo 50 in Ortschaften
Tempo 80 außerhalb der Ortschaften
Tempo 110/ 130 je nach Autobahn

Abblendlicht muss immer eingeschaltet sein!

Ver- und Entsorgung

Die Ver- und Entsorgung stellt in Dänemark kein Problem dar. Auf sehr vielen Rastplätzen befindet sich ein WC und oft auch ein Frischwasserhahn. In der Übersichtskarte dieses Buches finden Sie vor jeder Tour die entsprechenden Hinweise dazu.
Wer für seine Womotoilette noch keinen Aktivkohlefilter und / oder Absauganlage besitzt, kann in Dänemark getrost auf Chemie verzichten. Zum Einen geht es mit Schmierseife und Orangenkonzentrat umweltschonender, zum Anderen kann die Toilette auf Grund der zahlreichen Toilettenhäuschen eigentlich täglich geleert werden und es kommt dadurch zu keiner nennenswerten Geruchsbelästigung mehr. Viele der Parkplätze liegen deutlich abseits der Straße und nur sehr wenig frequentiert. Somit können Sie ungesehen und ohne schlechtes Gewissen ihren Fäkalientank entleeren.
Unser Grauwasser (Abwassertank) lassen wir meist in einen Tankstellengully laufen. Ver- und Entsorgungsstationen wie in Norwegen sind leider noch unbekannt.
Frischwasser bunkern wir bei Innenwasserhähnen schrittweise mit Hilfe eines 20 l Kanisters. Bei Außenwasserhähnen benutzen wir den von Reinhard Schulz erfundenen Fahrradschlauch-Adapter (Wasserschlauch verbunden über eine Schelle mit einem Stück Fahrradschlauch --> vgl. Allgemeines Wohnmobilhandbuch).

Wetter

„Es regnet schon seit 3 Tagen..." erzählt meine Schwiegermutter am Telefon. Wir dagegen in Dänemark haben schönstes Wetter und es ist warm. Dänemark hat ein Inselklima, das von stetigem Wind geprägt ist. D.h. sollte sich doch einmal ein Tiefausläufer „verirren", so wird dieser keine allzu große Chance haben, sich vor Ort festzusetzen. Andererseits kann das Wetter sich am Tage auch öfters einmal ändern...

Zeit

Es gilt wie bei uns die MEZ. Jedoch ist es im Norden deutlich länger hell als bei uns. Besonders um die Zeit der Sommersonnwende. Dann wird es auch nicht mehr richtig dunkel (v.a. am „Nordkap" Dänemarks - vgl. Tour 6).

Zum Schluss:
In eigener Sache ? oder der Sache aller!?

Urlaub mit dem Wohnmobil ist etwas ganz besonderes. Man kann die Freiheit genießen, ist ungebunden, dennoch immer zu Hause, lebt mitten in der Natur - wo man für sein Verhalten völlig selbst verantwortlich ist!
Seit nunmehr 28 Jahren geben wir Ihnen mit unseren Reiseführern eine Anleitung für diese Art Urlaub mit auf den Weg. Außer den umfangreich recherchierten Touren haben wir viele Tipps allgemeiner Art zusammengestellt, unter ihnen auch solche, die einem WOMO-Urlauber eigentlich selbstverständlich sein sollten. Weil wir als Wohnmobiler die Natur in ihrer ganzen Schönheit und Vielfalt hautnah erleben dürfen, haben wir auch besondere Pflichten ihr gegenüber, die wir nicht auf andere abwälzen können.

Jährlich erhalten wir viele Zuschriften, Grüße von Lesern, die mit unseren Reiseführern einen schönen Urlaub verbracht haben und sich herzlich bei uns bedanken. Wir erhalten Hinweise über Veränderungen an den beschriebenen Touren, die von uns bei der Aktualisierung der Reiseführer Berücksichtigung finden.
Aber: Wir erhalten auch Zuschriften über das Verhalten von Wohnmobilurlaubern, die sich **egoistisch**, **rücksichts- und verantwortungslos** der Natur und ihren Mitmenschen - nachfolgenden Urlaubern und Einheimischen - gegenüber verhalten.
In diesen Briefen geht es um die Themen Müllbeseitigung, Abwasser- und Toilettenentsorgung. Es soll immer noch Wohnmobilurlauber geben, die ihre Campingtoilette nicht benutzen, dafür lieber den nächsten Busch mit Häufchen und Toilettenpapier "schmücken", die den Abwassertank nicht als Tank benutzen, sondern das Abwasser unter das WOMO trielen lassen, die ihren Müll neben dem Wohnmobil liegenlassen und davondüsen, alles frei nach dem Motto: **"Nach mir die Sintflut!"**

Liebe Leser!

Wir möchten Sie im Namen der gesamten WOMO-Familie bitten: Helfen Sie aktiv mit, diese Schweinereien zu unterbinden! Jeder Wohnmobilurlauber trägt eine große Verantwortung, und sein Verhalten muss dieser Verantwortung gerecht werden. Bestimmt hat mancher, dem Sie auf Ihrer Tour begegnen und der sich unwürdig verhält, das gleiche Büchlein in der Hand wie Sie. Er weiß zumindest jetzt, worum es geht. Sprechen Sie ihn an und weisen Sie ihn auf sein Fehlverhalten hin. Der nächste freut sich, wenn er den Stellplatz sauber vorfindet, denn auch er hat sich seinen Urlaub verdient!
Vor allem aber: Wir erhöhen damit die Chance, dass uns unsere über alles geliebte Wohnmobil-Freiheit noch lange erhalten bleibt.

Helfen Sie mit, den Ruf der Sippe zu retten!
Verhindern Sie, dass einzelne ihn noch weiter in den Schmutz ziehen!

Wir danken Ihnen im Namen aller WOMO-Freunde -

Ihr WOMO-Verlag

Wir bestellen zur sofortigen Lieferung:
(Alle Preise in € [D], Preisänderungen vorbehalten)

- ◯ Wohnmobil Handbuch .... 19,90 €
- ◯ Wohnmobil Kochbuch .... 12,90 €
- ◯ Multimedia im Wohnmobil .... 9,90 €
- ◯ Heitere WOMO-Geschichten .... 6,90 €
- ◯ Gordische Lüge – WOMO-Krimi ... 9,90 €
- ◯ WOMO-Aufkleber "WOMO-fan" .. 2,90 €
- ◯ WOMO-Pfannenknecht .... 49,90 €
- ◯ WOMO-Knackerschreck ..... ab 44,90 €
- ◯ Fahrzeugmarke/Bj.:

WOMO-Reiseführer: Mit dem WOMO ins/durch/nach....

◯ Albanien .... 19,90 €	◯ Neuseeland .... 19,90 €	◯ Schwarzwald .... 17,90 €
◯ Allgäu .... 17,90 €	◯ Niederlande .... 19,90 €	◯ Schweden (Nord) .... 18,90 €
◯ Auvergne .... 17,90 €	◯ Normandie .... 17,90 €	◯ Schweden (Süd) .... 19,90 €
◯ Bayern (Nordost) .... 19,90 €	◯ Norwegen (Nord) .... 19,90 €	◯ Schweiz (West) .... 18,90 €
◯ Belgien & Luxemburg .... 18,90 €	◯ Norwegen (Süd) .... 19,90 €	◯ Sizilien .... 17,90 €
◯ Bretagne .... 18,90 €	◯ Österreich (Ost) .... 19,90 €	◯ Slowenien .... 17,90 €
◯ Burgund .... 17,90 €	◯ Österreich (West) .... 18,90 €	◯ Spanien (Nord/Atlantik) .... 17,90 €
◯ Dänemark .... 17,90 €	◯ Ostfriesland .... 19,90 €	◯ Spanien (Ost/Katalonien) ...... 17,90 €
◯ Elsass .... 18,90 €	◯ Peloponnes .... 18,90 €	◯ Spanien (Süd/Andalusien) ..... 17,90 €
◯ England .... 18,90 €	◯ Pfalz .... 17,90 €	◯ Süditalien (Osthälfte) .... 17,90 €
◯ Finnland .... 18,90 €	◯ Piemont/Aosta-Tal .... 19,90 €	◯ Süditalien (Westhälfte) .... 17,90 €
◯ Franz. Atlantikküste (Nord) ... 17,90 €	◯ Polen (Nord/Masuren) .... 17,90 €	◯ Süd-Tirol .... 18,90 €
◯ Franz. Atlantikküste (Süd) .... 17,90 €	◯ Polen (Süd/Schlesien) .... 17,90 €	◯ Thüringen .... 19,90 €
◯ Griechenland .... 19,90 €	◯ Portugal .... 17,90 €	◯ Toskana & Elba .... 19,90 €
◯ Hunsrück/Mosel/Eifel .... 19,90 €	◯ Provence & Côte d'Azur (Ost) ... 18,90 €	◯ Trentino/Gardasee .... 18,90 €
◯ Irland .... 18,90 €	◯ Provence & Côte d'Azur (West) . 17,90 €	◯ Tschechien .... 17,90 €
◯ Korsika .... 17,90 €	◯ Pyrenäen .... 17,90 €	◯ Tunesien .... 17,90 €
◯ Kroatien (Dalmatien) .... 17,90 €	◯ Sachsen .... 19,90 €	◯ Türkei (West) .... 18,90 €
◯ Languedoc/Roussillon .... 19,90 €	◯ Sardinien .... 19,90 €	◯ Umbrien & Marken mit Adria .. 17,90 €
◯ Ligurien .... 17,90 €	◯ Schleswig-Holstein .... 19,90 €	◯ Ungarn .... 17,90 €
◯ Loire-Tal/Paris .... 17,90 €	◯ Schottland .... 17,90 €	◯ Venetien/Friaul .... 19,90 €
◯ Marokko .... 18,90 €	◯ Schwabenländle .... 17,90 €	...... und jährlich werden's mehr!

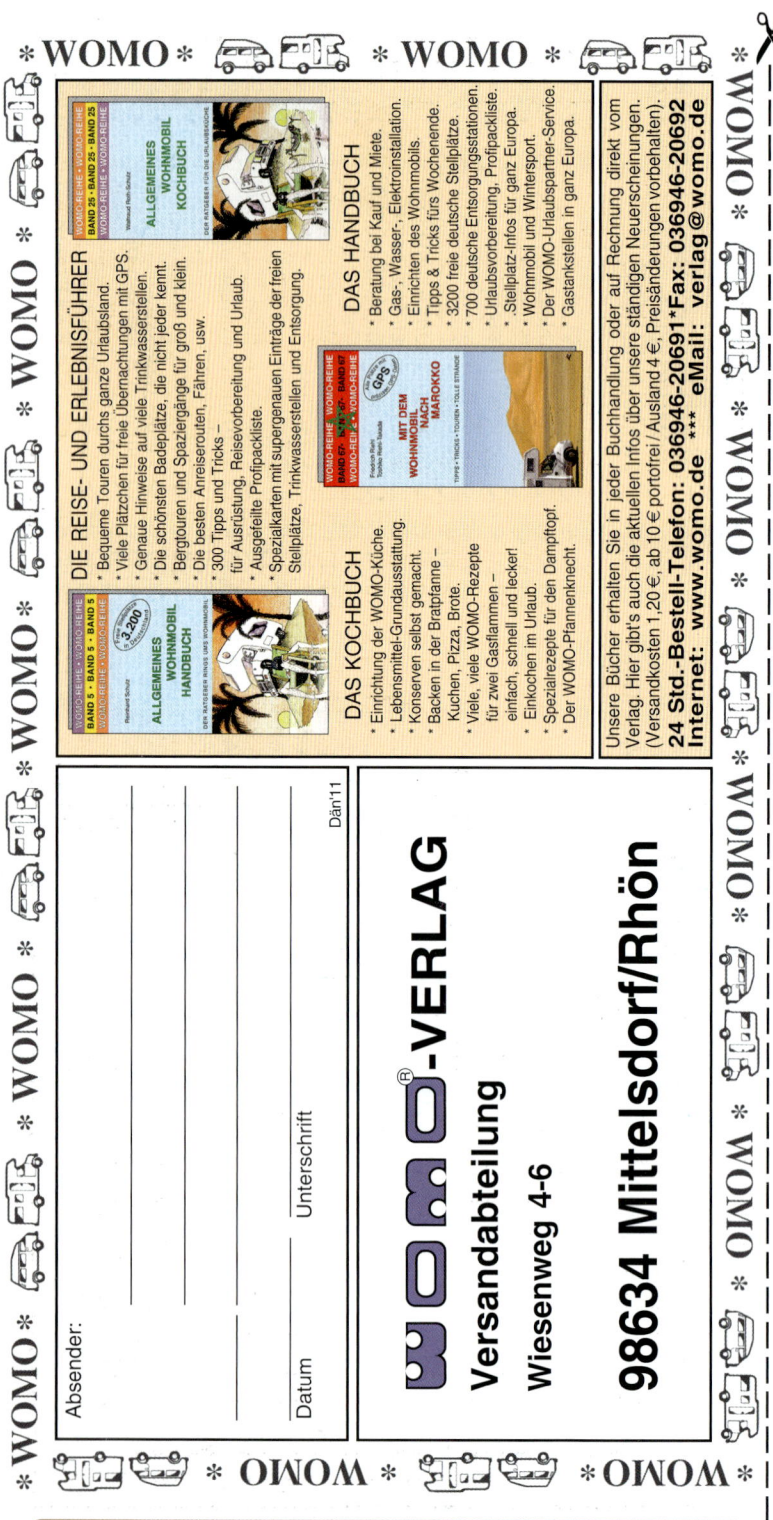